国家社科基金青年项目"系统性风险防控视角下
反操纵机制研究"（项目编号：18CJY058）
北京市属高等学校优秀青年人才培育计划项目
BPHR202203054）

股票市场
反操纵机制研究
——基于系统性风险防控视角

李梦雨◎著

RESEARCH ON THE MECHANISM OF
ANTI MANIPULATION IN THE STOCK MARKET:
FROM THE PERSPECTIVE OF SYSTEMATIC RISK PREVENTION AND CONTROL

经济管理出版社
ECONOMY & MANAGEMENT PUBLISHING HOUSE

图书在版编目（CIP）数据

股票市场反操纵机制研究：基于系统性风险防控视角/李梦雨著 . —北京：经济管理出版社，
2023. 9

ISBN 978-7-5096-9286-8

Ⅰ. ①股… Ⅱ. ①李… Ⅲ. ①股票市场—风险管理—研究 Ⅳ. ①F830. 91

中国国家版本馆 CIP 数据核字（2023）第 180599 号

组稿编辑：曹　靖
责任编辑：杜　菲
责任印制：黄章平
责任校对：蔡晓臻

出版发行：经济管理出版社
　　　　　（北京市海淀区北蜂窝 8 号中雅大厦 A 座 11 层　　100038）
网　　　址：www. E-mp. com. cn
电　　　话：（010）51915602
印　　　刷：北京晨旭印刷厂
经　　　销：新华书店
开　　　本：720mm×1000mm/16
印　　　张：15
字　　　数：262 千字
版　　　次：2023 年 12 月第 1 版　　　2023 年 12 月第 1 次印刷
书　　　号：ISBN 978-7-5096-9286-8
定　　　价：88. 00 元

序

中国股票市场已走过三十多年的发展历程，目前市场规模稳居世界第二位，是国民经济的"晴雨表"。党的二十大报告明确提出要健全资本市场功能，提高直接融资比重。然而在建设中国特色现代资本市场的新征程中，依然存在市场操纵等不和谐音符。市场操纵扭曲股票价格、扰乱市场秩序、打击投资者信心，是证券监管部门、投资者和学术界高度关注的话题。市场操纵的影响因素和经济后果有哪些？如何利用大数据、云计算和机器学习算法建立新型市场操纵预警体系？怎样优化反操纵交易机制以减少股价操纵的负面效应？上述问题的解答对于减少市场操纵、提高市场质量具有重要意义。本书在全面注册制背景下，基于系统性风险防控视角，在分析市场操纵的影响因素和经济后果的基础上，设计反操纵预警系统，重点研究收盘集合竞价制度、涨跌停板制度、指数熔断机制和随机开盘收盘机制的反操纵功能。主要内容如下：

（一）利用真实案例与高频数据，分析被操纵股票的公司特征

本书基于中国 A 股市场的分时高频交易数据，构建了连续交易操纵识别和测度模型。在此基础上结合证监会公布的市场操纵行政处罚案例，运用计数模型进行了上市公司特征对市场操纵影响的实证分析。研究结果表明，本书构建的连续交易操纵测度模型识别成功率高达 79%，且我国股票市场存在市值规模较小、经营绩效水平较差、前期发生市场操纵概率较高的上市公司股票更容易被市场操纵的特点。本书首次采用分时高频交易数据对我国股票市场发生可疑连续交易操纵行为进行了有效监测，丰富了市场操纵的影响因素研究。

（二）着眼系统性风险防控视角，研究操纵行为对股票市场的影响

本书基于系统性风险防控视角，考察市场操纵对股价崩盘风险、市场效率

和流动性的影响。首先，市场操纵是股价崩盘风险的重要原因，市场操纵次数越多的股票，未来股价崩盘风险越大；对影响路径的分析发现，市场操纵通过影响投资者情绪，进而导致股价崩盘风险；操纵期间投资者情绪高涨，形成股价泡沫；操纵之后投资者情绪回落，诱发股价崩盘风险。其次，市场操纵对上市公司股票的累计平均超额收益率有显著影响，但这种影响持续时间较为短暂；操纵时间越长的股票收益率偏离程度越大；非国有企业股票收益率偏离程度比国有企业大；创业板市场股票收益率偏离程度最大，原中小板次之，主板市场波动最小。最后，操纵行为降低股票市场效率，通过加剧市场波动或降低市场交易活跃度，导致买卖价差扩大和交易成本上升，并且这种影响在市场下跌时更为显著。

（三）运用分时高频交易数据，构建市场操纵预警指标

本书总结中国证监会关于市场操纵的行政处罚案例，寻找被操纵股票在股票市场的异常表现，继而运用分时高频报价与交易数据设计了不同时段市场操纵的预警指标。在开盘价格操纵的预警机制中，参考统计学中的异常值分布，基于经验分析设立价格偏离阈值；在连续交易操纵的预警机制中，借鉴双重差分思想，设计连续交易预警指标；在收盘价格操纵的预警机制中，在既有文献常用的收益率异常波动指标的基础上增加了波动率、成交量和振幅指标，并根据已有案例设立阈值和预警红线。上述预警体系的设计不仅可以应用于实证研究，而且有助于监管部门识别市场操纵行为。

（四）采用基于倾向评分匹配的双重差分法，讨论收盘集合竞价制度的反操纵功能

本书利用 2018 年 8 月 20 日上海证券交易所实行收盘集合竞价制度的自然实验，基于 PSM+DID 模型研究收盘集合竞价制度的反操纵功能。研究发现，上海证券交易所实行收盘集合竞价制度能够降低股市尾盘异常波动、减少收盘价格操纵、提升价格发现功能、提高市场资源配置效率。上述结论在更换被解释变量、改变数据频率之后依然稳健。未来可进一步实施随机收盘制度、指使性价格制度等，以抑制市场操纵行为。

（五）通过理论模型和跨国数据，论证涨跌停板制度的反操纵功能

本书着眼于反操纵视角，试图为证券价格涨跌幅限制制度的颁布实施寻找理论依据，并在此基础上检验该制度与减少市场操纵和降低波动性之间的关系。

在理论分析方面，改进了 Kim 和 Park（2010）的三时期模型，通过引入操纵者无效指数这一变量将证券价格涨跌幅限制制度的作用内生化，阐述了单日价格波动的上下界可以降低公众对个股期望收益率的预期，增加知情交易者实施价格操纵的成本，从而抑制市场操纵行为的机理。在实证检验方面，基于 49 个国家和地区的数据，运用 Logit 模型、Probit 模型和 Logistic 模型等说明了监管当局腐败程度较高、证券市场法律法规执行力度薄弱的国家更倾向于选择涨跌停板制度，而信息不对称和金融风险等因素对该制度存在与否的影响并不显著。因此，相对于降低证券价格的波动性而言，减少市场操纵才是实施此项制度的原因所在。

（六）基于指数熔断机制的自然实验，考察其对市场操纵与系统性风险的影响

本书通过倾向评分匹配法与双重差分法，考察证券市场暴跌情形下指数熔断机制的实施效果及其对市场操纵与系统性风险的影响。结果发现，指数熔断机制实行期间沪深 300 指数的波动率没有显著增加，说明该制度并非市场波动加大的原因，但当沪深 300 指数的累计跌幅接近熔断阈值时，指数下跌速度加快，价格、成交量和成交额的波动率都显著增加，证明磁吸效应确实存在。上述结论说明在 2015~2016 年中国股票市场异动期间，指数熔断机制并未显著增加市场的系统性风险，但由于实施时间较短，其对市场操纵的抑制作用未能显现。

（七）结合新加坡交易所引入随机开盘与收盘制度，验证其对市场操纵的抑制作用

本书在总结全球 10 个主要证券交易所开盘与收盘集合竞价交易细则的基础上，以新加坡交易所引入随机开盘与收盘制度为契机，探讨了该制度对投资者订单提交策略、收盘价格波动、市场操纵行为、集合竞价成交量和市场效率等方面的影响。研究发现，投资者在集合竞价阶段存在一种与集合竞价时间及其确定性相关的订单提交策略，订单的聚集和随后的逆转表明，潜在的操纵者在非随机开盘与收盘机制下，操纵股票价格的可能性更大。随机结束的集合竞价制度不仅降低了市场波动，促进了价格发现，提升了市场效率，而且有效抑制了开盘和收盘期间的市场操纵行为，保证了市场公正。上述结论对于在我国证券交易所中引入随机开盘与收盘制度具有重要的借鉴意义。

本书在编写过程中，得到北京市属高等学校优秀青年人才培育计划项目"'双碳目标'背景下中国环境信息披露制度的有效性研究"（BPHR202203054）、国家社科基金青年项目"系统性风险防控视角下中国股票市场反操纵机制研究"（18CJY058）的资助。特别感谢南开大学经济学院教授李志辉、山东交通学院经济与管理学院讲师邹谧、平安证券基金研究分析师王近等在本书撰写中所做出的贡献。受理论水平、经验积累和不确定因素的影响，有的观点、判断难免有不当之处，敬请广大读者批评指正。

目　录

第一章　绪论

第一节　研究背景与研究价值

一、研究背景

自 1978 年改革开放以来，中国经济发展取得了举世瞩目的历史性成就，一跃成为世界第二大经济体。经济腾飞离不开资本市场，特别是股票市场的助力。我国股票市场自 1990 年末成立至今，已走过了 30 余个春秋，经历了从无序到有序、从初具规模到发展壮大的成长历程。目前中国 A 股市场不但设立了主板、创业板和科创板等不同板块，而且顺利完成了股权分置改革，并启动了沪港通、深港通、沪伦通等互联互通机制和全面注册制改革，进一步加快了改革开放步伐。截至 2022 年 12 月底，上海证券交易所（简称上交所）、深圳证券交易所（简称深交所）和北京证券交易所（简称北交所）的上市公司总数已达 4566 家，总市值高达 788668.39 亿元，仅次于美国，位列全球第二。①

然而，在欣喜于中国股票市场突飞猛进的同时，2015～2016 年的股灾为我们敲响了警钟。上证综指从 2015 年 6 月 12 日的 5178.19 点（这是过去 7 年来

---

① 资料来源：上海证券交易所、深圳证券交易所和北京证券交易所官方网站，统计数据截至 2022 年 12 月 30 日，数据仅包含 A 股市场股票（不含 B 股）。

的历史最高点），仅用了短短 18 个交易日就跌去了 32%；随后于 8 月 18~26 日的 7 个交易日内又下跌 29%；并在 2016 年 1 月 4~28 日的 19 个交易日内下挫 25%，直到 2 月初才得以稳定。股票市场的系统性风险给国家金融安全带来巨大挑战。"依法将各类金融活动全部纳入监管，守住不发生系统性风险底线"成为金融监管的重中之重，也是党的二十大报告的重要精神。事实上，纵观我国股票市场的发展历史，其间发生了多次异常波动（如 1992 年 5~11 月、1993 年 2 月~1994 年 7 月、1995 年 5 月~1996 年 1 月、2007 年 10 月~2008 年 10 月），而市场操纵正是诱发股市系统性风险，损害公开、公平、公正原则的"罪魁祸首"。近年来，市场操纵更是呈现出一系列新手段和新特点，典型特征包括：①操纵次新股引发对板块概念股跟风炒作；②通过配资账户引入民间资金加杠杆操纵；③利用沪港通实施跨境操纵；④内部人联手操纵团伙进行伪"市值管理"；⑤利用股票市场和场外市场、衍生品市场的联动关系实施操纵；⑥基于云技术和虚拟服务器等新科技隐藏交易；⑦与股市"黑嘴"串通，通过直播间、微信群等方式诱骗投资者集中买入，借机反向卖出等。因此证监会加大了市场操纵的审查力度，对恶性违法违规行为保持"零容忍"。在此背景下，本书将反操纵机制作为研究对象，总结市场操纵行为的演化特征和影响因素，分析市场操纵对系统性风险、市场效率和股票流动性的影响机理，探索市场操纵预警机制，优化反操纵交易制度，从而为抑制市场操纵、提升资本市场质量、防控系统性风险提供理论支持和政策建议。

二、研究价值

本书具有重要的研究价值。①针对开盘虚假申报、盘中连续交易和尾盘拉升价格等我国常见的市场操纵模式，采用汤森路透数据库（Thomson Reuters Tick History，TRTH）的大数据和亚马逊的云技术构建交易型操纵识别模型，并基于证监会查处的市场操纵案例，设计预警机制和预警阈值，为监管机构监察市场操纵行为提供了合理化建议。②探讨了收盘集合竞价制度、涨跌停板制度、指数熔断机制、随机开盘与收盘制度的反操纵功能，并针对新兴市场特征，讨论了优化交易机制，防范市场操纵的可行方案，有助于监管当局制定符合中国国情的反操纵交易机制，防控系统性风险。③厘清了市场操纵对中国 A 股市场系统性风险积累的影响机制。基于订单驱动市场和散户投资者居多的特点，分析了市场操纵影响投资者情绪，造成恐慌性抛售，最终引发系统性风险的传导路径，并实证检验了不同板块中市场操纵对系统性风险影响程度的差异。

第二节 研究问题与逻辑结构

一、研究问题

市场操纵损害市场公正、降低市场效率，是世界各大证券交易所重点监管的违法违规行为。那么究竟哪些股票更容易被操纵？市场操纵对股票市场与系统性风险有何影响？如何建立市场操纵的预警机制？怎样优化交易机制以遏制市场操纵、防范系统性风险？上述问题是本书研究的主要内容，也颇为学术界、投资者和监管部门所关注。

为系统而全面地回答以上问题，本书主要分三大模块探究股票市场的反操纵机制。作为研究的起点，本书首先梳理了国内外学者在市场操纵领域研究成果，分析了被操纵股票的公司特征，研究了操纵行为对股票市场的影响，发现：①市值规模较小、经营绩效较差、前期发生过疑似市场操纵的上市公司股票更容易成为操纵标的；②疑似市场操纵次数越多的股票，未来股价崩盘风险越大；③被操纵股票在操纵日的超额收益率急剧上升，第二天出现大幅度下滑，之后保持小幅波动；④操纵行为导致股票的买卖价差扩大、交易成本上升、流动性降低。

其次，本书基于被操纵股票在股票市场的异常表现，运用分时高频报价与交易数据，设计了不同时段市场操纵的预警指标。在开盘价格操纵的预警机制中，参考统计学中的异常值分布，运用经验分析法设立价格偏离阈值；在连续交易操纵的预警机制中，借鉴双重差分思想，设计连续交易预警指标；在收盘价格操纵的预警机制中，在既有文献常用的收益率异常波动指标的基础上，增加了波动率、成交量和振幅指标，并根据已有案例设立阈值和预警红线。上述预警体系的设计不仅可以应用于实证研究，而且有助于监管部门识别市场操纵行为。

最后，本书重点分析了收盘集合竞价制度、涨跌停板制度、指数熔断机制、随机开盘与收盘制度在反操纵和降低股市波动性方面的作用，并发现收盘集合竞价制度、涨跌停板制度、随机开盘与收盘制度可以有效抑制市场操纵，但是指数熔断机制却未能降低系统性风险，反而具有"磁吸效应"。基于上述研究结论，本书给出了减少市场操纵、防范系统性风险的政策建议。

二、逻辑结构

本书共分为 10 章，遵循提出问题、分析问题、解决问题的思路依次展开，具体逻辑结构如图 1-1 所示。其中，第一章、第二章为前期研究，主要介绍了

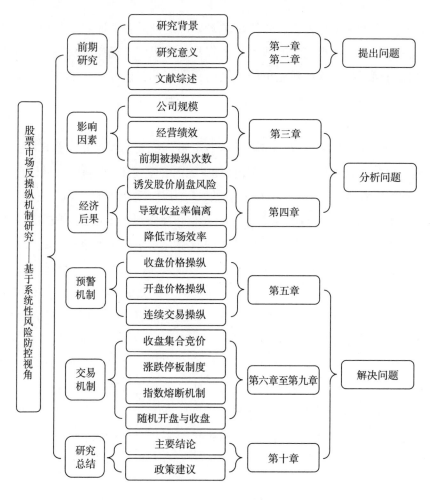

图 1-1　本书逻辑结构

研究的背景和意义，并从市场操纵的内涵及类型、理论研究、经济后果、识别研究和防范与监管等方面进行了文献综述；第三章探索市场操纵的影响因素，主要从上市公司的市值规模、经营绩效和前期被疑似操纵的次数等方面探究哪些股票更容易被操纵；第四章研究市场操纵对股票市场的影响，主要分析市场操纵对系统性风险、收益率偏离和市场效率的影响；第五章构建市场操纵的预警机制，设计了收盘价操纵、开盘价操纵和连续交易操纵的预警指标和预警阈值，并利用既有案例进行了回测检验；第六章至第九章讨论反操纵交易机制，研究收盘集合竞价和涨跌停板制度的反操纵功能，指出现阶段指数熔断机制并未降低股价波动率，并且造成了"磁吸效应"，说明随机开盘与收盘制度能够在提升市场效率的同时遏制市场操纵；第十章总结研究成果，并从交易主体、监管层面和机制设计三个方面对抑制市场操纵、防范系统性风险提出政策建议。

第三节　研究创新与不足之处

一、研究创新

本书从系统性风险防范的视角研究市场操纵的新表现、新特征和新影响，在此基础上探讨反操纵的预警机制和交易机制。著作的研究创新主要体现在以下三个方面：

（一）首次研究市场操纵与系统性风险之间的关系

关于市场操纵经济后果的研究，大多集中在市场操纵对流动性、波动性、交易成本、市场深度、成交量等维度的影响。然而2015~2016年中国股市的异常波动已经表明，市场操纵的负面作用还会通过投资者情绪渠道影响整个股票市场，造成系统性风险。因此，本书从投资者情绪的视角考察了市场操纵对系统性风险，特别是股价崩盘风险的影响机理，并以2012~2017年中国A股市场上市公司为样本，基于异常交易行为构建市场操纵识别模型，实证检验市场操纵与股价崩盘风险的关系。研究结果表明，市场操纵是系统性风险的成因之一，市场操纵次数越多的股票，未来股价崩盘风险越大。对影响路径的分析发现，市场操纵通过影响投资者情绪，进而导致股价崩盘风险。操纵期间投资者情绪高涨，形成股价泡沫；操纵之后投资者情绪回落，诱发股价崩盘风险。拓展的研究发现，中小板和创业板市场的操纵行为对股价崩盘风险的影响更加明显。本书不仅丰富了系统性风险的影响因素研究，而且对减少市场操纵、维护金融安全具有重要的理论和现实意义。

（二）创造性地构建市场操纵预警体系

关于市场操纵预警体系的构建，证券监管部门与国内外学者在理论和实践层面都做出了诸多尝试，并取得了重要成果。然而运用既有的预警指标体系监测中国 A 股的市场操纵行为却存在一些问题。一方面，大多数预警指标是把股票当日收益率、波动率等与操纵前 30 个交易日的平均值做比较，而中国的操纵者倾向于连续多日操纵同一只股票，因此可能出现操纵当日该股票相应的价量指标与自身相比并不异常，但与同行业股票甚至整个大盘相比却出现异常的情形。上述行为无法被已有的预警指标监测到。因此本书借鉴双重差分的思想，从个股与行业的角度设计了更为完善的预警指标、预警阈值和预警程序。另一方面，从证监会公布的市场操纵行政处罚案例来看，许多操纵行为不是发生在尾盘时段，连续交易和开盘价操纵时有发生。而现有研究大多聚焦于收盘价格操纵，无法满足监管部门的需要。本书虽然无法获得全账簿数据，但依然利用报价与交易数据，参考收盘价操纵预警指标的设计思路，构造了其他交易时段（包括连续交易与开盘时段）的市场操纵预警指标，以期为监管部门全方位监测市场操纵行为提供借鉴。

（三）探讨上海证券交易所收盘集合竞价的反操纵功能

收盘集合竞价制度是否具有反操纵功能？如果答案是肯定的，其抑制效果究竟有多明显？上述问题的答案对学术界和监管层都至关重要。上海证券交易所自 2018 年 8 月 20 日起实行收盘集合竞价制度，收盘集合竞价的时间为 14：57~15：00（收盘集合竞价阶段可以申报，不可撤单）。鉴于上交所在此之前的收盘价是由当日该证券最后一笔交易前一分钟所有交易的成交量加权平均价格（含最后一笔）所产生的，收盘价决定机制的变动为本书创造了良好的"自然实验"，使我们可以利用基于倾向评分的双重差分方法（PSM+DID），深入研究收盘集合竞价制度的反操纵功能。本书利用 2017~2018 年上海证券交易所和深圳证券交易所主板市场上市公司数据，考察了收盘集合竞价制度对市操纵的影响。研究发现，上海证券交易所实行收盘集合竞价能够显著降低股市尾盘异常波动的次数和程度，减少市场操纵行为的发生。此外，在政策建议中提出了在集合竞价阶段随机开盘与收盘的建议。这一交易机制不但可以减少开盘集合竞价时虚假申报和撤单的操纵行为，而且能够降低收盘集合竞价时以大额订单拉升或打压收盘价的行为，是对目前集合竞价制度反操纵功能的进一步优化。

（四）探索随机开盘与收盘制度对市场操纵的抑制作用

随机开盘与收盘制度能否在不损失市场效率的同时遏制市场操纵？为什么全球主要交易所中一些采用普通的集合竞价制度，而另一些采用随机结束的开盘与收盘制度？中国股票市场操纵开盘价格和收盘价格的案例屡见不鲜，能否通过优化交易机制以减少上述违法行为？鉴于学术界关于交易机制细则的反操纵功能的分析还处于起步阶段，尚未有学者开展关于随机开盘与收盘制度对市场质量，特别是市场操纵的影响研究。本书在总结全球 10 个主要证券交易所开盘与收盘集合竞价交易细则的基础上，以新加坡交易所引入随机开盘与收盘制度为契机，探讨了该制度对投资者订单提交策略、收盘价格波动、市场操纵行为、集合竞价成交量和市场效率等方面的影响。研究发现，投资者在集合竞价阶段存在一种与集合竞价时间及其确定性相关的订单提交策略，订单的聚集和随后的逆转表明，潜在的操纵者在非随机开盘与收盘机制下，操纵股票价格的可能性更大。随机结束的集合竞价制度不仅降低了市场波动，促进了价格发现，提升了市场效率，而且有效抑制了开盘和收盘期间的市场操纵行为，保证了市场公正。上述结论对于在我国证券交易所中引入随机开盘与收盘制度具有重要的借鉴意义。

二、不足之处

虽然本书力求系统而深入地研究市场操纵的发展现状和经济影响，构建并优化反操纵预警机制和交易机制。但囿于数据的可获得性，现有研究成果还存在以下不足：

（一）市场操纵的识别方法有待进一步完善

市场操纵的识别需要用到高频交易数据，最好能够追溯到某交易者在某一时间的交易行为。然而目前全账簿数据并不可得，而我国的报价与交易数据事实上是 3 秒时间间隔的快照数据并不能反映每笔订单的真实情况，基于此设计的市场操纵识别指标可能存在不精确的问题，如当某 3 秒内出现异常的成交量和成交价时，如果这些委托单不是出自一个实际交易者（包括多人串谋的情形），那么理论上不应归于疑似市场操纵，但基于目前的数据结构，本书无法对此做出区分。中国 A 股市场之所以只披露 3 秒时间间隔的快照数据，是因为我国在 20 世纪 90 年代布置第一代电子交易引擎时，还未使用互联网和光通信技术，而是运用卫星通信技术。报价与交易数据从证券公司汇集到中央交易引擎，再通过卫星将报价更新、成交信息等返回各证券公司，约有 3 秒的时间。虽然目前的技术水平早已克服了数据延迟问题，但这一习惯一直沿用至今。如果未来研究可以获得更为精确的数据，抑或可以掌握交易者的代码，则可以对目前的市场操纵识别方法和预警机制进行优化。

（二）反操纵交易机制的研究有待进一步深化

本书系统研究了收盘集合竞价制度、涨跌停板制度、指数熔断机制、随机开盘与收盘制度的反操纵功能。然而证券市场的交易机制众多，不少交易制度，如日内回转制度、最小报价单位制度、指示性价格制度等，也可能对市场操纵或系统性风险产生影响。本书囿于时间和篇幅限制，未能就其他交易机制展开深入探究，也未能研究一系列交易机制的组合对市场操纵的综合影响。此外，在经济发展阶段不同、投资者结构不同、上市公司质量不同的交易所，所采取的反操纵交易机制优化策略也应当有所差异，本书限于数据的可得性，未能基于全球视角探讨同一交易机制在不同国家反操纵功能的异质性，也未能根据不同国家的特征提出反操纵交易机制的设计理念。

以上问题可作为未来研究方向。

第二章 文献综述

在深入研究股票市场的反操纵机制之前，需要系统总结国内外学者在市场操纵领域的研究现状与发展动态，以便借鉴既有文献的研究成果，明确本书的学术坐标和边际贡献。

第一节 市场操纵的内涵及类型研究

无论是开展市场操纵的学术研究，还是进行市场操纵的稽查与监管，都需首先明晰其内涵与外延。因此，本书从讨论市场操纵的内涵入手，基于司法和学术两个角度，梳理国内外论文及相关法案中对市场操纵的界定，从而给出本书的市场操纵的研究范畴。然后结合中国的市场操纵监管实践，探讨市场操纵的主要类型。

一、市场操纵的内涵

市场操纵早在 16 世纪中期就已出现，荷兰安特卫普金融市场的银币操纵就是典型的"轧空"行为。在该案例中，葡萄牙国王因战争原因，需要在安特卫普金融市场上购买大量银币。投机者得知此消息后，在荷兰国王出手之前，就收购了市场中几乎所有的银币，迫使葡萄牙国王不得不以极高的价格购买。尽管证券市场操纵行为已有近 500 年历史，但迄今为止，针对市场操纵的内涵尚未形成一致的、公认的界定。现阶段对市场操纵的定义主要来自两个角度，即实务视角与学术视角。

（一）司法和监管视角

由于每个国家的人文地理和法治环境不同，世界各国对市场操纵的判定并没有统一的法律标准。美国股票市场主要根据投资者的行为动机来判定，其中主要依据投资者是否对股票市场进行"干涉"、"故意操纵"、"欺诈"等行为来判定是否形成市场操纵。美国于1934年颁布的《证券交易法案》中出现了"操纵"（Manipulation）和"操纵性的"（Manipulative）等用语，并明文规定禁止市场操纵，但上述法律并没有对市场操纵做出明确定义。美国最高法院认为市场操纵行为是指通过控制或者人为影响证券的价格或者欺诈投资者的故意行为。美国证监会认为，市场操纵本质上是对市场供求关系的故意干涉。英国1998年金融服务管理局（FSA）颁布的《市场滥用：市场行为守则》和2000年颁布的《金融服务与市场法》对市场操纵进行定义与规范。其中，若存在拟制交易、价格操纵和不恰当传播信息的行为则将其视为市场操纵。欧盟《反对内幕交易与市场操纵的指令》认为，对市场操纵的认定不要求操纵者具有特定的、主观的操纵意图，只要求相应的市场行为符合相应条件，即为市场操纵。它主要根据以下两个条件是否同时成立来判断市场操纵：一是是否出现人为或者异常价格；二是某市场交易行为是否为导致该人为或者异常价格的原因。中国股票市场主要依据投资者是否对股票市场产生严重影响来判断市场操纵。我国《证券市场操纵行为认定指引（试行）》明确指出，市场操纵行为是指行为人以不正当手段影响证券价格或证券交易量、扰乱市场秩序的行为。同时，我国《证券法》也将市场操纵的意图明确为影响证券的成交价格或成交量，并禁止市场参与者采用各种手段来影响证券的成交价格或成交量，以实现市场操纵的目的。

（二）经济学和法律学术视角

已有文献大多从是否"迫使价格水平改变"、"谋取自身利益"、"故意影响资源的有效配置"等角度定义市场操纵行为，如通过误导性的交易活动影响证券价格，给其他市场参与者造成出现价格敏感性信息的假象，从而诱导其他投资者参与证券交易。众多学者都给出对市场操纵的定义。Thel（1994）认为操纵是引诱他人交易或迫使价格达到特定人为水平的行为。Jarrow（1992）把没有私人信息的投资者获得无风险的正利润的交易行为定义为市场操纵。之后，他进一步完善定义，认为操纵是指操纵者为谋取自身利益，把价格调整到对他有利的水平的行为（Cherian and Jarrow，1995）。Kyle 和 Viswanathan（2008）认为凡是故意地影响资源有效配置的价格信号不准确或者导致风险转移的市场流动性下降等行为策略即为市场操纵。Nelemans（2008）认为市场操纵是指那些引起异常价格压力的行为，其中异常价格是指没有信息支撑的价格。而 Fischel 和 Ross（1991）认为市场操纵行为是一种难以起诉的犯罪，市场操纵不存在客观的定义。

本书出于研究需要，借鉴国内外法律法规及学者论述，将市场操纵定义为：行为人背离市场自由竞价和供求关系，利用资金、信息等优势，以不正当手段影响证券市场价格或证券交易量，为自身谋求不正当利益或转嫁风险的行为。

二、市场操纵的类型

在国际上，按照操纵手段及策略的不同，市场操纵可分为行动型操纵（Action-Based Manipulation）、交易型操纵（Trade-Based Manipulation）及信息型操纵（Information-Based Manipulation）（Allen and Gale，1992）。其中，行动型操纵是指操纵者通过实施相应措施来改变金融资产的真实或感知价值，进而影响证券价格的操纵行为；交易型操纵是指操纵者通过二级市场证券交易以使证券价格发生偏离的操纵行为；信息型操纵是指操纵者通过发布虚假信息、散播谣言来误导投资者，从而改变金融资产价格并从中获利的操纵行为。Putnins（2012）将市场操纵分为交易（runs）型、合约（contract-based）型和市场力量（market power）型。其中，交易型市场操纵是指操纵者运用头寸来提高（或降低）股价来增加股票的流动性，并最终出清头寸而获利；合约型市场操纵是指通过市场的交易机制，购买一个衍生品合约头寸，然后操纵相关标的股价变动使其衍生品获利；市场力量型市场操纵是指利用市场力量操纵股价获利。学术界更多地采用 Allen 和 Gale（1992）的定义（夏昕阳和杨之曙，2004；徐爱农，2007；陈煜，2017）。

在中国，证监会基于我国证券市场的特点和历年查处的案例，于 2007 年 3 月发布《证券市场操纵行为认定指引（试行）》，规范了证券市场操纵行为的分类。根据该指引，市场操纵行为包含连续交易操纵、约定交易操纵、洗售操纵、虚假申报操纵、特定时间的价格或价值操纵、收盘价操纵（也称尾市交易操纵）、蛊惑交易操纵、抢帽子交易操纵等方式。其中，前六种操纵方式属于交易型操纵，后两种操纵方式属于信息型操纵，表2-1列出了各种操纵方式的具体内涵。

表2-1　市场操纵行为分类

市场操纵行为	内涵
连续交易操纵	指单独或者通过合谋，集中资金优势、持股优势或者利用信息优势联合或者连续买卖，操纵证券交易价格或者证券交易量
约定交易操纵	指与他人串通，以事先约定的时间、价格和方式相互进行证券交易，影响证券交易价格或者证券交易量
洗售操纵	指在自己实际控制的账户之间进行证券交易，影响证券交易价格或者证券交易量
虚假申报操纵	指行为人做出不以成交为目的的频繁申报和撤销申报，误导其他投资者，影响证券交易价格或交易量
特定时间的价格或价值操纵	指行为人在计算相关证券的参考价格或者结算价格或者参考价值的特定时间，通过拉抬、打压或锁定手段，影响相关证券的参考价格或者结算价格或者参考价值的行为
收盘价操纵（尾市交易操纵）	指行为人在即将收市时，通过拉抬、打压或锁定手段，操纵证券收市价格的行为
蛊惑交易操纵	指行为人进行证券交易时，利用不真实、不准确、不完整或不确定的重大信息，诱导投资者在不了解事实真相的情况下做出投资决定，影响证券交易价格或交易量，以便通过期待的市场波动，取得经济上的利益的行为
抢帽子交易操纵	指证券公司、证券咨询机构、专业中介机构及其工作人员，买卖或者持有相关证券，并对该证券或其发行人、上市公司公开做出评价、预测或者投资建议，以便通过期待的市场波动取得经济利益的行为

资料来源：中国证监会：《证券市场操纵行为认定指引（试行）》。

<h2 align="center">第二节　市场操纵的理论研究</h2>

市场操纵不但类型众多，而且操纵手段也是层出不穷的，因此国内外学者尝试构建多种理论模型来刻画市场操纵的实施过程、最终结果，以及不同市场

和信息条件对价格操纵的影响。综观现有文献，学者主要利用知情交易模型、博弈模型和市场微观结构模型来进行市场操纵的理论研究。

一、知情交易模型

知情交易者是市场操纵的主要实施者，因此国内外学者建立了多个模型，来阐述市场操纵的行为过程。Kyle（1985）模型中的知情交易者（Informed Trader）通过提交委托单来增加市场的交易噪声，从而降低交易的信息含量，并最终实现操纵市场的目的。这个策略的核心在于，价格操纵者引入的交易噪声使市场上披露的信息减少，谣言不会立刻被识破。Bommel（2003）在 Kyle（1985）的框架下论证了投资者可以通过谣言传播来操纵股票价格的策略。在均衡状态下，谣言散播者是有利的，追求利润最大化的交易者会与谣言散播者交易，导致价格的过度反应，这使得知情的谣言散播者不仅可以从散播谣言信息的股票中获利，也可以从过度反应的价格上获利。Chakraborty 和 Yilmaz（2004）证明，在 Kyle（1985）模型中，知情交易者会从操纵市场中受益。当知情交易者存在不确定性时，在交易时段大量的全部私人信息透露之前，知情交易者会利用私有信息交易，操纵市场均衡价格。这种策略会导致知情交易者的短期损失，但交易过程中噪声的增加使他们可以更长时间地保留信息优势，从信息中获取更多利润。Bagnoli 和 Lipman（1996）分析了市场操纵者宣布一个错误买价来抬高股票价格的策略，该策略的盈利取决于操纵者发布信息的可信度。在重复博弈中，如果市场参与者能够推断出虚假信息源于同一个市场操纵者，操纵者将很快出局，并且操纵策略将不再是有利可图的。Peng 和 Roell（2014）探讨了基于短期股价操纵的最佳管理层薪酬契约问题。刘溪等（2019）基于非知情交易者操纵市场的假设，证明噪声信息在市场的传播过程中加剧了股价波动，降低了价格中的信息含量，使股票价格偏离其基本面价值。周奇等（2020）在竞争性理性预期均衡的框架下，建立非知情交易者异质信念下风险资产定价模型，说明非知情交易者的信念偏差对交易需求、均衡价格以及操纵策略均有重大影响，但对市场深度没有影响。

二、博弈模型

由于证券市场中存在不同类型的参与者，因此运用博弈模型，考察市场操纵者的行为对其他投资者的影响，以及均衡状态下参与者的最终损益，是研究市场操纵的有效方法。Allen 和 Gale（1992）在理性预期的框架下构建 3 期博弈模型，说明操纵者可以通过买卖策略达到操纵股价的目的。Aggarwal 和 Wu（2006）将信息搜寻者引入 Allen 和 Gale（1992）的模型中，说明在混合均衡情形下，信息搜寻者数量增多有助于提高价格操纵者的获利能力。李梦雨（2015a）改进了 Aggarwal 和 Wu（2006）的模型，论证了市场操纵为操纵者创造了套利机会，使无法辨别操纵者身份的众多动量交易者损失惨重。Mei 等（2003）构建了包含股票价格操纵者（Manipulator）、投机者（Speculator）、行为驱使交易者（Behavior-Driven Trader）的博弈模型，诠释了"拉高砸盘"的现象及交易型操纵获利的原理，在此基础上利用美国股票市场操纵案例的实证数据验证了所得结论。此后，学者们从多方面对此模型进行改进。例如，周春生等（2005）探讨了在不允许卖空的市场条件下交易型市场操纵的情况，以便适用于中国的情形。徐爱农（2007）加入模仿内幕交易者元素，增强了其模型对中国市场操纵的解释力。Siddiqi（2017）研究发现，当存在信息不对称时，信息中介（经纪商）在不影响声誉的情况下也可以操纵需求进而操纵股价，经纪商层面竞争可以识别股价操纵，但反过来也会影响市场流动性。

三、市场微观结构模型

市场操纵是市场微观结构理论所研究的重要问题之一，现有文献主要从市场的交易机制及其价格形成过程和原因对市场操纵进行细致分析，为解释市场操纵行为提供了新思路和佐证。Eren 和 Ozsoylev（2006）从市场的流动性和订单的匹配与成交角度进行分析，发现市场操纵会提高市场流动性和增加成交量。孔东民等（2011）认为，通过对订单型操纵研究发现，订单提交频率高且撤单速度快，申报买入笔数多并且提交订单额度较大，但成交笔数极少，买入申报撤单量占该股票当日市场买入总申报的比例极高，同时也指出操纵行为对价格和流动性仅有短暂的影响。Comerton-Forde 和 Putnins（2011）通过被起诉的操纵案例研究发现，操纵者在受到类似实际操纵案例的激励后，会降低价格准确性和流动性。操纵的可能性改变了市场参与者的行为，导致流动性下降，并对收盘价操纵对交易特征和股票价格准确性的影响进行了量化研究。Fruth（2014）认为，金融市场的流动性呈现周期性，研究发现在限价委托单市场中，当市场委托单与订单匹配时,交易依赖的买卖价差增加,此时无价格操纵发生。即使没有信息型价格操纵,也可能存在交易型价格操纵,并表现出一定的周期性。这些文献都在一定程度上从微观角度对交易型市场操纵进行分析和研究。

第三节 市场操纵的经济后果

总体而言,操纵市场作为资本市场中的违法犯罪行为,严重地干扰了市场秩序,损害了投资者利益。以往文献归纳起来主要集中于市场效率、市场波动性、系统性风险、企业行为和资源配置等方面。

一、市场操纵与市场效率

既有研究关于市场操纵对市场效率的影响非常丰富,主要集中在对市场的流动性、交易成本、市场深度、成交量等维度的影响。在理论研究方面,Ben-abou 和 Laroque(1992)指出,拥有内幕信息让价格操纵者有能力和动力采取释放扭曲公告的策略来操纵价格,公众需要在充满噪声的信息中鉴别这些扭曲的公告是否属实,这给了价格操纵者持续操纵的机会。当公告真实性不易辨别时,内幕交易必须被限制以保证价格能够较好地反映真实信息,从而影响了市场效率。Foucault(1998)基于订单决策与价格形成的博弈模型,给出了关于操纵行为与市场流动性关系的理论阐释:操纵行为→加剧市场波动→降低订单非执行风险→投资者报价策略趋于保守→价差扩大及交易成本上升。当市场操纵加剧证券价格波动后,订单非执行风险相应下降,投资者会选取更为保守的报价策略,即在远离最佳买入卖出价的价格上提交订单,从而增大买卖价差和交易成本。基于委托代理的收盘价操纵模型,Hillion 和 Suominen(2004)解释了收盘价操纵行为的动因,认为经纪人为了提高客户的满意度,具有操纵收盘价的动机,而这将会加剧股价波动,并伴随着买卖价差而扩大。Eren 和 Ozsoylev(2008)采用了与 Bommel(2003)类似的模型研究发现,拥有内幕信息的交易者通过"拉高砸盘"的操纵策略损害了没有内幕信息交易者的利益,导致市场深度以及交易量增加,但降低了市场效率。Aitken 等(2015a)将市场操纵对流动性的影响归因于做市商减少流动性供给，认为在市场操纵的作用下，证券价格波动往往具有一定趋势性，那些已在价格趋势性波动中获得价差收益的做市商可能会选择平仓或持有尽可能少的证券存货，此时流动性的减少倾向于扩大最佳买入卖出价差。

在实证研究方面，国内外学者倾向于利用监管部门已查处的市场操纵案件数据来展开。Comerton-Forde 和 Putnins（2011）基于 1997~2008 年纽约证券交易所、美国证券交易所和多伦多证券交易所市场操纵案例的实证分析表明，被操纵期间股票的买卖价差、收益率及交易规模等会显著增大。Cumming 等（2011）基于全球 42 个证券交易所交易规则构建了市场操纵规则指数，发现操纵指数与市场流动性呈正相关关系，即完善的市场操纵规则有助于改善市场流动性。Aitken 等（2015b）借助联立方程模型分析发现，以市场操纵为代表的破坏市场公正的行为倾向于导致买卖价差扩大和交易成本增加。李梦雨（2015b）运用事件分析方法对 2008~2014 年中国证监会所公布的市场操纵案例，论证了操纵行为会导致交易成本增加和市场有效性降低。另外，也有学者采用交易所有关市场操纵监管规则的完善程度作为测度指标。李志辉等（2018）基于可疑收盘价操纵监测结果的实证分析指出，收盘价操纵会导致股票交易成本上升和流动性下降。

二、市场操纵与市场波动性

现有研究表明，市场操纵可以引发个股甚至市场的剧烈波动，体现在成交量、收益率等诸多角度。Mei 等（2003）研究发现，市场操纵者通过"拉高砸盘"策略能够获得更高的回报，但这种策略会大幅增加股票波动率和交易量。黄长青等（2004）对我国证监会公布的市场操纵违法违规案例进行研究后发现，被操纵股票的成交量、收益率等特征值均有明显变化。Zdorovtsov 等（2008）通过研究 Russell 3000 指数，发现市场操纵会使指数日收益率发生异常波动。Delort 等（2011）采用网络数据证明，股价的升高与网络论坛留言板内容紧密相关，在操纵者用长篇大论把信息引入讨论后，股价抬升与股票交易量及波动率正相关，进一步分析发现，操纵者的目标股票都有更高的交易量和波动率，以及更低的价格与市值。李梦雨（2015b）研究发现，在操纵期间，被操纵股票的日收益率、有效价差、价格波动性及交易规模均明显上升；此外，市场操纵显著增加个股波动，继而引发证券市场波动。李梦雨和李志辉（2019）从投资者情绪视角考察市场操纵对股价崩盘风险的影响机理，论证了操纵者的异常交易和信息披露行为，引起投资者情绪波动，使主观信念由操纵期间的过度乐观转变为操纵之后的过度悲观，最终导致股价超跌，诱发股价崩盘风险。

三、市场操纵与系统性风险

市场操纵影响资本市场系统性风险积累的研究主要因循两条主线：一是市场操纵增加证券市场波动，诱发系统性风险。资产的系统性风险具有内生的跨期时变特征（丁志国等，2012），在增加个股波动性的同时，引发股票市场甚至跨市场的剧烈波动（Huang 等，2006；张维等，2011；李梦雨和魏熙晔，2017）。Aggarwal 和 Wu（2006）运用美国市场的数据说明市场操纵加大了股市的波动性；Huang 和 Cheng（2015）运用中国台湾市场的数据说明市场操纵不仅加大了市场波动，而且对市场稳定造成负面影响。二是市场操纵影响投资者交易策略，积累系统性风险。Foucault（1998）认为，市场操纵会降低订单非执行风险，使投资者报价策略趋于保守，引发证券市场的流动性危机，造成系统性风险。清华大学国家金融研究院课题组（2015）指出，市场操纵者运用程序化交易和高杠杆配资，先在股票市场上造成非理性繁荣的假象，继而通过恶意卖空引发恐慌性抛售，导致 2015 年中国股市的系统性风险。冯芸等（2016）发现，操纵性投机行为会影响股指期货市场套利者和套期保值者的交易策略，使风险跨市场蔓延。李梦雨和李志辉（2019）、吴崇林等（2021）指出，交易型操纵者通过影响投资者情绪，增加股价崩盘风险。张诗玥等（2021）认为，信息型操纵者通过控制信息披露节点，加剧上市公司的信息不透明程度，导致投资者做出错误判断，诱发股价崩盘风险。

四、市场操纵与企业行为

现阶段，研究市场操纵对企业行为影响的文献主要集中在企业创新和财富转移两个方面。市场操纵、内幕交易、信息披露违规等市场违规行为均会降低市场公正性，进而影响上市公司的偏好与决策。市场操纵导致的价格扭曲效应使得上市公司更倾向于采取短视行为，忽略创新等长期投资和战略管理，同时降低企业家及员工的创新积极性,从而阻碍企业创新。Levine 等(2017)运用世界 76 个国家 1976~2006 年的数据证明了内幕交易、信息型操纵等市场违规行为会大大降低企业创新的动机和能力。Cumming 等(2020)利用全球 9 个国家 2003~2010 年的数据研究了尾盘价格操纵对企业创新的影响,发现尾盘价格操纵降低了企业专利申请数及引用数。而市场操纵与财富转移的关系,则主要涉及信息型操纵。操纵者的操纵行为旨在配合高管减持、“高转增”以及其他内幕交易。吴崇林等(2021)跟进了 Cumming 等(2020)的研究,利用 2007~2018 年中国 A 股市场的尾盘价格操纵数据,发现市场操纵抑制了上市公司创新,降低了上市公司下一年度的专利申请总数量和发明专利申请数量,并且融资约束程度越大、管理层短视行为动机越强,市场操纵对企业创新的不利影响程度越大。Khwaja 和 Mian(2005)通过研究巴基斯坦市场中介机构治理不完善的成本时发现,当经纪人以个人账户交易时,他们的年收益率比外部投资者获得的年收益率高 50~90 个百分点,市场择时及流动性视角无法对此予以解释。相反,一个基于交易的“拉高砸盘”价格操纵案件提供了有力证据:当价格低时,市场操纵者与经纪人勾结人为地提高价格和吸引交易者。一旦价格上涨,市场操纵者和经纪人退出,由投资者接盘。保守估计显示,这些操纵收益占经纪人总收入的近一半。随着市场内幕交易人员比例的增加,交易对手损失也会增加,导致投资者整体信心下降,因为个人负面情绪的积累会造成市场总效率的下降。

五、市场操纵与资源配置

市场操纵的动机主要包括获得超额利润、使上市公司进入重要指数、影响衍生品结算价格、实现大股东与小股东之间的财富转移、进行伪市值管理等。而上述目的的实现会导致资源错配。Khanna 和 Sonti(2004)说明股票价格和基本面价值之间的关系会被价格操纵者所利用,在其模型中,股东有动力长期推高价格从而有利于自身的投资行为,这对资源配置产生扭曲,其实证研究也验证了拥有内幕信息的人更有可能成为价格操纵者。Ben-David 等(2013)验证了每月末交易日特别是季末收盘价容易被对冲基金操纵,在市场收盘前,对冲基金通过购买具有较大流动性的额外股份来进行这种操纵,这从月末高收益率和第二天结果反转可以看出。作者的结论是,这种操纵对较大经济体有相当不利的影响，因为这会扭曲资源配置，对经济其他部分产生负外部性。李梦雨和魏熙晔（2014）发现基金公司在季末操纵了股票价格，基金重仓股具有季末平均超额正收益和季初平均超额负收益，并且上述现象在股市下跌时更加明显。此外，汪建坤（2000）、张永鹏和邱沛光（2005）、扈文秀和刘小龙（2013）构建博弈模型说明市场操纵者可利用自身信息优势和投资者的行为偏好获得超额利润；Carhart 等（2002）、Hillion 和 Suominen（2004）认为，机构投资者具有强烈动机操纵季末和年末的收盘价，以跻身重要指数或改变衍生品的结算价格；张宗新等（2005）、Khwaja 和 Mian（2005）、张济建和苗晴（2010）指出市场操纵常伴随内幕交易，成为伪市值管理的手段。

第四节 市场操纵的识别研究

既有文献关于市场操纵模型的识别研究较为丰富。在交易型操纵方面，研究成果主要集中于利用市场操纵期间股票所表现的特征，尤其是股价异动，来构建识别体系。在信息型操纵方面，由于信息型操纵集合了内幕交易、信息披露违规、财务欺诈等多种违法违规行为的特点，因此对信息型操纵的识别大多借鉴了财务欺诈和内幕交易研究的相关方法。

一、统计学与计量经济学模型

1. 连续交易操纵

国内外学者针对市场操纵所产生的影响展开了大量研究，其中关于连续交易操纵的特征研究较为丰富。市场操纵不仅会对市场流动性和成交量产生影响，而且使日收益率、市场价格以及股票流动性等产生异常变化（Aggarwal 和 Wu，2006；Eren 和 Ozsoylev，2008）。同时，国内学者发现在股票在操纵期间，存在股票价格、波动性、流动性、成交量、成交额、收益率等方面的异常变化（黄长青等，2004；李梦雨，2015a）。有鉴于此，国内外学者根据上述指标是否发生异常变化来监测连续交易操纵的发生情况（McDonald 和 Michayluk，2003；Khwaja 和 Mian，2005），并构建了模型。一部分学者运用 Logit 模型来识别股价操纵的主要因素（李梦雨，2015b），也有部分学者运用 Logistic 模型对交易型操纵进行研究（陆蓉和陈小琳，2009）。此外，Maxim 等（2017）以多指标多原因模型（MIMIC）的形式将股价操纵解释为潜在变量，使用超额回报率和超额波动率两个指标作为股价操纵的指标进行股价操纵的度量。上述文献为度量股价操纵提供了新的思路。

2. 开盘价操纵

国内外学者对开盘价操纵的研究主要从虚假申报和撤销订单对股票开盘价格的影响来展开，为本书开盘价操纵监测模型的构建提供了理论基础。其中，Lee（2013）基于韩国证券交易所的研究发现，市场操纵者可以利用订单披露规则来进行虚假申报，使股票价格发生符合操纵者意愿的变化，吸引其他投资者进行交易并获取高额利润；并且订单型操纵的对象主要集中于波动率较大、规模较小的上市公司。孔东民等（2011）通过研究美国和中国的订单操纵案例发现，操纵行为对市场价格和流动性仅有短暂的影响，随着操纵的结束，价格和流动性大致会回到正常水平。进一步地，吴林秀（2016）发现前一日收盘价对第二日开盘价的形成具有较强的指引作用，而开盘价操纵则试图将其作用弱化，发生开盘价的异常偏离。

有鉴于此，学者可以通过监测上述指标是否发生异常变化来监测开盘价操纵，但是现有文献对开盘价操纵识别和模型构建的研究较少，中国股票市场质量研究报告开创性地构建开盘价偏离模型对中国股票市场的开盘价操纵进行监测和度量。

3. 收盘价操纵

现有针对收盘价操纵特征方面的研究为构建疑似操纵行为的识别模型奠定了基础。具体来说，Carhart 等（2002）发现美国证券市场股价上涨主要集中在收盘前半小时内，这种上涨在季末尤其明显，并将其归因于基金经理为改善基金收益而对股票价格进行的操纵。Hillion 和 Suominen（2004）发现巴黎证券交易所往往在收盘前几分钟内出现股票价格及成交量大幅波动，并将其归因于市场操纵。Comerton-Forde 和 Putnins（2011）证明了在收盘价操纵的影响下，尾市期间交易活动及股票收益率显著增加。同时，也有学者发现股票价格倾向于在被操纵的下一交易日内发生回转。Ben-David 等（2013）研究发现对冲基金重仓股在季末表现出 0.30% 的异常收益后，会在下一交易日发生 0.25% 的收益回转。Comerton-Forde 和 Putnins（2011）对被操纵股票当日收盘价与下一交易日上午 11 点买卖报价均值进行比较后发现，被操纵股票在下一交易日开盘后会发生显著的价格逆转。Stoll 和 Whaley（1987）、Chamberlain 和 Kwan（1989）的研究表明，在指数期货及期权合约到期日，股票价格的平均回转水平明显提升。

基于此，现有文献对收盘价操纵的模型识别构建的研究较为丰富。一方面，Felixson 和 Pelli（1999）建立收盘价操纵检验模型对巴黎股市进行实证研究。进一步地，Hillion 和 Suominen（2004）构建了基于委托代理的收盘价操纵模型，解释了收盘价操纵行为的动因。陈筱彦等（2010）应用收盘价操纵模型对上证交所的收盘价进行实证研究。另一方面，Aitken 等（2015a）构建尾市价格偏离模型（End of Day Price Dislocation Model）来监测收盘价操纵。李志辉等（2018）借鉴 Aitken 等（2015a）的尾市价格偏离模型，利用中国股票市场的分时高频交易数据实现了可疑收盘价操纵行为的监测。

二、数据挖掘技术

国内关于数据挖掘技术监测股票交易型市场操纵的文献较少，国外文献对此相应的研究。而且数据挖掘技术在监测价格操纵中的有效性研究越来越多。Westphal 和 Blaxton（1998）将数据挖掘最早应用到发达市场中的周期性价格操纵。Kirkland 等（1999）通过数据挖掘技术使用 NASD 法规的高级监测系统（ADS）监测纳斯达克股票市场的交易活动。Donoho 和 Jin（2004）将数据挖掘技术应用于新闻发布前监测，并且讨论知识发现对该问题的启示。Mongkolnavin 和 Tirapat（2009）运用数据挖掘书算法，研究泰国债券市场中的使用关联规则。Diaz 等（2011）讨论了应用数据挖掘技术监测股票价格操纵的挑战，并将日内交易价格分析与基于交易的操纵调查的收盘价结合起来，扩展了此领域的研究成果。Kim 和 Sohn（2012）使用同年龄组分析监测股价操纵，该技术将目标与其同辈群体进行比较，并测量其行为与同辈群体的偏差来监测目标的异常行为。

三、机器学习模型

现有关于运用机器学习研究交易型市场操纵的国内文献较少，国外文献主要运用机器学习模型中的神经网络模型、贝叶斯信念网络模型、可信度分析、决策支持系统、支持向量机等识别方法对市场操纵进行识别和监测。以往研究者将注意力集中在计量模型的检验上，实验数据相对低频。而使用机器学习法可以更好地运用网络大数据以及高频数据进行系统分析，使研究更加精确和完善。

Ogut 等（2009）比较了人工神经网络（Artificial Neural Networks）和支持向量机（Support Vector Machine）的性能，并用判别分析和逻辑回归来监测市场管理，使用人工神经网络和支持向量机监测伊斯坦布尔证券交易所中受到操纵的股票。Mongkolnavin 和 Tirapat（2009）采用关联规则对泰国债券市场协会日内交易中的收盘价进行了监测。Cao 等（2015）提出了一种具有异常状态的隐马尔可夫模型（AHHMMAS），用于监测日内股价操纵活动，具体使用的股指数据为纳斯达克和伦敦证交所的二级数据，并用模拟数据和实际市场数据对模型进行了测试。Leangarun 等（2016）研究了"拉高砸盘"和"欺骗交易"两种常见的股票价格操纵场景，并使用二级交易数据对神经网络模型进行模拟，发现在监测"拉高砸盘"模型时可获得高精确度，可用二维高斯模型监测欺骗交易。Li 等（2017）以中国证监会发布的信息和证券市场数据为基础，采用监督机器学习方法对我国证券市场操纵行为进行监测，具体地使用分类方法从被操纵股票的每日交易数据和每日交易数据中监测异常，结果表明，基于精确性、敏感性、特异性和曲线下面积的测量方法，监督机器学习方法能够很好地从日常交易数据中监测出市场操纵性。

第五节　市场操纵的防范与监管研究

市场操纵是典型的违法违规行为，严重扰乱证券市场的健康有序发展，因此理论界与实务界都非常关注市场操纵的监管与防范。本节将从市场操纵的动机研究、市场操纵的影响因素研究、反操纵交易机制研究以及市场操纵的监管研究四个方面对相关文献进行归纳总结。

一、市场操纵的动机研究

在探究股票市场交易型操纵的监管与防范之前，有必要探究其动机。个人或机构投资者通过操纵股票价格获取超额利润，这应该是最显而易见的动机。

张玉智（2003）认为，市场操纵是资本市场的客观现象。市场操纵的心理学基础是欲望性需要层次的逐步膨胀化和衍生性行为动机的不断资本化。而在市场操纵的需要和动机中，操纵成本和预期收益之间的不对称起着直接的作用。获取最大的预期收益是市场操纵者的最终目标，也是当事人进行市场操纵的内在动力。此外，基金经理有在月末、季末、年末操纵股价以提高基金净值粉饰业绩的倾向（刘凤元等，2003；庞耿业，2011；李梦雨和魏熙晔，2014）。类似地，同样存在股指期货到期日效应。蔡向辉（2010）认为，资金雄厚的投资者可能在到期日通过市场操纵特意拉抬或打压现货市场的价格，从而控制最后结算价（Punching the Settlement Price）以谋取暴利。

二、市场操纵的影响因素研究

1. 上市公司质量与市场操纵

既有研究探讨了上市公司质量与市场操纵行为的关系。例如，Imisiker 和 Tas（2013）对 1998~2006 年土耳其资本市场委员会公布的伊斯坦布尔证券交易所市场操纵违规案例研究指出，规模较小、收益水平较差、资产负债率较高的上市公司股票更容易被市场操纵，且前期被操纵过的股票更容易继续被市场操纵。Aggarwal 和 Wu（2006）对美国股票市场操纵做了分析，发现有近一半的市场操纵案件发生在市值较小、成交量较小和流动性较差的柜台交易市场上。国内学者如张胜和陈金贤（2001）对深圳股票市场实证研究，认为相对于业绩因素、流通股规模因素和行业因素，庄家因素对股价具有显著影响，因此深圳市场是显著的"庄股市场"。黄长青等（2004）对我国证监会 1996~2002 年公布的行政处罚案例进行研究，认为我国股票市场被操纵股票存在自身特征，即操纵者倾向于操纵市值规模较小的股票。向中兴（2006）通过对证监会公布的市场操纵案例研究，认为规模较小的股票更容易成为股价操纵者的目标，主要有两个原因：一是操纵成本较小；二是规模较小股票常有更多"利好"消息。李志辉和邹谧（2018）运用计数模型进行了上市公司特征对市场操纵影响的实证分析，结果表明，我国股票市场存在市值规模较小、经营绩效水平较差的上市公司股票更容易被市场操纵的特点。

2. 投资者结构与市场操纵

部分学者从投资者结构角度探究市场操纵问题。例如，林国春（1997）运用博弈论的概念和框架来分析当前我国股票市场中机构投资者与个人投资者的投机行为和动机，认为机构投资者为了追求自身利益，通过资金、信息优势操纵市场行情，使市场朝着有利于自己的方向发展，然后获利脱身。宫玉松（2010）认为，机构投资者的迅速发展是我国资本市场近年来最为突出的现象之一。但机构投资者在快速发展的同时也暴露出若干问题，如追逐暴利、操纵市场、内幕交易、过度投机等，这些问题损害了广大中小投资者的利益和社会公平，不利于资本市场的稳定健康发展。班耀波和齐春宇（2003）认为，中国股票市场二级市场10年走势显示，每一波机构入市都带动股指泡沫性上扬，同时作为主力机构的证券公司往往违规操纵，基金坐庄操纵行为亦普遍存在，证明中国股票市场的机构投资者并未发挥稳定市场的作用。

近年来，学者们更加关注机构持股与分析师关注对市场操纵的影响。既有研究发现 QFII 持股、机构持股、公募基金持股、一般法人持股、分析师关注、机构投资者的调研活动通过提升上市公司信息透明度、提高股票流动性、减少投资者信息不对称等途径抑制市场操纵行为，并且在单一大股东、低独立董事占比、低市场化水平、原中小板与创业板中，上述抑制作用更加明显（李志辉等，2021；李志辉和陈海龙，2022；李志辉等，2022；吴崇林等，2022；杜阳和郝碧榕，2022；杜阳和刘子川，2022）。

3. 交易机制与市场操纵

股票市场的各种交易机制是能否成功抑制市场操纵的关键因素之一。既有研究发现，股票市场交易互联互通机制（沪港通、深港通）、融资融券交易机制、股指期货交易机制、收盘集合竞价制度等能够通过加大投资者保护力度、提升信息披露质量、提高股票流动性、增加市场操纵成本等方式减少市场操纵，改善市场公正（李梦雨，2014；杜阳，2020；李志辉等，2021；杜阳和孙广宇，2021）。此外，当经济政策不确定性升高时，市场操纵的数量会减少，其主要的传导路径是信息机制和风险厌恶机制，并且信息披露质量的提升减弱了经济政策不确定性对市场操纵的负向影响（姚晓光等，2021）。

三、反操纵交易机制研究

收盘集合竞价交易机制是反市场操纵交易机制的一项重要内容，已有许多学者对此展开相关研究。总体来说，设立收盘集合竞价交易机制在交易型操纵监管方面得到了学术界的一致认可。Amihud 和 Mendelson（1988）认为，集合竞价机制可以降低市场波动性并且提高定价效率。Schwartz（2000）也认为，采用集合竞价可以减小价差，降低波动性并有利于价格发现。Hillion 和 Suominen（2004）认为，采用收盘集合竞价交易制度可以有效减少收盘价市场操纵行为发生并提高市场效率。Comerton-Forde 和 Rydge（2006）认为，收盘集合竞价阶段对收盘价计算方法的不同设计使市场操纵发生难易程度不同，因此导致市场操纵发生的概率有所差别。张肖飞（2012）基于深交所上市股票的研究表明，2006 年 7 月 1 日实施收盘集合竞价交易制度后，深市收盘阶段波动性、交易量、流动性等均显著下降，从而提升了股票市场的有效性。

涨跌停板制度对市场操纵也产生了影响效果。我国沪深证券交易所于 1996 年均颁布实施了价格涨跌幅限制制度，包括我国上海和深圳证券交易所在内的世界许多交易所都采取了价格涨跌幅限制制度。关于涨跌幅制度的设立是否能够促进资本市场的"公平、公正、公开"，学术界存在两种不同的观点。部分学者认为涨跌幅制度的设立能够减少交易型操纵行为。例如，Kim 等（2013）对中国股票市场的研究发现，涨跌停板制度在缓和短暂波动、防止价格延续和减少异常交易行为方面具有积极作用。李梦雨（2015a）通过改进的三时期市场操纵模型，说明证券价格涨跌幅限制制度可以降低公众对个股期望收益率的预期，增加知情交易者实施价格操纵的成本，从而减少操纵行为发生的概率。也有一些学者持有相反的观点。例如，宋逢明和田萌（2004）研究发现，涨跌停板等监管措施无法对操纵产生本质影响。林嘉永（2017）发现，在信息对称的实验室股票市场中，价格涨跌幅限制制度没有能够减小股票交易价格对基本价值的偏离，反而在很大程度上阻碍了股票交易价格向基本价值靠近的速度，降低了市场有效性，同时也不能降低股票换手率，未能减少市场中的投机性交易。

四、市场操纵的监管研究

为保证健康良好的市场秩序，有必要对事前、事中、事后的操纵行为进行严格监管。世界各国证券法均认定证券市场操纵应通过立法予以规制。大多数证交所和证监会也开发了监管系统来监测股价异动和异常交易行为。例如，Goldberg 等（2003）提到，SONAR 系统结合文本挖掘、模糊匹配等技术可鉴别信息型操纵；Aitken（2015b）利用 SMARTS 系统，通过订单账簿分析技术研究交易型操纵。下文将从市场操纵的理论支持和对策研究两个方面来梳理市场操纵监管方面的文献进展。

1. 市场操纵监管的理论支持

Cumming 和 Johan（2008）认为，有效信息有助于保护市场诚信，对欺诈的监管是维护市场诚信的保障，而金融欺诈行为在交易中留下的痕迹为监管提供了可能。IOSCO 在 2009 年的年度报告中提出，监督机制要能够预测资本市场的脆弱性，所采取的监控机制应能够确定不发展成大规模市场滥用的活动和情况。这种机制应该有助于避免市场受到来自异常交易活动的干扰，包括市场操纵、价格操纵，内幕交易以及其他使市场效率低下的操纵策略[1]。Thoppan 和 Punniyamoorthy（2013）研究了监管的五个方面：回顾了监管规则及市场操纵理论基础的文献，根据实证结果来理解如何应用理论模型来监管，尝试解释市场监管是什么以及市场监管识别市场操纵，并解释了监测操纵的方法；认为成立一个国际证券交易监管组织很重要，如国际证券委员会和国际证券交易所联合会，才会有更大的国际协调和合作空间。

此外，许多理论从不同的角度为监管证券信息操纵行为提供了理论支持。①显失公平理论。卢埃林的合同理论也可以解释证券市场行为，掌握信息资源或具有专业信息分析能力的证券市场交易一方能获取优势，缺乏信息的另一方则处于明显劣势，带来交易显失公平问题。②专家责任理论。证券投资咨询机构和证券分析师向投资者提供投资咨询服务，须保证信息的真实、客观和独立，其要义在于保护投资者对于专业信息的信赖，促使投资者合理的市场预期实现，因此具有专业资质的证券分析师等应对因为信赖而遭受损失的投资者承担民事赔偿责任。③帕累托改进理论与卡尔多-希克斯效率。根据帕累托改进理论，当信息操纵者的福利水平提高时，其他一般投资者就难以获得福利收益，可能遭受损失。要实现帕累托改进并不容易，可采用要求相对较低的卡尔多-希克斯效率，要实现卡尔多-希克斯效率中"整体获益超过整体损失"，证券市场就应当禁止信息操纵行为及其产生的"超额现象"，以降低多数不知情投资者的损失。④有效市场假说。有效市场假说认为，在买卖股票时，投资者会迅速有效地利用可能的信息，股价反映了影响其价格的所有因素，因此，建立证券信息操纵

---

① IOSCO 年度报告入口：https：//www.iosco.org/publications/？ subsection＝annual_reports。

行为的禁令有助于提高证券市场效率。

2. 市场操纵监管的对策研究

对信息型市场操纵的治理对策，除加强行为监管外，还有行业协会层面的措施，如提高金融行业内部风险管理的要求，以及加强教育提升员工的职业道德操守。以美国为例，作为美国证券场外市场的自律监管组织（SRO）——美国金融业监管局（FINRA）接受美国证券交易委员会（SEC）的监管，FINRA的主要职责及监管范围涵盖了证券业许多方面，如教育相关从业者和参与人员、制定法规政策、执行法律和约束等。具体而言：①使命是保护投资大众免受欺诈和不良行为的侵害，所以他们通过执行规则来确定不当行为，并审查经纪交易商是否遵守规则，所有经纪人都必须获得美国金融业监管局的许可和注册，通过资格考试并满足继续教育要求。②处罚违规者，对违规行为做出快速反应。如果经纪商违反规定，他们可以罚款，暂停或禁止其进入该行业。③检测并防止美国市场的不法行为。美国金融业监管局使用足够强大的技术来查看各个市场并检测潜在的滥用行为，利用各种数据收集技术，致力于检测内幕交易以及公司或个人用于获取不公平优势的任何策略。④教育并告知投资者，投资者保护的一个重要组成部分是投资者教育，要为投资者提供工具和资源，帮助他们做出明智的财务决策。Lin（2017）分析认为，要通过提高中介完整性、加强金融网络安全以及简化投资策略来打击市场操纵的新威胁，并尝试为市场调控、市场运作和市场操纵重新思考并提供一个原创和改进的框架。

第六节　文献评述

现有关于市场操纵的研究成果可谓"汗牛充栋"，无论是从理论角度还是从实践角度，都有着十分丰富的研究资料，这些都为本书提供了较高的研究起点和清晰的层次结构。在大量阅读相关文献的基础上，现有成果在以下几方面有待进一步完善：

首先，在市场操纵影响研究方面，现有研究成果缺乏系统性，大多为孤立地关注市场操纵对股票市场流动性、交易成本、波动性等特定经济指标的影响，针对影响机制的理论探究也较为欠缺。本书已在深刻认识股票市场运行特征的基础上，开创性地提出系统性风险和市场效率是股票市场质量体系的重要组成部分，因此本书将从股票市场质量视角探究市场操纵对系统性风险和市场效率的影响，以求完善股票市场质量理论体系和深化对股票市场质量框架各部分之间关系的认识。

其次，在市场操纵识别研究方面，现有研究侧重于利用事后案例展开，实时监测预警研究较为欠缺。本书将在深入剖析已查处的被操纵股票的公司特征和市场表现的基础上，探索基于公开可获得的股票市场分时高频交易数据，利用亚马逊云技术，结合开盘集合竞价阶段、连续交易阶段和收盘阶段三种不同交易阶段的特点，设计相应的预警指标、预警阈值及辅助性判断准则，识别和监测可疑的操纵行为，避免了全账簿数据难以获取对该领域研究进展的制约。

最后，在市场操纵的防范与监管研究方面，现有研究成果大多仅关注上市公司质量和特征等因素，研究样本也大多基于证监会公布的行政处罚案例，缺乏一般性和时效性。本书结合中国特征，借鉴世界各大交易所的交易机制设计经验，系统考察集合竞价制度、涨跌停板制度、指数熔断机制、随机开盘与收盘制度等的反操纵功能。并以股票市场中证券交易所、上市公司、投资者等参与主体为重点，通过反操纵交易机制优化设计研究、上市公司质量和投资者结构对市场操纵防范效果的影响研究，构建覆盖交易场所的基础性制度设计、融资方、投资方三个层面的交易型操纵监管防范体系，以求为有效遏制中国股票市场操纵及提升市场公正提出政策建议。

第三章　市场操纵的影响因素研究

市场操纵行为严重影响股票市场正常交易秩序，我国监管部门一直予以严厉打击。尤其是 2015 年以来，证监会进一步加大对市场操纵等扰乱市场秩序的违法行为的打击力度，查处了一系列社会影响力较大的市场操纵案件，引起了社会的强烈反响和广泛关注。2022 年中国证监会公布的 78 例市场操纵案件中，涉案金额和处罚力度屡创新高，其中对单个股民控制 145 个账户操纵 8 只股票的市场操纵行为，更是开出了 5.71 亿元的巨额罚单，再次彰显出证监会打击市场操纵的决心。在此背景下探究市场操纵行为特征、寻找市场操纵影响因素，对于打击操纵股价行为、维护金融市场安全具有重要意义。

有鉴于此，本章以我国上市公司特征对市场操纵影响为切入点，关注我国股票市场操纵行为特点，以期为监管部门有针对性地打击市场操纵提供有力依据。首先对 2001~2017 年，证监会公布的市场操纵案例进行收集，分析涉案被操纵股票上市公司特点，在文献研究和案例研究基础上提出研究假设。其次引入基于分时高频交易数据的连续交易操纵识别模型，根据模型测算结果，运用计数模型实证分析我国股票市场具有的哪些特征使上市公司股票更容易发生可疑市场操纵情况。最后根据研究结果，提出相关政策建议。

本章研究贡献主要有两方面：第一，前期国内外关于市场操纵的相关研究，以基于监管部门已公布市场操纵违法违规案例数据并采用事件研究法进行的研究为主。本章构建了连续交易操纵识别模型，采用分时高频交易数据对我国股票市场发生可疑连续交易操纵行为进行了有效监测，使实现基于真实交易数据进行市场操纵相关实证研究成为可能。第二，关注了我国股票市场上市公司特征对市场操纵的影响，提出具有市值规模较小、经营绩效水平较差、前期发生市场操纵概率较高等特征的上市公司股票更容易被市场操纵的结论，为监管部门进行针对性监管，进一步打击市场操纵提供了经验依据。

第一节　被操纵股票的上市公司特征研究

通过对已有文献研究可以发现，现有关于市场操纵影响因素的研究不足主要包括以下几方面：首先，实证研究出现时间较晚且数量较少，已有研究多是基于监管部门已公布案例采用事件研究方法进行，相对于股票市场交易数据，案例数据样本规模较小且滞后性较严重，容易出现样本选择偏误和小样本偏误等问题，而究其原因，主要在于市场操纵的识别和监测数据难以获得。其次，针对我国股票市场操纵行为相关实证研究数量较少，基于我国股票市场高频交易数据进行市场操纵相关实证分析的研究几乎处于空白状态，且已有国内研究多出现时间较早，而当前我国股票市场已发生了巨大变化，相应地，市场操纵行为呈现新特点，须进一步探究挖掘。最后，关于上市公司特征对市场操纵行为影响的相关研究多停留于理论层面，实证研究数量较少，且已有研究仅以监管部门案例数据展开，样本规模较小，说服力有限，缺少上市公司特征对市场操纵行为影响较为全面系统的实证检验和数据支撑。本章基于高频交易数据，构建了连续交易操纵识别模型，并对我国A股市场操纵行为进行了识别和测度，在此基础上根据测度结果对容易发生市场操纵行为的股票上市公司特征进行了实证分析，弥补了由于数据获得困难而造成的相关领域实证研究空白，为监测和打击市场操纵行为提供了重要依据。

一、基于证监会行政处罚案例的被操纵股票上市公司特征研究

通过前文文献综述可知，已有相关文献如 Imisiker 和 Tas（2013）、Aggarwal 和 Wu（2006）、黄长青等（2004）的研究认为，具有市值规模较小、经营绩效较差等特征的上市公司股票更容易被市场操纵。为探究我国股票市场上市公司特征与市场操纵关系，本节收集了 2001~2017 年证监会公布的市场操纵行政处罚案例，从被操纵标的股票的上市公司规模和经营绩效两方面对其特征进行了

分析。

（一）被操纵股票上市公司规模

证监会已公布行政处罚决定书的市场操纵案例共 80 个涉及 181 只股票，案例中认定的市场操纵违法违规行为发生时间分布于 1998~2016 年，从案例涉及的被操纵股票 1998~2016 年日均流通市值水平分布看，约 49% 的被操纵股票分布在 50 亿元以下，约 80% 股票分布在 100 亿元以下。说明在证监会公布的市场操纵处罚案例中，被操纵股票多为流通市值较小的股票。为进一步探究案例涉及被操纵股票规模分布特点，将上市公司样本分为行政处罚案例涉及被操纵股票的上市公司（简称案例公司）和其余全部 A 股上市公司（简称全部公司）两组，对两组样本在 1998~2016 年的日均流通市值以及资产收益率（ROA）等 6 项财务指标进行统计和比较。考虑到两组样本容量差距较大，且对样本进行正态性检验后，选择对样本进行 Wilcoxon 秩和检验结果更有效，检验结果如表 3-1 所示。从检验结果看，案例公司样本日均流通市值显著小于全部公司样本日均流通市值，说明相对于全部上市公司，行政处罚案例涉及被市场操纵股票市值规模相对较小。

表 3-1　Wilcoxon 秩和检验结果

检验项目		案例公司中位数	全部公司中位数	Z 值	P 值
公司规模	日均流通市值（亿元）	43.9014	47.4065	3.405	0.000***
盈利能力	资产收益率（ROA）（%）	0.0273	0.0381	4.435	0.000***
	净资产收益率（ROE）（%）	0.0512	0.0653	3.422	0.001***
发展能力	营业收入增长率（%）	0.1730	0.1878	0.812	0.417
	净利润增长率（%）	0.1393	0.1556	1.894	0.038**
财务风险	资产负债率（%）	0.4163	0.3838	-2.470	0.013**
	流动比率	1.5401	1.8560	2.883	0.004***

注：*、** 和 *** 分别表示在 10%、5% 和 1% 的水平显著。

资料来源：中国证监会网站、Wind 数据库。

（二）被操纵股票上市公司经营绩效

评价上市公司经营绩效水平的指标主要分为财务指标和非财务指标两大类，鉴于非财务指标的评价标准具有模糊性，主要选择财务指标，包括资产收益率

（ROA）、净资产收益率（ROE）、营业收入增长率、净利润增长率、资产负债率、流动比率6项，从盈利水平、发展能力、财务风险水平来衡量行政处罚案例涉及被操纵股票上市公司的经营绩效。如上文所述分组原则，对案例公司和全部公司两组样本数据1998~2016年水平的资产收益率等6项财务指标的平均水平进行 Wilcoxon 秩和检验，如表3-1所示。从检验结果看，案例公司资产收益率、净资产收益率平均水平明显低于全部公司平均水平，均呈现1%水平显著，说明案例公司盈利能力平均水平相对较差；在发展能力一项中，案例公司净利润增长率平均水平呈现5%水平显著，低于全部公司平均水平；而案例公司的资产负债率平均水平高于全部公司平均水平，其流动比率平均水平低于全部公司平均水平，且分别在5%和1%水平显著，说明其财务风险平均水平相对较高。因此，从盈利能力、发展能力、财务风险情况三方面整体而言，行政处罚案例涉及被操纵股票的上市公司经营绩效平均水平相对较差。

二、假设提出

操纵者在进行市场操纵行为时，需要考虑操纵成本和操纵难易程度等问题，因此那些操纵成本相对较低、操纵难度相对较小的上市公司股票，将更容易被操纵者选为操纵目标。从这一角度出发，考虑市值规模较小的股票更容易被市场操纵，其原因主要包括两个方面：首先，市值规模较小的股票，操纵成本较低，更容易实现操纵获利的目的；其次，这种类型股票往往在市场中存在更多的"消息"，如"高送转"等，操纵者可以借用此类"消息"进行市场操纵，具有可操纵环境，更容易达到操纵目的。

在已有相关研究中，有关学者如 Aggarwal 和 Wu（2006）、黄长青等（2004）、向中兴（2006）也赞同市值规模较小的股票更容易被市场操纵这一观点。同时，通过对证监会2001~2017年已公布市场操纵行政处罚案例中涉及被操纵股票市值规模进行统计研究，发现相对于全部上市公司股票，被操纵股票流通市值规模更小。结合文献和案例研究结果，提出如下假设：

假设一：市值规模较小的股票更容易被市场操纵。

从市场操纵成本、操纵条件、操纵动机等角度出发，经营绩效水平较差的上市公司股票也可能存在更容易被市场操纵的情况。这主要从两方面考虑：一方面，经营绩效水平较差的股票，通过正常经营难以获得高额利润，因此存在通过资本市场投机获利心理。相反，那些盈利水平较高的优质企业可能对其股票面临的价格操纵有抵触情绪；另一方面，投资者对于经营水平较差的上市公司股票的投资情绪较弱，这给操纵者提供了更为便利的市场操纵条件和更加低廉的操纵成本。

国外学者 Imisiker 和 Tas（2013）认为，上市公司资产负债率水平较高、收益水平较差的上市公司股票更容易被市场操纵。另外，从前期收集的行政处罚案例也反映出，从盈利能力、发展能力、财务风险情况三方面整体而言，行政处罚案例涉及被操纵股票的上市公司经营绩效整体水平相对较差。结合文献和案例研究结果，提出如下假设：

假设二：经营绩效水平较差的上市公司股票更容易被市场操纵。

既有研究还认为，前期被操纵过的上市公司股票更容易被市场操纵（Imisiker and Tas，2013）。究其原因，首先，在实际交易中，操纵者采用在一定时期内反复操纵特定股票以获得利润的操纵手段较为常见，尤其对于我国 A 股市场，在长期内具有"庄股"市场特征，存在"庄家"在一定期间内"做庄"某只股票进行反复操纵的可能；其次，从操纵难易程度角度考虑，前期被操纵过的股票容易引发投资者关注，具有更利于操纵者进行市场操纵的投资环境，操纵者往往倾向于选择此种类型股票进行操纵。结合文献和案例研究结果，提出如下假设：

假设三：前期被操纵次数较多的上市公司股票更容易被市场操纵。

第二节 研究设计

一、数据来源与样本选择

由于数据可得性，本章选择 2004~2016 年为样本研究期间，共计 13 年。以沪深两市 A 股上市公司为样本，并对样本数据做出以下处理：①由于解释变量涉及资产负债率等财务指标，剔除与一般企业财务指标差异较大的金融行业企业；②剔除存在相关变量数据异常以及样本数据缺漏较大的上市公司样本。在进行上述数据处理后共获得 21231 个观察值，涉及上市公司 2209 家。本章分时高频交易数据来源于 Thomson Reuters Tick History 数据库，其余数据来源于国泰安数据库。

二、变量设计与模型设定

（一）市场操纵的测度

1. 市场操纵测度模型

根据中国证监会于 2007 年 3 月公布的《证券市场操纵行为认定指引（试行）》，可将市场操纵行为分为连续交易操纵、约定交易操纵、洗售操纵、虚假申报操纵、特定时间的价格或价值操纵、尾市交易操纵、蛊惑交易操纵、抢帽子交易操纵 8 种类型。其中，连续交易操纵是指单独或者通过合谋，集中资金优势、持股优势或者利用信息优势联合或者连续买卖，操纵证券交易价格或者证券交易量。由于近年来，连续交易操纵是证券市场最为常见的市场操纵手段之一[①]，因此引入基于高频交易数据的连续交易操纵测度模型，以测度我国股票市场操纵发生程度。具体模型设计如下：

以沪深两市连续交易期间每 30 分钟为一个测度窗口，对窗口期内成交额、成交量、收益率、相对有效价差、相对报价价差变化率进行计算，具体成交额和成交量变化率计算公式如下：

$$\Delta_{i,j,x} = \left(\frac{x_{i,j,t} - \overline{x}_{i,j,t-30}}{\overline{x}_{i,j,t-30}} \right) - \left(\frac{X_{j,t} - \overline{X}_{j,t-30}}{\overline{X}_{j,t-30}} \right) \tag{3-1}$$

其中，以成交量为例，$x_{i,j,t}$ 表示股票 i 在交易日 t 第 j 个测度窗口下的成交量；$\overline{x}_{i,j,t-30}$ 表示交易日 t-30 至交易日 t-1 内第 j 个测度窗口股票 i 成交量的平均值；$X_{j,t}$ 表示市场指数在交易日 t 第 j 个测度窗口的成交量；$\overline{X}_{j,t-30}$ 表示交易日 t-30 至交易日 t-1 内第 j 个测度窗口市场指数对应成交量的平均值。股票在各个测度窗口成交额异常波动指标的计算与之相同。

对于测度窗口内股票的收益率、相对报价价差、相对有效价差，其异常变

---

① 本部分收集的证监会 2001~2017 年已公布市场操纵行政处罚案例共计 80 个，其中，涉及采用连续交易操纵手段的有 41 个，占比约为 51%，相对于其他 7 种类型，连续交易操纵占比数量最高，为行政处罚案例中最常见的市场操纵手段。

化的计算公式如下：

$$\Delta_{i,j,x} = (x_{i,j,t} - \overline{x}_{i,j,t-30}) - (X_{j,t} - \overline{X}_{j,t-30}) \tag{3-2}$$

其中，以收益率为例，$x_{i,j,t}$ 表示股票 i 在交易日 t 第 j 个测度窗口下的收益率；$\overline{x}_{i,j,t-30}$ 表示交易日 t-30 至交易日 t-1 内第 j 个测度窗口股票 i 收益率的平均值；$X_{j,t}$ 表示市场指数在交易日 t 第 j 个测度窗口的收益率；$\overline{X}_{j,t-30}$ 表示交易日 t-30 至交易日 t-1 内第 j 个测度窗口市场指数对应收益率的平均值。股票在各个测度窗口相对报价价差、相对有效价差异常波动指标的计算与之相同。

对于上述测度指标 $\Delta_{i,j,x}$，如果满足 $\Delta_{i,j,x} > \overline{\Delta}_{i,j,x} + 3\sigma_{i,j,x}$，则认为其在交易日 t 第 j 个测度窗口内发生了异常变化。其中，$\overline{\Delta}_{i,j,x}$ 为交易日 t 前 30 个交易日的滚动窗口下 $\Delta_{i,j,x}$ 的平均值，$\sigma_{i,j,x}$ 为交易日 t 前 30 个交易日的滚动窗口下 $\Delta_{i,j,x}$ 的标准差。进一步地，在第 j 个测度窗口下，如果在 5 项测度指标中有不低于 3 项指标发生了异常变化，股票 i 则被判定为在交易日 t 第 j 个测度窗口疑似发生了连续交易操纵。

2. 模型有效性分析

从理论角度出发，连续交易操纵行为定义为"集中资金优势、持股优势或者利用信息优势联合或者连续买卖，操纵证券交易价格或者证券交易量"，则这种操纵行为的发生必定伴随被操纵股票成交量和成交额、收益率等特征指标的异常变化。因此，本章构建的连续交易市场操纵测度模型符合连续交易操纵的交易特点和内涵解释。同时，本章连续交易操纵模型的构建方法也与前期已有文献中通过捕捉股票被操纵期间特征，识别和监测市场操纵行为的研究方法原理相类似。

从实践情况出发，本章将前文构建的市场操纵测度模型计算结果与所收集的证监会公布的行政处罚案例相比对，以评估模型准确性。具体评估过程如下：前期收集的 2001~2017 年证监会公布的市场操纵行政处罚案例中，涉及使用连续交易操纵手段的共计 41 例，涉及 148 只被操纵股票，如市场操纵测度模型计算结果与证监会公布行政处罚案例市场操纵行为发生期间相一致，则认定该股票测度成功，最终以成功测度出的证监会公布行政处罚案例涉及被操纵股票数量来衡量本章构建的市场操纵测度模型计算结果的准确性。以证监会 2016 年 8 月 16 日公布的《行政处罚决定书》（〔2016〕100 号）为例，在该处罚案例中认定案件当事人在 2014 年 8 月 19 日至 9 月 25 日对"新洋丰"股票进行了市场操纵，同时，本章构建的市场操纵测度模型监测出在 2014 年 8 月 19 日至 9 月 25 日期间该股票疑似发生市场操纵行为，则认定该只股票测度成功。具体被测度出股票代码及对应案例如表 3-2 所示，通过比对发现，案例涉及被操纵股票中共 117 只股票可以被本章构建的市场操纵测度模型成功测度出，占比达 79%。由于涉及详细交易信息等问题，我国股票市场全账簿数据难以获得，这也是学术界对市场操纵行为进行识别与测度相关研究难以深入开展的主要原因。本章数据来源为公开渠道可获得的分时高频交易数据，提供了通过公开交易数据测度和识别市场操纵的方法。

表 3-2 由连续交易操纵测度模型成功识别的已查处案例汇总

序号	已查处案例	被测度出股票代码	序号	已查处案例	被测度出股票代码
1	廖国沛操纵"中钢天源"等股票案	002235、000667、300470、000700、600581、000419、002520	10	江泉操纵"国元证券"等股票案	000728、000623
2	刘长鸿等操纵"北京旅游"等股票案	000802、300280	11	胡坤明操纵"九州电气"等股票案	300040、300149、300378
3	朱康军操纵"铁岭新城"等股票案	000809、000715	12	黄信铭等操纵"首旅酒店"等股票案	600258、002191、002461
4	王耀沃操纵"双林股份"等股票案	300100、002537、300283、002265、300305	13	中鑫富盈等操纵"特力A"股票案	000025
5	鲜言操纵"多伦股份"股票案	600696	14	上海永邦等操纵"宏达新材"等股票案	002211、002597
6	马永威等操纵"福达股份"股票案	603166	15	陈明贤等操纵"长江传媒"等股票案	600843、600757、601636
7	洋丰股份操纵"新洋丰"股票案	000902	16	涂忠华等操纵"九鼎新材"股票案	002201
8	彭旭操纵"美都能源"股票案	600175	17	张春定等操纵"中国卫星"股票案	600118
9	瞿明淑操纵"安阳钢铁"股票案	600569	18	袁海林等操纵"苏宁云商"等股票案	002024、600466

续表

序号	已查处案例	被测度出股票代码	序号	已查处案例	被测度出股票代码
19	徐留胜操纵"天瑞仪器"等股票案	300165、002177、002401、000875、300155、000933、000025、000959、300367、300334、300055、300336、002577、000983、000868、300109、002518、300274、000592、002291、002295、000627、000639、002482、000060、300289、300124、002253、002312、002166、002323、002405	29	周武秀等操纵"成飞集成"等股票案	002190、000925
20	吴峻乐操纵"新华锦"股票案	600735	30	唐建平等操纵"航天动力"股票案	600343
21	肖海东操纵"永贵电器"等股票案	300351、002538、300388、300265、300055	31	王国斌操纵"ST波导"股票案	600130
22	相建康操纵"宝鼎重工"股票案	002552	32	袁郑健操纵"科冕木业"等股票案	002354、002357
23	吕美庆操纵"西安饮食"等股票案	000721、002442、000593	33	徐国新操纵"ST科健"等股票案	000691、000035
24	李军等操纵"辉煌科技"股票案	002296	34	陈国生操纵"中捷股份"等股票案	002021、000532
25	唐汉博操纵"华资实业"股票案	600191	35	林忠等操纵"山煤国际"股票案	600546
26	赵清波等操纵"天保基建"股票案	000965	36	莫建军操纵"南方汇通"等股票案	000920、600770、000657、600590、000851、600192、600160
27	柳宏操纵"捷成股份"股票案	300182	37	程文水等操纵"中核钛白"股票案	002145
28	王建森操纵"ST中冠A"股票案	000018	38	任良成操纵"龙洲股份"等股票案	002682、002363、002115、000863、300012、002251、300195、300256、000404、002392、300234、002173

资料来源：中国证监会网站。

（二）模型设定与变量说明

本节从上市公司经营绩效水平、上市公司规模、前期发生可疑连续交易操纵次数等因素，考察不同公司特征对发生可疑连续交易市场操纵程度的影响，具体实证模型设定如下：

$$Manip_{it} = \alpha_0 + \alpha_1 Manip_{it-1} + \alpha_2 Size_{it} + \alpha_3 ROA_{it} + \alpha_4 DAR_{it} + \alpha_5 NPGR_{it} +$$

$$\sum Industry + \sum Year + \varepsilon \qquad\qquad (3-3)$$

其中，$Manip_{it}$ 为根据前文构建的市场操纵测度模型测度出的各上市公司年度发生可疑连续交易操纵次数，$Manip_{it-1}$ 为上市公司上年度发生可疑连续交易操纵次数，以衡量前期上市公司发生可疑市场操纵水平；借鉴 Imisiker 和 Tas（2013）的做法，选择上市公司年度流通市值来衡量上市公司规模大小，用变量 $Size_{it}$ 表示；同时，以资产收益率（ROA_{it}）、净利润增长率（$NPGR_{it}$）、资产负债率（DAR_{it}）3 个指标，从盈利水平、发展能力、财务风险水平来衡量上市公司经营绩效水平；考虑到衡量上市公司经营绩效的财务指标类解释变量可能存在多重共线性问题，对相关解释变量进行了多重共线性检验，表 3-3 说明了解释变量间相关系数，从检验结果看，相关变量间不存在严重多重共线性问题。另外，为控制上市公司不同行业和年份因素影响，模型中加入虚拟变量 $\sum Industry$ 和 $\sum Year$，以分别控制行业效应和时间效应。变量相关系数如表 3-4 所示。

表 3-3　变量相关系数

	ROA_{it}	DAR_{it}	$NPGR_{it}$
ROA_{it}	1.0000	—	—
	—	—	—
DAR_{it}	0.0001	1.0000	—
	(0.9879)	—	—
$NPGR_{it}$	−0.0001	−0.0001	1.0000
	(0.9901)	(0.9988)	—

注：每个变量对应第一行为相关系数，第二行括号内为 P 值。

表 3-4　变量定义

变量名	变量符号	定义
发生可疑连续交易操纵次数	$Manip_{it}$	监测出上市公司年度发生可疑连续交易操纵次数
年度流通市值	$Size_{it}$	年度流通股数与年收盘价的乘积

续表

变量名	变量符号	定义
年度资产收益率	ROA_{it}	年度净利润/总资产余额
年度净利润增长率	DAR_{it}	（净利润本年本期金额-净利润上年同期金额）/净利润上年同期金额
年度资产负债率	$NPGR_{it}$	负债合计/资产总计

由于本章被解释变量为发生可疑市场操纵次数，均为非负整数，因此采用计数模型对其进行处理。计数模型是较为常用的对被解释变量为非负整数的处理方式，其常用的回归方法有泊松回归和负二项回归、零膨胀回归 3 种，由于被解释变量为 0 的数据仅占比 0.87%，因此不适用零膨胀回归。泊松回归是应用形式最为广泛的计数模型之一，其基本形式如下：

$$E(Manip_{it}) = \mu = exp(\alpha_0 + \alpha_1 Manip_{it-1} + \alpha_2 Size_{it} + \alpha_3 ROA_{it} + \alpha_4 DAR_{it} +$$

$$\alpha_5 NPGR_{it} + \sum Industry + \sum Year + \varepsilon) \tag{3-4}$$

其中，$Manip_{it}$ 服从泊松分布，μ 为期望，等于强度参数。泊松分布假设事件发生相互独立，事件发生次数平均值近似等于其离散程度方差。若不满足假设条件，则可以采用负二项回归对泊松回归结果进行改进。将被解释变量服从的分布定义为负二项分布，则式（3-4）的回归形式即为负二项回归。

三、主要变量描述性统计

主要变量描述性统计如表 3-5 所示，$Manip_{it}$ 均值为 12.39，说明上市公司样本期间平均每年发生可疑连续交易操纵次数为 12.39 次/年，最大值为 45 次/年，最小值为 0 次/年。另外，对流通市值变量进行了对数处理，以避免变量间数据差异过大。

表 3-5　市场操纵测度模型、主要变量描述性统计

变量名	均值	标准差	中位数	最小值	最大值
$Manip_{it}$	12.39	6.28	12.00	0.00	45.00
$Size_{it}$	5.67	1.33	5.70	1.23	12.11
ROA_{it}	0.04	1.27	0.04	-51.95	108.37

变量名	均值	标准差	中位数	最小值	最大值
DAR$_{it}$	0.59	8.97	0.38	0.00	96.96
NPGR$_{it}$	−0.41	65.70	−0.13	−99.86	98.60

第三节 实证结果与稳健性检验

一、实证结果

分别采用混合泊松回归和混合负二项回归进行实证研究。被解释变量 Manip$_{it}$ 方差约是平均值的 3.1 倍，且在进行负二项回归同时进行了过度分散的 LR 检验，LR 检验结果说明被解释变量存在过度分散的现象，因此计数模型采用负二项回归更为有效。进一步地，由于样本数据为面板数据，因此分别进行了随机效应的面板负二项回归和固定效应面板负二项回归，在进行随机效应面板负二项回归同时进行了 LR 检验，检验结果认为相对于混合负二项回归，选用随机效应负二项回归更有效，并对随机效应和固定效应面板负二项回归结果进行了豪斯曼检验，检验结果强烈拒绝随机效应模型，因此选用固定效应面板负二项回归为最终实证模型，其他回归结果可作为稳健性检验说明，具体实证结果如表 3-6 所示。

表 3-6 计数模型回归结果

变量名称	泊松回归	负二项回归	负二项回归	负二项回归
	混合回归	混合回归	随机效应	固定效应
Manip$_{it-1}$	0.0189***	0.0191***	0.0152***	0.0046***
	(0.000)	(0.000)	(0.000)	(0.000)
Size$_{it}$	−0.0227***	−0.0208***	−0.0234***	−0.0315***
	(0.000)	(0.000)	(0.000)	(0.000)

变量名称	泊松回归	负二项回归	负二项回归	负二项回归
	混合回归	混合回归	随机效应	固定效应
ROA_{it}	-0.0617^{**}	-0.1220^{*}	-0.0643^{***}	-0.0739^{***}
	(0.032)	(0.080)	(0.000)	(0.000)
DAR_{it}	0.0739^{***}	0.0712^{***}	0.0825^{***}	0.0956^{***}
	(0.000)	(0.000)	(0.001)	(0.001)
$NPGR_{it}$	-0.0059	-0.0061	-0.0069	-0.0092^{**}
	(0.220)	(0.250)	(0.128)	(0.049)
常数项	2.5450^{***}	2.5325^{***}	2.2843^{***}	2.8352^{***}
	(0.000)	(0.000)	(0.000)	(0.000)
样本量	21231	21231	21231	21231
Pseudo R^2	0.1216	—	—	—

注：括号内为 P 统计量；∗、∗∗和∗∗∗分别表示在10%、5%和1%的水平显著；负二项回归使用稳健标准差估计，因此未给出负二项回归的 R^2。下同。

从实证结果来看，共有 5 个解释变量回归系数呈现显著性，且系数正负性与假设一致。其中，变量 $Manip_{it-1}$ 系数在泊松回归和负二项回归方法下，回归结果均为正数，且均在 1% 水平显著，说明上一年发生可疑连续交易操纵次数越多的股票，当年发生可疑市场操纵次数越多，即上市公司重复发生可疑市场操纵情况较为严重。而变量 $Size_{it}$ 回归系数在泊松回归和负二项回归中均为负值，且在 1% 水平显著，说明流通市值对发生可疑市场操纵次数有负向影响，即流通市值较小的股票更容易发生可疑市场操纵情况。这主要是由于市值规模较小的股票，操纵成本更低、操纵难度较小，因此操纵者更愿意选择小规模股票进行操纵。ROA_{it} 回归结果在固定效应面板负二项回归中呈现 1% 水平显著的负相关，说明资产收益率对发生可疑市场操纵次数有反向作用，即资产收益率水平较低的股票发生可疑连续交易操纵次数更多。DAR_{it} 回归结果在负二项回归和泊松回归中均呈现高度显著的正相关关系，说明资产负债率水平对上市公司股票发生可疑连续交易操纵次数有正向作用，资产负债率较高上市公司股票发生可疑连续交易操纵次数更多。$NPGR_{it}$ 回归系数在固定效应负二项回归中呈现 5% 水平下的负相关关系，说明净利润增长率对上市公司股票发生可疑连续交易操纵次数有抑制作用，即净利润增长率较低上市公司股票发生可疑连续交易操纵次数更多。

整体而言，计数模型的回归结果支持了本章假设，我国股票市场存在规模较小、资产收益率水平较差、资产负债率水平较高、净利润增长率水平较低、前期发生可疑市场操纵概率较高的上市公司股票更容易发生市场操纵的情况。这与国外学者对其他国家股票市场相关研究结论一致（Aggarwal and Wu，2006；Imisiker and Tas，2013）。

二、稳健性检验

首先，为进一步检验实证结果的稳健性，将式（3-3）中部分变量进行替换，修改为以下形式：

$$\text{Manip}_{it} = \alpha_0 + \alpha_1 \text{Manip}_{it-1} + \alpha_2 \text{Zongshizhi}_{it} + \alpha_3 \text{ROE}_{it} + \alpha_4 \text{CR}_{it} + \alpha_5 \text{BRGR}_{it} +$$
$$\sum \text{Industry} + \sum \text{Year} + \varepsilon \qquad (3-5)$$

将式（3-3）中的变量流通市值（Size_{it}）用总市值（Zongshizhi_{it}）替代，以衡量上市公司规模；分别用净资产收益率（ROE_{it}）、营业收入增长率（BRGR_{it}）、流动比率（CR_{it}）替代式（3-3）中的资产收益率（ROA_{it}）、净利润增长率（NPGR_{it}）、资产负债率（DAR_{it}），用盈利水平、成长能力、财务风险水平来衡量上市公司经营绩效水平，以检验回归结果稳健性。表3-7显示了回归结果，各变量回归系数正负性与假设一致，其中 Manip_{it-1} 回归系数在泊松回归和负二项回归中均在1%水平依然显著为正，说明前期发生可疑连续交易次数对当期发生可疑连续交易次数有正向作用。Zongshizhi_{it} 回归系数在泊松回归和负二项回归中均呈现1%水平显著为负，说明总市值规模对发生可疑连续交易操纵次数有负向作用，与前文流通市值回归结果一致，即说明市值规模与发生可疑市场操纵次数为反向关系。BRGR_{it} 回归系数在1%水平显著为负，说明营业收入增长率与发生可疑连续交易操纵次数有负向相关关系，即营业收入增长率较低则发生可疑连续交易操纵次数较多，与前文回归结果一致。ROE_{it} 在固定效应面板负二项回归中回归系数呈10%水平显著为负，说明净资产收益率与发生可疑连续交易操纵次数有负相关关系。流动比率 CR_{it} 回归系数虽然为负数，与预期假设一致，但并不显著。整体而言，通过进行稳健性实证检验说明本章构建的实证模型结果具有稳健性。

表 3-7 稳健性检验 I 结果

变量名称	泊松回归	负二项回归	负二项回归	负二项回归
	混合回归	混合回归	随机效应	固定效应
$Manip_{it-1}$	0.0184***	0.0187***	0.0147***	0.0040***
	(0.000)	(0.000)	(0.000)	(0.000)
$Zongshizhi_{it}$	-0.0289***	-0.0277***	-0.0318***	-0.0615***
	(0.000)	(0.000)	(0.000)	(0.000)
ROE_{it}	-0.4731**	-0.4852**	-0.4860*	-0.4821*
	(0.024)	(0.021)	(0.068)	(0.084)
CR_{it}	-0.0318	-0.0394*	-0.0331	-0.0420
	(0.147)	(0.0897)	(0.188)	(0.127)
$BRGR_{it}$	-0.1051**	-0.1053***	-0.1323***	-0.1020***
	(0.020)	(0.009)	(0.000)	(0.001)
常数项	2.1784***	2.1707***	1.9410***	2.5290***
	(0.000)	(0.000)	(0.000)	(0.000)
样本量	20175	20175	20175	20175
Pseudo R^2	0.1233	—	—	—

另外,为进一步检验实证结果稳健性,分别截取 2007~2016 年、2010~2016 年、2012~2016 年三个时间段样本数据反复进行实证检验,检验结果如表 3-8 所示,由于篇幅原因表 3-8 仅展示三个时间段样本固定效应负二项回归结果。各变量回归系数正负性仍然与前文实证结果相一致,证明了实证结果具有稳健性。

表 3-8 稳健性检验 II 结果

变量名称	2007~2016 年	2010~2016 年	2012~2016 年
$Manip_{it-1}$	0.0165***	0.0593***	0.0442***
	(0.000)	(0.000)	(0.000)
$Size_{it}$	-0.1911***	-0.2403***	-0.2735***
	(0.000)	(0.000)	(0.000)
ROA_{it}	-0.0133***	-0.0119***	-0.0154***
	(0.000)	(0.000)	(0.000)

续表

变量名称	2007~2016 年	2010~2016 年	2012~2016 年
DAR_{it}	0.0061***	0.0037**	0.0019**
	(0.003)	(0.030)	(0.004)
$NPGR_{it}$	−0.0039**	−0.0027*	−0.0015*
	(0.026)	(0.060)	(0.091)
常数项	2.7148***	2.7693***	2.8091***
	(0.000)	(0.000)	(0.000)
样本量	17230	14258	10624

注：负二项回归使用稳健标准差估计，因此未给出负二项回归的 R^2。

第四节　本章小结

市场操纵行为严重扰乱正常的股票市场交易秩序，是我国证券市场监管部门一直以来的重要打击对象。本章通过构建市场操纵识别和测度模型，基于真实交易数据实证研究我国股票市场的市场操纵行为特征，获取容易被市场操纵股票上市公司特点，可以为监管部门实施有针对性监管提供经验证据和数据支持，具有重要的理论意义和现实意义。从本章研究结果来看，市值规模较小、经营绩效水平较差、前期发生市场操纵概率较大的上市公司股票更容易被市场操纵。

根据本章研究结果，提出相关建议如下：首先，进一步提高上市公司质量。上市公司质量是资本市场投资价值的源泉，是证券市场的基石。通过前文研究可知，经营绩效较差的上市公司股票更容易被操纵者选为操纵目标，因此要通过采取提高上市公司信息披露质量、制定更为严格的上市制度、完善退市制度等措施，提高上市公司质量，将经营绩效较差的上市公司逐步淘汰。2017 年 7 月，全国金融工作会议强调金融要为实体经济服务，要防止发生系统性金融风险。提高上市公司质量，规范股票市场交易行为，维护市场交易公平公正秩序，有利于让真正优质的企业获取证券市场融资支持，有利于实现金融更好地为实体经济服务的目标，有利于防范系统性金融风险的发生，在现阶段更加具有重要意义。其次，进一步加大对市场操纵行为的打击力度。通过前文研究可知，市场操纵行为重复发生概率较大，因此要加大对市场操纵行为打击力度，提高处罚金额和处罚力度，以减少重复操纵情况的发生。最后，对不同类型上市公司股票采取更具针对性的市场操纵监管措施。对于操纵者而言，具有市值规模较小、经营绩效较差等特征的上市公司股票更容易被操纵，因此对于市值规模较小、经营绩效较差的上市公司股票要加大监管力度，制定针对性更强的监管措施要求，如对创板块、科创板制定更加严格的上市和退市制度等，以打击市场操纵行为，维护市场公正。

第四章　操纵行为对股票市场的影响研究

操纵行为对股票市场的影响，是学术界、投资者和监管机构高度关注的话题。在理论方面，国内外学者从市场效率、股价崩盘风险、资产价格、企业创新、企业并购等不同侧面探讨了市场操纵的影响。①市场操纵与市场效率。市场操纵会导致流动性下降（Cumming et al.，2011；孙广宇等，2021）、交易成本上升（Aitken et al.，2015；李志辉等，2018；李志辉和王近，2018）、波动率增加（周春生等，2005；Aggarwal and Wu，2006），从而阻碍价格发现机制，降低市场有效性（Eren and Ozsoylev，2008；Comerton‐Forde and Putnins，2011）。②市场操纵与股价崩盘风险。交易型操纵者通过影响投资者情绪，增加股价崩盘风险（李梦雨和李志辉，2019；吴崇林等，2021）；信息型操纵者通过控制信息披露节点，加剧上市公司的信息不透明程度，诱发股价崩盘风险（张诗玥等，2021）。③市场操纵与资产价格。市场操纵影响股票的累计平均超额收益率，但这种影响持续时间较为短暂（李梦雨和叶梦妃，2022）；网络传播误导性信息会操纵资本市场，使公司股票超额收益反转，收益波动性和超额交易量降低（王春，2021）；不少市场操纵发生在季末与年末，目的在于操纵收盘价格以提升基金净值或影响衍生品结算价格（Carhart et al.，2002；Khwaja and Mian，2005；Ben‐David et al.，2013；李梦雨和魏熙晔，2014；周伍阳，2014）。④市场操纵与企业创新。市场操纵通过激励渠道和融资渠道抑制上市公司创新，在低知识产权和高股东保护的企业中这一影响更加明显（Cumming et al.，2020；吴崇林等，2021）。⑤市场操纵与企业并购。收盘价操纵尤其是收购方的价格操纵，增加了并购退出的可能性，并且在交易机制更详细和完善的市场中市场操纵和并购退出的概率都有所降低（Cumming et al.，2019）。而在实务方面，英国、澳大利亚、中国香港等国家和地区，在市场操纵的执法过程中均引入了专家证人机制。专家证人对投资者的报价和交易行为进行分析，重点关注潜在操纵者对股票价格及其他市场参与者的影响，从而向法庭提供操纵证据。这说明深入研究操纵行为对股票市场的影响，不仅有助于厘清市场操纵的经济后果，也能为后文建立市场操纵预警指标、优化反操纵交易机制奠定良好基础。

第一节 市场操纵对股价崩盘风险的影响

一、研究背景

2015~2016 年中国股票市场的异常波动，让许多投资者至今心有余悸。2018 年又出现 "*ST 保千"、"*ST 尤夫"、"*ST 华泽" 等连续跌停 25 个交易日以上的股票，引起监管当局的高度关注。股价崩盘①不仅使投资者的财富瞬间 "蒸发"，严重影响市场主体的投资热情，还可能诱发系统性风险，给国家金融安全带来巨大挑战。因此，探究股价崩盘风险的形成机理，寻找平抑股价崩盘风险的方式方法，成为学术界讨论的热点话题。然而，在众多关于股价崩盘风险的研究中，鲜有文献对市场操纵与股价崩盘风险的关系提供严谨的理论分析与实证检验。为此，本章基于投资者情绪视角，考察市场操纵对股价崩盘风险的影响路径和作用机制。该问题的分析不但拓展了股价崩盘风险的成因研究，而且对减少市场操纵、防范金融风险具有重要意义。

一般认为，股价崩盘源于管理层寻租、隐藏坏消息，当消息无法隐瞒、释放至市场时，会导致股价急剧下跌。因循这一逻辑，国内外学者主要从以下三方面对股价崩盘风险做出解释。一些学者从上市公司的角度进行分析，认为高管超额薪酬（Xu et al.，2014）、期权激励制度（Kim et al.，2011a）、独立董事

---

① 股价崩盘是指股票价格在短时间内急剧下降，造成投资者账面价值大幅缩水的现象（Galbraith，1988）。

制度（梁权熙和曾海舰，2016）、公司避税（Kim et al.，2011b）、企业社会责任（权小锋等，2015；刘宝华等，2016；宋献中等，2017）、大股东持股比例（王化成等，2015）、股东股权质押（谢德仁等，2016）、企业过度投资（江轩宇和许年行，2015）是影响股价崩盘风险的重要原因。另一些学者从投资者的角度展开研究，发现机构投资者（An and Zhang，2013；曹丰等，2015）、外国投资者（华鸣和孙谦，2018）、投资者情绪（许年行等，2012，2013）是触发股价崩盘风险的重要诱因。还有一些学者从信息披露和制度环境的角度，探讨信息透明度（Hutton et al.，2009；孟庆斌等，2017）、会计稳健性（Kim and Zhang，2016）、外部监督（杨棉之和刘洋，2016）、投资者保护（王化成等，2014）、退市制度（林乐和郑登津，2016）、融资融券制度（褚剑和方军雄，2016）与股价崩盘风险的关系。

虽然既有研究深入而详细地讨论了股价崩盘风险的众多影响因素，但据笔者所知，尚未有学者分析市场操纵与股价崩盘风险的关系。事实上，市场操纵对标的股票的市场表现有着重大影响。Comerton-Forde 和 Putnins（2011）、李梦雨（2015b）、Atanasov 等（2015）、Neupane 等（2017）、李志辉等（2018）研究发现，被操纵股票在操纵期间的买卖价差、波动率、超额收益率和成交量显著增加，而在操纵之后会出现价格反转。不仅如此，操纵行为还容易诱导非知情交易者跟风买进或卖出，造成投资者情绪波动。由于投资者情绪是股价波动的放大器，因此在市场操纵初期，由操纵者引发的非理性情绪会助长股价泡沫产生，但当操纵者抛售股票实现操纵利润后，投资者情绪的传染性又会造成股价崩盘风险（孙淑伟等，2017）。上述传导机制可以从证监会查处的诸多市场操纵案件中得到印证。图 4-1 为"厦门北八道集团市场操纵案"① 涉案股票2017 年的收盘价格变动情况。该集团利用 300 多个股票账户，100 多台电脑，10 多位操盘手，于 2017 年 2~5 月操纵次新股"张家港行""江阴银行""和胜股份"，导致标的股票在操纵期间产生价格泡沫，而在操纵之后的一个月内分别暴跌 45.71%、46.38%、38.77%。因此，探究市场操纵借由投资者情绪，影响股价崩盘风险的程度和机制，就显得尤为重要。

---

① "厦门北八道集团市场操纵案"是迄今为止中国证监会开出的最大罚单。证监会对厦门北八道集团做出没一罚五的顶格处罚，罚没款总计约 55 亿元。

图 4-1 厦门北八道集团市场操纵案标的股票收盘价格变动

资料来源：Wind 数据库。

相对于现有研究，本章的贡献主要体现在以下两个方面：第一，首次研究市场操纵与股价崩盘风险之间的关系，厘清市场操纵通过影响投资者情绪，导致股价崩盘风险的作用机制；第二，基于证监会查处的市场操纵案例，通过对操纵方法和股价异动的分析，构建开盘价与收盘价操纵识别体系，提高了市场操纵的识别成功率。

二、理论分析与研究假设

Allen 和 Gale（1992）将市场操纵分为行动型、交易型和信息型三种。从中国证监会披露的市场操纵案件来看，交易型操纵与信息型操纵在 A 股市场较为常见。交易型操纵者在股价较低时吸筹建仓，通过开盘集合竞价虚假申报、盘中连续交易、收盘封涨停板等方式吸引非知情交易者买入股票、拉升股价（李梦雨，2015a）。此时，由于非知情交易者容易受到噪声和谣言的影响，当他们发现成交量上升后，会竞相买入，导致投资者情绪高涨。交易型操纵者可在股价高企后抛售股票，赚取操纵利润。一段时间后非知情交易者意识到被操纵股票既没有基本面层面的利好消息，也没有大量资金持续涌入，股票成交量逐渐回落，投资者情绪陷入低迷，股价相应下跌（Neupane et al.，2017；钟廷勇等，2017）。

信息型操纵者则是综合虚假陈述、市场操纵、内幕交易三大违法行为的特点，通过控制信息披露节奏，建仓期延迟信息披露，拉升期集中披露利好消息；选择性披露利好消息，对风险揭示语焉不详或不予披露；炒作次新股，做"迎合式"信息披露等方式，诱导非知情交易者推高股价，实现高管减持或"高转增"的目的（李心丹等，2014）。在操纵过程中，由于信息不对称，散户投资者会改变对标的股票的预期，对噪声而非基本面信息的偏好导致短时间内散户投资者主观信念过度乐观，纷纷采取"跟庄"行动，使股票价格被迅速拉升；然而当操纵者的寻租行为实现之后，相应的风险逐渐暴露，此时散户投资者的主观信念变得过度悲观，造成股价一落千丈，形成股价崩盘风险（张宗新和王海亮，2013）。

上述分析表明，无论是交易型操纵还是信息型操纵，操纵者的异常交易和信息披露行为都会导致投资者情绪波动，使主观信念由操纵期间的过度乐观转变为操纵之后的过度悲观，最终导致股价超跌，崩盘风险剧增（刘圣尧等，2016）。基于此，提出如下假设：

H1：市场操纵与股价崩盘风险呈正相关关系。市场操纵次数越多的股票，未来股价崩盘风险越大。

H2：市场操纵通过影响投资者情绪，引发股价崩盘风险。市场操纵期间投资者情绪高涨，形成股价泡沫，市场操纵之后投资者情绪低落，导致股价崩盘风险。

三、研究设计

（一）变量设计

1. 被解释变量：股价崩盘风险

国内外学者大多采用负收益偏态系数和收益率上下波动比率两个变量对股价崩盘风险进行度量（Kim et al.，2011a，2011b；许年行等，2012；王化成等，2015）。具体计算步骤如下：

首先，提取个股收益率中不能被市场收益率解释的部分。对式（4-1）进行回归，其中 $r_{i,t}$ 为股票 i 在第 t 周的收益率，$r_{M,t}$ 为市场 M 在第 t 周按照市值加权的平均收益率。定义 $W_{i,t} = \ln(1 + \varepsilon_{i,t})$ 为公司的周特有收益率。

$$r_{i,t} = \alpha_i + \beta_1 r_{M,t-2} + \beta_2 r_{M,t-1} + \beta_3 r_{M,t} + \beta_4 r_{M,t+1} + \beta_5 r_{M,t+2} + \varepsilon_{i,t} \qquad (4-1)$$

其次，构造负收益偏态系数（NCSKEW）和收益率上下波动比率（DU-

VOL)。负收益偏态系数（NCSKEW）的计算方法如式（4-2）所示，其中 n 为股票 i 在第 t 年中的交易周数。NCSKEW 的数值越大，说明股票收益率偏态系数为负的程度越高，股价崩盘风险越大。收益率上下波动比率（DUVOL）的计算方法如式（4-3）所示，其中 n_u（n_d）为股票 i 的周回报率高于（低于）当年回报率均值的周数。DUVOL 的数值越大，说明股票收益率左偏的程度越大，股价崩盘风险越高。

$$NCSKEW_{it} = -\frac{n(n-1)^{\frac{3}{2}} \sum W_{i,t}^3}{(n-1)(n-2)\left(\sum W_{i,t}^2\right)^{\frac{3}{2}}} \tag{4-2}$$

$$DUVOL = \log\left[\frac{(n_u-1)\sum\limits_{down} W_{i,t}^2}{(n_d-1)\sum\limits_{up} W_{i,t}^2}\right] \tag{4-3}$$

2. 核心解释变量：市场操纵

既有研究大多运用异常交易数量度量市场操纵，但现有的市场操纵识别方法还存在以下问题：一是被查处的市场操纵案件只是冰山一角，因此运用事件分析法很可能造成样本的选择性偏差；二是基于收盘价格异动的识别方法，无法将开盘集合竞价中的虚假申报行为囊括其中。针对第一个问题，运用股票市场的分时高频交易数据，基于股票价格异动，而非证监会查处的市场操纵案例，设计相应的市场操纵度量指标。针对第二个问题，归纳总结证监会披露的开盘集合竞价操纵细节，发现该类型操纵通常分为以下三个步骤：一是开盘集合竞价期间以涨停价大量委托买入；二是在可申报可撤销阶段的最后时刻大量撤单；三是开盘后大量委托卖出。以《中国证监会行政处罚决定书（赵晨）》中披露的"网宿科技"操纵案为例，2015 年 7 月 6 日 9：17：23，赵晨以涨停价（57.20 元）申报买入"网宿科技"50 万股，并于 9：18：36 全部撤销，并在当日 9：52：18~11：10：07 以 51.00~54.50 元的价格申报卖出 33 笔。赵晨的操纵行为导致"网宿科技"以 56.90 的价格开盘，较前一交易日上涨 9.42%。有鉴于此，根据开盘集合竞价的操纵手法，参考 Aitken 等（2015a）与李志辉等（2018）的研究方法，设计开盘价与收盘价的疑似操纵识别条件，并将两种判别方法所识别的总疑似操纵次数记为股票 i 在 t 交易日的市场操纵变量。

开盘期间疑似市场操纵行为需满足以下三个条件：

第一，当日开盘价相对上一交易日收盘价发生异常变化，即

$$|\Delta OTC_{i,\,t+1}-\overline{\Delta OTC_i}|>3\sigma_i \tag{4-4}$$

其中，$\Delta OTC_{i,\,t+1}=(Open_{i,\,t+1}-Close_{i,\,t})/Close_{i,\,t}$ 表示交易日 t+1 股票 i 开盘价相对交易日 t 股票 i 收盘价的变化率，$\overline{\Delta OTC_i}=\dfrac{1}{30}\sum\limits_{t=-29}^{0}\Delta OTC_{i,\,t}$ 为交易日 t+1 前 30 个交易日的滚动窗口下 ΔOTC 的平均值，σ_i 为相同时间窗口下 ΔOTC 的标准差。

第二，当日开盘 15 分钟内股票 i 价格回转幅度达到 50% 以上；或当日开盘 15 分钟内（包括开盘集合竞价期间）出现大额撤单现象。

第三，前一交易日结束后至当日开盘 15 分钟内没有与股票 i 有关的信息披露。

收盘期间疑似市场操纵行为需满足以下三个条件：

第一，当日交易结束前 15 分钟内股票价格出现异常变化，即

$$|\Delta EOD_{i,\,t}-\overline{\Delta EOD_i}|>3\sigma_i \tag{4-5}$$

其中，$\Delta EOD_{it}=(P_{eod,\,i_t}-P_{eod-15mins,\,i_t})/P_{eod-15mins,\,i_t}$ 表示交易日 t 内股票 i 收盘价相对收盘前 15 分钟成交价格的变化率，$\overline{\Delta EOD_i}=\dfrac{1}{30}\sum\limits_{t=-30}^{t=-1}\Delta EOD_{i,\,t}$ 为交易日 t 前 30 个交易日的滚动窗口下 ΔEOD 的平均值，σ_i 为相同时间窗口下 ΔEOD 的标准差。

第二，与交易日 t 收盘价相比，下一交易日股票 i 的开盘价出现价格回转，且价格回转幅度达到上一交易日尾市价格变化的 50% 以上。

第三，当日交易结束前第 15 分钟至下一交易日开盘前没有与股票 i 有关的信息披露。

运用上述方法，在 2012~2017 年中共识别出 3562 次股价异动，涉及 919 只被疑似操纵的股票（平均每年约 153 只）。其中开盘价操纵 248 只，收盘价操纵 671 只；被证监会证实的有 102 只，未被证实的有 817 只。[①] 将上述方法与李志辉等（2018）进行对比，发现在原有监测结果的基础上，相同样本期间内又识别出"八一钢铁""福达股份""市北高新""新华锦""皖通高速""南钢股

———————————————

① 文章篇幅有限，市场操纵识别结果未予以列示，感兴趣的读者可向笔者索取。

份""安阳钢铁"等被操纵股票，上交所市场操纵案件识别成功率上升至85%。此外，还收集 2012~2017 年中国证监会公布的深交所的市场操纵案件，其中涉案总股票 104 只，运用本章设计的方法，共监测出 68 只，识别成功率为 65%。鉴于本章设计的方法对已查处操纵案例的识别成功率高达 71%，故将股票 i 在第 t 年被监测到的所有异常交易总次数（Mani）作为市场操纵的度量变量。

3. 其他变量

对于市场层面投资者情绪的度量，学术界已形成较为完善的方法，即运用新增个人开户数、成交量、封闭式基金折价率、IPO 个数、IPO 首日收益率、融资额占比等变量构造相应的投资者情绪指数。然而，关于个股层面的投资者情绪，上述方法并不可行。鉴于中国股票市场散户投资者比例较高，投机动机较强，投资者情绪的变化反映在频繁交易的行为之中，与换手率高度相关，因此借鉴许年行等（2012）、王化成等（2015），采用股票换手率的变化率（DTurn）度量投资者情绪的变化，该变量数值越大，说明投资者情绪越高。此外，张谊浩等（2014）、段江娇等（2017）发现网络搜索、股吧论坛、分析师评价等具有较高的信息含量，是投资者情绪的可靠代理变量。因此，本章在第三部分将股票"换手率的变化率"替换为"被分析师关注度"（Analyst）与"被研报关注度"（Res），对回归结果进行稳健性检验。

对于其他控制变量，参考 Kim 等（2011a，2011b）、许年行等（2012）、王化成等（2015）、权小锋等（2015）等文献，控制以下因素的影响：股票年平均周收益率（Retrun）、股票年度周收益率的标准差（Sigma）、股票的 Beta 值（Beta）、机构投资者持股比例（Inshold）、总资产回报率（ROA）、负债率（Lev）、账面市值比（BM）、信息不透明度（AbsACC）[①]。此外，还控制年份与行业固定效应。

（二）研究样本与数据来源

本章选取 2012~2017 年中国 A 股市场上市公司为初始研究样本，剔除金融类上市公司、年度周收益率少于 30 个观测值的公司以及控制变量缺失值超过 50% 的公司，共获得 12882 个公司的年度观测值。为消除极端数据对研究结果的影响，对连续变量进行 1% 和 99% 分位数的缩尾处理。

---

① 文章篇幅有限，控制变量的具体算法未予以列示，感兴趣的读者可向笔者索取。

本章数据主要来自三个数据库：A 股上市公司的交易数据以及市场操纵指标计算所需数据来自汤森路透数据库，并由迈拓研究平台（MQD）进行处理；A 股上市公司的投资者情绪数据和财务数据来自国泰安数据库；机构投资者数据以及股票 Beta 值数据来自 Wind 数据库。

（三）模型设计

为检验 H1，即市场操纵次数越多的股票，未来股价崩盘风险越大，建立如式（4-6）所示的计量模型。其中 Crash 代表被解释变量 NCSKEW 或 DUVOL，Control 代表控制变量向量组，Year 代表年份固定效应，Ind 代表行业固定效应。在回归方程中将被解释变量提前一期，一方面，借鉴许年行等（2012）、权小锋等（2015）、王化成等（2015）的做法，最大限度地克服内生性问题；另一方面，从证监会查处的市场操纵案例可以发现，操纵者卖出手中筹码后，股价才会出现大幅回落和超跌现象，因此当期的市场操纵会加大下一期的股价崩盘风险。

$$Crash_{i, t+1} = \alpha + \beta Mani_{i, t} + \gamma Control_{i, t} + Year + Ind + \varepsilon_{i, t} \tag{4-6}$$

为检验 H2，即市场操纵通过影响投资者情绪，诱发股价崩盘风险，建立如式（4-7）~式（4-9）所示的计量模型。在回归方程中，若式（4-7）的 β 显著为正，则可以验证市场操纵实施过程中，股票成交量上升，投资者情绪高涨；若式（4-8）的 β 显著为负，则可以说明市场操纵实施后，股票成交量下降，投资者情绪回落；若式（4-9）的 β_3 显著为正，则可以证明市场操纵确实通过影响投资者情绪，导致股价崩盘风险，即前期操纵者可以吸引的非知情交易者越多，积累的泡沫越严重，操纵过后股价崩盘风险越大。

$$DTurn_t = \alpha + \beta Mani_{i, t} + \gamma Control_{i, t-1} + Year + Ind + \varepsilon_{i, t} \tag{4-7}$$

$$DTurn_{t+1} = \alpha + \beta Mani_{i, t} + \gamma Control_{i, t} + Year + Ind + \varepsilon_{i, t} \tag{4-8}$$

$$Crash_{t+1} = \alpha + \beta_1 Mani_{i, t} + \beta_2 DTurn_{i, t} + \beta_3 Mani_{i, t} \times DTurn_{i, t} + \gamma Control_{i, t} + \varepsilon_{i, t} \tag{4-9}$$

四、实证结果分析

（一）描述性统计

表 4-1 为本部分主要变量的描述性统计结果①。两个股价崩盘风险指标 NC-SKEW 和 DUVOL 的均值分别为 -0.312 和 -0.329，标准差分别为 0.826 和

---

① 囿于数据的可获得性，Analyst 与 Res 仅包含 2015~2017 年的数据。

0.817。上述指标的统计量略高于许年行等（2012）、王化成等（2015）研究中所报告的数值。这可能是因为中国 A 股市场在 2015~2016 年出现异常波动，而既有研究的样本区间并未包括 2013 年之后的数据。市场操纵指标的均值为 1.130，中位数为 1，最大值为 11，说明样本期间内 A 股市场存在较为严重的市场操纵行为，个别股票价格异动频率很高。其他控制变量的分布均在合理范围内。

表 4-1　市场操纵模型变量描述性统计

变量	均值	标准差	最小值	中位数	最大值	样本量
NCSKEW	−0.312	0.826	−2.378	−0.348	2.196	12882
DUVOL	−0.329	0.817	−2.033	−0.391	1.749	12882
Mani	1.130	1.198	0.000	1.000	11.000	12882
DTurn	0.090	0.805	−0.819	−0.187	3.551	12882
Analyst	6.179	8.065	0.000	3.000	66.000	7645
Res	12.681	19.591	0.000	4.000	179.000	7645
Retrun	0.006	0.012	−0.013	0.004	0.099	12882
Sigma	0.066	0.033	0.023	0.057	0.264	12882
Beta	1.107	0.626	−0.588	1.115	5.544	12882
InsHold	0.354	0.248	0.000	0.355	0.874	12882
ROA	0.058	0.062	−0.130	0.052	0.381	12882
Lev	0.439	0.223	0.0520	0.426	0.939	12882
BM	0.350	0.241	0.0110	0.291	1.214	12882
AbsACC	0.088	0.093	0.002	0.072	0.439	12882

（二）回归结果分析

1. 检验假设 H1

表 4-2 为市场操纵对股价崩盘风险影响的检验结果。其中，回归式（1）中使用 $NCSKEW_{t+1}$ 作为股价崩盘风险指标，只控制年度与行业固定效应，发现 $Mani_t$ 的回归系数为 0.0059，具有 5% 的显著性；回归式（2）和回归式（3）中加入控制变量，发现 $Mani_t$ 的回归系数依然显著为正。上述结果表明，当期疑似市场操纵次数越多的股票，下一期收益率偏态系数为负的程度越高。回归式（4）~回归式（6）中使用 $DUVOL_{t+1}$ 作为股价崩盘风险指标，$Mani_t$ 的回归

系数符号不变，显著性水平均为 1%，说明当期疑似市场操纵次数越多的股票，下一期收益率的上下波动率越大。

表 4-2　市场操纵对股价崩盘风险影响的检验结果

变量	(1) $NCSKEW_{t+1}$	(2) $NCSKEW_{t+1}$	(3) $NCSKEW_{t+1}$	(4) $DUVOL_{t+1}$	(5) $DUVOL_{t+1}$	(6) $DUVOL_{t+1}$
$Mani_t$	0.0059** (2.08)	0.0073*** (2.55)	0.0047*** (2.91)	0.0080*** (2.57)	0.0043*** (2.79)	0.0043*** (3.01)
$Return_t$		−3.0259*** (−6.46)	−3.7499*** (−7.90)		−8.4897*** (−23.73)	−8.5276*** (−23.24)
$Sigma_t$		0.1868* (1.76)	0.0016* (1.88)		0.0924 (1.55)	0.1187 (1.29)
$Beta_t$		0.1305*** (11.42)	0.0924*** (7.74)		0.1017*** (11.66)	0.0957*** (10.37)
ROA_t			−0.0480** (2.01)			−0.3185*** (−3.48)
Lev_t			−0.0187*** (−3.32)			−0.0241*** (−2.54)
BM_t			−0.4500*** (−14.32)			−0.0940*** (−3.87)
$InsHold_t$			−0.1014** (−2.26)			−0.1284*** (−3.70)
$AbsACC_t$			0.2816*** (4.04)			0.2007*** (3.18)
$Cons$	−0.6132*** (−140.61)	−0.7894*** (−47.53)	−0.5442*** (−13.22)	−0.4839*** (−102.53)	−0.6114*** (−48.23)	−0.4918*** (−15.26)
Year	Yes	Yes	Yes	Yes	Yes	Yes
Industry	Yes	Yes	Yes	Yes	Yes	Yes
N	10014	10014	10014	10014	10014	10014
F	4.31	38.71	46.14	6.61	140.90	82.61
Adj R^2	0.0345	0.1746	0.1929	0.0431	0.1753	0.2078

注：括号内为 t 值，*、**、***分别表示在 10%、5%、1% 的水平显著。下同。

从控制变量上看，$Sigma_t$、$Beta_t$、$AbsACC_t$ 与股价崩盘风险正相关，即收益率的波动越剧烈、Beta 值越大、信息不透明程度越高的股票，未来股价崩盘风险越大；$Return_t$、ROA_t、Lev_t、BM_t、$InsHold_t$ 与股价崩盘风险负相关，即收益率、总资产回报率、负债率、账面价值比以及机构投资者持股比例越高的股票，未来股价崩盘风险越小。上述结论与已有研究结论基本一致。

综上所述，市场操纵与股价崩盘风险呈正相关关系。市场操纵次数越多的股票，未来股价崩盘风险越大。

2. 检验假设 H2

前文的回归结果表明，市场操纵是导致股价崩盘风险的原因之一，但背后的机制尚不明晰。因此，本部分基于投资者情绪视角，提出操纵者运用交易型和信息型等操纵手段，影响非知情交易者的主观信念，使操纵期间投资者情绪高涨，形成股价泡沫，操纵之后投资者情绪低落，导致股价崩盘风险的假设。

表 4-3 为市场操纵对股价崩盘风险影响渠道的检验结果。其中，回归式（1）中用 $Mani_t$ 对 $DTurn_t$ 进行回归，系数为 0.0345，具有 1% 的显著性；回归式（2）中加入相应的控制变量，回归结果仍然具有 5% 的显著性，这说明市场操纵与当期的投资者情绪呈正相关关系，即市场操纵实施期间投资者情绪趋于高涨。回归式（3）中用 $Mani_t$ 对 $DTurn_{t+1}$ 进行回归，系数为 -0.0128，具有 1% 的显著性；回归式（4）中加入相应的控制变量，回归结果仍然具有 5% 的显著性，说明市场操纵与下一期的投资者情绪呈负相关关系，即市场操纵之后，投资者情绪逐渐回落。回归式（5）中的被解释变量为 $NCSKEW_{t+1}$，解释变量包含 $Mani_t$、$DTurn_t$ 以及二者的交叉项 $DTurn_t \times Mani_t$。其中，$Mani_t$ 的回归系数为 0.0028，具有 1% 的显著性；$DTurn_t$ 的回归系数为 -0.0136，具有 5% 的显著性；二者交叉项的回归系数为 0.0040，具有 1% 的显著性。回归式（6）中的被解释变量为 $DUVOL_{t+1}$，解释变量与回归式（5）一致，回归结果也与回归式（5）类似。上述结果表明市场操纵确实通过影响投资者情绪加剧了股价崩盘风险。

表 4-3　市场操纵对股价崩盘风险影响渠道的检验结果

变量	（1） $DTurn_t$	（2） $DTurn_t$	（3） $DTurn_{t+1}$	（4） $DTurn_{t+1}$	（5） $NCSKEW_{t+1}$	（6） $DUVOL_{t+1}$
$Mani_t$	0.0345*** （4.59）	0.0239** （2.27）	-0.0128*** （3.14）	-0.0089** （2.29）	0.0028*** （2.60）	0.0022*** （2.77）

续表

变量	(1) DTurn$_t$	(2) DTurn$_t$	(3) DTurn$_{t+1}$	(4) DTurn$_{t+1}$	(5) NCSKEW$_{t+1}$	(6) DUVOL$_{t+1}$
DTurn$_t$					−0.0136** (−2.17)	−0.0174** (−2.24)
DTurn$_t$×Mani$_t$					0.0040*** (3.11)	0.0041** (2.09)
Return$_t$		−8.3466*** (−9.79)		−9.9749*** (−10.63)	−3.7017*** (−7.79)	−8.4978*** (−23.13)
Sigma$_t$		2.8806*** (10.52)		6.5087*** (15.04)	0.0075 (0.03)	0.1108 (0.65)
Beta$_t$		0.1123*** (5.77)		0.2122*** (8.97)	0.0918*** (7.68)	0.0954*** (10.33)
ROA$_t$		1.0982*** (5.77)		1.4695*** (6.26)	−0.0432*** (−2.37)	−0.3135*** (−3.43)
Lev$_t$		0.5492*** (5.90)		0.3798*** (3.30)	−0.0173 (−0.30)	−0.0231 (−0.52)
BM$_t$		1.3523*** (25.29)		1.6121*** (27.10)	−0.4524*** (−14.41)	−0.0965*** (−3.97)
InsHold$_t$		0.7851*** (11.66)		0.7813*** (8.79)	−0.1020** (−2.27)	−0.1293*** (−3.73)
AbsACC$_t$		−0.0552* (−1.89)		−0.0413* (−1.77)	0.1948*** (3.19)	0.2233*** (2.97)
Cons	0.0506*** (4.25)	−1.2553*** (−19.25)	0.0597*** (4.26)	−1.5691*** (−19.54)	−0.5412*** (−13.07)	−0.4908*** (−15.33)
Year	Yes	Yes	Yes	Yes	Yes	Yes
Industry	Yes	Yes	Yes	Yes	Yes	Yes
N	12882	12882	10014	10014	10014	10014
F	21.05	166.5	12.63	184.82	41.32	74.05
Adj R^2	0.0291	0.1546	0.0144	0.1751	0.0560	0.0961

（三）稳健性检验

1. 内生性问题的稳健性检验

尽管本部分在回归中已将因变量做了提前一期的设定，在一定程度上克服了内生性问题，然而出于稳健性考虑，引入动态面板模型，使用差分 GMM 与系统 GMM 方法，进一步控制内生性对研究结论的干扰。

表 4-4 为内生性问题的稳健性检验结果。其中，回归式（1）与回归式（2）的被解释变量为 $NCSKEW_{t+1}$，分别使用差分 GMM 和系统 GMM 方法进行回归，发现 $Mani_t$ 的回归系数显著为正，$DTurn_t$ 的回归系数显著为负，二者交叉项的系数显著为正。这再一次证明操纵者在操纵期间通过交易手段和舆情影响，制造乐观的投资者情绪，然而在操纵之后，随着换手率的回落，投资者情绪陷入低迷，诱发股价崩盘风险。回归式（3）与回归式（4）的被解释变量为 $DUVOL_{t+1}$，回归结果与回归式（1）和回归式（2）类似，不再赘述。以上结果表明，在控制内生性问题后，H1 与 H2 依然成立。

表 4-4 内生性问题的稳健性检验结果

变量	（1） $NCSKEW_{t+1}$ 差分 GMM	（2） $NCSKEW_{t+1}$ 系统 GMM	（3） $DUVOL_{t+1}$ 差分 GMM	（4） $DUVOL_{t+1}$ 系统 GMM
$NCSKEW_t$ 或 $DUVOL_t$	0.1241*** （4.36）	0.0426** （2.01）	0.1457*** （4.47）	0.0212*** （2.94）
$Mani_t$	0.0073** （2.08）	0.0079*** （3.14）	0.0065** （2.24）	0.0074** （2.32）
$DTurn_t$	−0.0642*** （−4.69）	−0.0610*** （−4.36）	−0.0191*** （−2.90）	−0.0137** （−2.13）
$DTurn_t \times Mani_t$	0.0067*** （2.88）	0.0075** （2.18）	0.0052*** （2.86）	0.0062** （2.06）
$Return_t$	−6.5421*** （−7.93）	−6.1175*** （−7.19）	−6.5535*** （−10.02）	−5.6664*** （−8.66）
$Sigma_t$	1.0318* （1.88）	0.9615 （1.62）	0.1530 （0.56）	0.0574 （0.20）
$Beta_t$	0.0579*** （3.32）	0.0736*** （4.24）	0.0265*** （2.81）	0.0100*** （3.75）
ROA_t	−0.1022 （−0.57）	−0.0629 （−0.34）	−0.1344 （0.91）	−0.1023 （−0.66）

变量	(1) NCSKEW$_{t+1}$	(2) NCSKEW$_{t+1}$	(3) DUVOL$_{t+1}$	(4) DUVOL$_{t+1}$
	差分 GMM	系统 GMM	差分 GMM	系统 GMM
Lev$_t$	−0.0372 (−0.37)	−0.0207 (0.20)	−0.0207 (−0.24)	−0.0039 (−0.45)
BM$_t$	−0.0734 *** (−2.44)	−0.0252 *** (−2.64)	−0.2673 *** (−6.30)	−0.2508 *** (−5.97)
InsHold$_t$	0.4492 *** (6.18)	0.4113 *** (5.44)	0.2454 *** (4.25)	0.2090 *** (3.42)
AbsACC$_t$	0.1123 *** (3.17)	0.1072 *** (2.98)	0.1213 *** (3.72)	0.0983 *** (3.02)
Cons	−0.7183 *** (−10.49)	−0.6460 *** (−9.56)	−0.5707 *** (−9.83)	−0.4950 *** (−8.44)
AR (1)	0.0000	0.0000	0.0000	0.0000
AR (2)	0.1823	0.1075	0.2643	0.2518
Sargan	0.0960	0.1286	0.2512	0.2764

注：AR（1）和AR（2）项分别为相应检验的P值，AR（2）的结果说明扰动项的差分不存在二阶自相关；Sargan 统计量表明所有工具变量都是有效的。

2. 不同板块的稳健性检验

既有文献发现，不同板块股票的市场表现具有较大差异。一方面，市值较小、流动性较差的股票更易被市场操纵；另一方面，原中小板和创业板的股票较之于主板市场，股价波动率更高，崩盘风险更大。因此，为进一步验证回归结果的稳健性，对不同板块（主板、中小板、创业板）的股票进行分组回归。

表4-5为不同板块股票的回归结果。不同板块下，无论被解释变量是 NC-SKEW$_{t+1}$ 还是 DUVOL$_{t+1}$，Mani$_t$ 的回归系数均显著为正，DTurn$_t$ 的回归系数均显著为负，二者交叉项的系数均显著为正，与预期相符。值得注意的是，主板市场中 Mani$_t$ 和 DTurn$_t$×Mani$_t$ 的回归系数都相对较小，这可能是因为中小板和创业板的股价异常波动更多，被市场操纵的可能性更大，因此市场操纵对股价崩盘风险的影响也更明显。

表4-5 不同板块稳健性检验结果

变量	主板		中小板		创业板	
	$NCSKEW_{t+1}$	$DUVOL_{t+1}$	$NCSKEW_{t+1}$	$DUVOL_{t+1}$	$NCSKEW_{t+1}$	$DUVOL_{t+1}$
$Mani_t$	0.0019**	0.0020**	0.0047**	0.0044**	0.0068***	0.0045**
	(2.06)	(2.05)	(2.06)	(2.21)	(3.02)	(2.13)
$DTurn_t$	-0.0119**	-0.0124**	-0.0242**	-0.0169***	-0.0338***	-0.0352***
	(-2.11)	(-2.20)	(-2.01)	(-3.48)	(-2.61)	(-2.82)
$DTurn_t \times Mani_t$	0.0035**	0.0031**	0.0186**	0.0119***	0.0108***	0.0110***
	(2.04)	(1.99)	(2.04)	(2.72)	(2.84)	(2.42)
Cons	-0.5536***	-0.4648***	-0.6287***	-0.6257***	-0.4874***	-0.4526***
	(-8.70)	(-9.45)	(-8.61)	(-11.23)	(-6.30)	(-7.23)
Control	Yes	Yes	Yes	Yes	Yes	Yes
Year	Yes	Yes	Yes	Yes	Yes	Yes
Industry	Yes	Yes	Yes	Yes	Yes	Yes
N	5919	5919	2717	2717	1378	1378
F	36.50	51.19	14.34	16.28	6.81	15.87
Adj R^2	0.0852	0.1155	0.0974	0.0749	0.1529	0.1353

3. 投资者情绪的稳健性检验

在信息发布和共享日益便捷的网络时代，投资者选定标的股票之前，通常会参考分析师的评价和专业机构的研究报告。因此，选取股票 i 在 t 时间内被分析师关注度（Analyst）和被研报关注度（Res）作为投资者情绪的代理变量。囿于数据的可获得性，Analyst 和 Res 的样本期间为 2015~2017 年。本部分将其替代式（4-7）~式（4-9）中的 DTurn，对市场操纵借由投资者情绪影响股价崩盘风险的传导机制进行稳健性检验。

表4-6 为运用被分析师关注度和被研报关注度作为投资者情绪代理变量的回归结果。其中，回归式（1）中 Mani 的系数显著为正，回归式（2）中 Mani 的系数显著为负，说明疑似市场操纵次数越多的股票，当期被分析师关注的次数越多，但下一期被分析师关注的次数反而减少。因此操纵期间投资者情绪显著提高，而操纵之后投资者情绪陷入低迷。回归式（3）和回归式（4）的结果与前文类似，其中 Mani 与 NCSKEW 以及 DUVOL 显著正相关，Analyst 与 NCSKEW 以

及 DUVOL 显著负相关，Mani 和 Analyst 的交叉项 Cross 与 NCSKEW 以及 DUVOL 显著正相关，反映出疑似市场操纵次数越多的股票，未来股价崩盘风险越高，并且这一影响通过投资者情绪进行传导。在回归式（5）~回归式（8）中，将投资者情绪变量替换为被研报关注度，回归结果与回归式（1）~回归式（4）类似，这再次证明市场操纵借由投资者情绪，影响股价崩盘风险。

表 4-6 投资者情绪代理变量的稳健性检验结果

变量	(1) Analyst$_t$	(2) Analyst$_{t+1}$	(3) NCSKEW$_{t+1}$	(4) DUVOL$_{t+1}$	(5) Res$_t$	(6) Res$_{t+1}$	(7) NCSKEW$_{t+1}$	(8) DUVOL$_{t+1}$
Mani$_t$	0.0901** (2.12)	-0.0612*** (-2.78)	0.0262*** (2.59)	0.0186*** (2.68)	0.0716*** (2.41)	-0.0923*** (2.42)	0.0254*** (2.72)	0.0298*** (2.80)
Analyst$_t$ 或 Res$_t$			-0.0037** (-2.13)	-0.0045*** (-3.62)			-0.0015** (-2.31)	-0.0019*** (-3.99)
Cross$_t$			0.0021** (2.03)	0.0015** (2.18)			0.0009*** (2.33)	0.0005*** (2.42)
Return$_t$	-5.3724*** (-6.18)	-8.7213*** (-2.93)	-12.0160*** (-16.96)	-10.0429*** (-20.28)	-8.0544*** (-4.80)	-9.3247*** (-5.19)	-11.9773*** (-16.92)	-9.9949*** (-20.19)
Sigma$_t$	3.9299 (1.11)	11.8625** (2.10)	0.5459 (1.50)	0.3800 (1.48)	0.6057 (0.07)	16.7370 (1.53)	0.5349 (1.47)	0.3718 (1.44)
Beta$_t$	1.6678** (2.13)	2.2934*** (6.28)	0.0691*** (2.96)	0.0982*** (5.80)	2.7338*** (3.52)	1.4035*** (2.42)	0.0691*** (2.96)	0.0975*** (5.76)
ROA$_t$	9.1172*** (5.22)	32.6465*** (18.71)	-0.6860*** (-4.34)	-0.6474*** (-5.72)	67.6943*** (17.73)	23.9357*** (4.41)	-0.6937** (-2.04)	-0.6465*** (-5.74)
Lev$_t$	1.5417 (1.52)	0.2220 (0.33)	-0.1506*** (-3.32)	-0.1301*** (-3.96)	1.4208 (0.99)	3.0482 (0.97)	-0.1497*** (-3.30)	-0.1272*** (-3.87)
BM$_t$	0.2718 (0.38)	5.3584*** (8.08)	-0.2236*** (-4.21)	-0.1751*** (-4.59)	0.6171 (1.12)	18.0941*** (8.20)	-0.2251*** (-4.24)	-0.1783*** (-4.68)
InsHold$_t$	3.5194*** (3.61)	6.1400*** (9.72)	-0.0807* (-1.88)	-0.0521* (-1.67)	10.2177*** (7.53)	16.5821*** (5.48)	-0.0807* (-1.88)	-0.0521* (-1.67)
AbsACC$_t$	-0.4922 (-1.46)	-0.7635 (-1.03)	1.7431* (1.99)	1.6892 (1.45)	-0.8127* (-1.94)	-1.9427 (-0.89)	1.2135** (2.02)	2.1582** (2.06)
Cons	2.4172*** (2.11)	0.5630*** (5.28)	-0.3308*** (-6.62)	-0.2587*** (-7.95)	9.8538*** (6.79)	1.5523 (1.44)	-0.3333*** (-6.71)	-0.2887*** (-8.08)
Year	Yes	Yes	Yes	Yes	Yes	Yes	Yes	Yes

续表

变量	(1) Analyst$_t$	(2) Analyst$_{t+1}$	(3) NCSKEW$_{t+1}$	(4) DUVOL$_{t+1}$	(5) Res$_t$	(6) Res$_{t+1}$	(7) NCSKEW$_{t+1}$	(8) DUVOL$_{t+1}$
Industry	Yes	Yes	Yes	Yes	Yes	Yes	Yes	Yes
N	7645	4801	4801	4801	7645	4801	4801	4801
F	13.79	63.42	55.07	52.86	50.69	16.70	56.40	55.54
Adj R^2	0.0443	0.2069	0.0997	0.1121	0.1835	0.0695	0.0996	0.1122

4. 更换时间频率的稳健性检验

从证监会披露的市场操纵案例中可以看出，虽然有些操纵行为的持续时间长达数年，但仍有许多操纵案件的时间跨度较短，对投资者情绪的影响不久。有鉴于此，将所有变量的时间频率更换为半年进行回归，以增强计量结果的稳健性①。

表4-7为运用半年频率的数据研究市场操纵对股价崩盘风险影响的回归结果。在回归式（1）与回归式（2）中，市场操纵的回归系数显著为正，说明市场操纵次数越多的股票，未来股价崩盘风险越大。在回归式（3）中，市场操纵的系数显著为正，意味着操纵行为会增加半年内股票的换手率，营造出乐观的投资者情绪。在回归式（4）中，市场操纵的系数显著为负，反映出市场操纵半年后股票的换手率下降，投资者情绪回落。在回归式（5）与回归式（6）中，市场操纵的回归系数显著为正，投资者情绪的回归系数显著为负，市场操纵与投资者情绪交叉项的回归系数显著为正，证明操纵者确实通过影响投资者情绪，导致股价崩盘风险增加。

表4-7　市场操纵对股价崩盘风险影响的稳健性分析（半年频率）

变量	(1) NCSKEW$_{t+1}$	(2) DUVOL$_{t+1}$	(3) DTurn$_t$	(4) DTurn$_{t+1}$	(5) NCSKEW$_{t+1}$	(6) DUVOL$_{t+1}$
Mani$_t$	0.0146*** (3.44)	0.0185*** (2.78)	0.0245*** (4.86)	−0.0338*** (−4.45)	0.0067** (2.28)	0.0072** (2.31)
DTurn$_t$					−0.0293** (−2.01)	−0.0405*** (−2.84)

---

① 考虑到数据的可获得性，控制变量中剔除账面市值比和信息不透明度两个变量。

续表

变量	(1) NCSKEW$_{t+1}$	(2) DUVOL$_{t+1}$	(3) DTurn$_t$	(4) DTurn$_{t+1}$	(5) NCSKEW$_{t+1}$	(6) DUVOL$_{t+1}$
DTurn$_t$×Mani$_t$					0.0084** (2.29)	0.0079** (2.12)
Return$_t$	−2.1256*** (−17.68)	−2.1951*** (−15.54)	−3.7542*** (−11.30)	−4.1064*** (−13.80)	−2.1043*** (17.22)	−2.1490*** (14.88)
Sigma$_t$	0.0236* (1.75)	0.0366* (1.99)	4.7253*** (6.66)	3.3012*** (3.26)	0.0562 (0.97)	0.7533 (0.77)
Beta$_t$	0.1593*** (5.44)	0.2276*** (3.21)	0.4536** (2.14)	0.8809** (2.22)	0.0395*** (3.57)	0.0566*** (2.65)
ROA$_t$	−0.1303** (−2.30)	−0.1715*** (−2.81)	1.3075 (0.65)	0.9230 (1.35)	−0.1304** (−2.30)	−0.1716*** (−2.79)
Lev$_t$	−0.0391* (−1.80)	−0.0213 (−1.11)	0.4903** (2.24)	0.2916*** (2.36)	−0.6429*** (−3.81)	−0.1226*** (−3.54)
Inshold$_t$	−0.0048*** (6.73)	−0.0079*** (−8.03)	0.9360*** (2.57)	0.7952*** (5.07)	−0.0480*** (−6.04)	−0.0792*** (−8.01)
Cons	−0.6676*** (−23.67)	−0.7109*** (21.96)	0.4479*** (11.61)	0.3134*** (6.03)	−1.6674*** (−13.65)	−0.7106*** (−12.87)
Year	Yes	Yes	Yes	Yes	Yes	Yes
Industry	Yes	Yes	Yes	Yes	Yes	Yes
N	21097	21097	23646	21097	21097	21097
F	65.03	69.18	49.67	56.09	40.72	84.58
Adj R^2	0.1493	0.1359	0.1115	0.1208	0.0683	0.0992

五、结论与建议

本节运用 2012~2017 年中国 A 股市场的数据构建开盘价与收盘价操纵的识别模型，分析市场操纵对股价崩盘风险的影响。研究发现，市场操纵与股价崩盘风险呈正相关关系。疑似市场操纵次数越多的股票，未来股价崩盘风险越大。市场操纵通过影响投资者情绪，导致股价崩盘风险。操纵期间股票换手率上升，被分析师和研报所关注的程度也随之增加，形成股价泡沫；操纵之后换手率回落，被分析师和研报所关注的程度逐渐降低，最终诱发股价崩盘风险。中小板与创业板市场的操纵行为对股价崩盘风险的影响更加明显。

本节的研究结果对于减少市场操纵、改善中国股票市场质量、防范股价崩盘风险，具有深刻的政策启示。鉴于开盘集合竞价期间虚假申报与尾盘拉升股价是现阶段市场操纵的主要方式，证监会和证券交易所可借鉴本书设计的识别方法，完善市场操纵实时预警体系，增强对操纵行为的发现能力和处罚力度，维护证券市场的公平公正。此外，由于投资者情绪在市场操纵引致股价崩盘风险的过程中起到重要作用，监管当局应加强投资者教育，引导投资者情绪，尽量减少股市下跌时的非理性恐慌，促进中国股票市场更加健康有序发展。

第二节　市场操纵对股票收益率偏离的影响

一、研究背景

市场操纵行为严重影响股票市场正常交易秩序，损害投资者利益，我国监管部门一直予以严厉打击。尤其是 2015 年以来，证监会进一步加大对市场操纵等扰乱市场秩序的违法行为的打击力度，查处了如"景华案"、"潘日忠案"、"熊模昌案"等社会影响力较大的市场操纵案件，处罚金额过亿元，引起了社会的强烈反响和广泛关注。2021 年，证监会坚决贯彻党中央、国务院关于依法从严打击证券违法活动的决策部署，坚持"建制度、不干预、零容忍"工作方针，围绕监管中心工作，依法从严从快从重查办重大案件。全年共办理案件609 起，其中重大案件 163 起，涉及财务造假、以市值管理名义操纵市场、恶性内幕交易等典型违法行为。在这样的大背景下，我国政府监管机构应不断加强对证券市场的管控，重视对其规范化发展危害极大的股票市场价格操纵问题。

除了政府，众多学者也开始关注市场操纵和超额收益率之间的关系。例如，胡金霞和胡代平（2009）讨论了收益率和交易量指标在被操纵前、操纵中和操纵后三个阶段的变化特征。黄长青等（2004）以 2002 年以前的操纵案例为实证数据讨论了收益率和交易量指标在操纵前、操纵初期和整个操纵期的变化显著程度。攀登和邹炎（2005）采用事件研究法对市场操纵案件进行相关研究，认为市场操纵事件期间均存在超额收益率，市场操纵行为使股票累计收益率远远

股票市场反操纵机制研究

超过同期正常的市场表现，通过对亿安科技案例的研究发现，在建仓阶段，个股已经有显著的正的累积异常收益率，通过对钱江生化案例的研究发现，事件研究的结果并不能支持证监会对浙江证券操纵钱江生化事实的认定。李梦雨（2015a）研究了证券价格涨跌停板制度，从理论角度证明这种制度对减少操纵行为的有效性。

综上所述，关于市场操纵的研究大多数还停留在定性研究方面，或是选择极少数具体案例探讨，很少有文献选取 100 个以上案例深入分析市场操纵对股票收益率的影响。本章在进行实证分析时将主要进行以下三点改进：第一，在研究内容方面，从多个维度探索了市场操纵对股价收益率偏离的影响效应，异质性研究发现在操纵时间不同、股权性质不同、板块不同时，市场操纵对股价偏离的影响存在显著性差异。第二，在研究方法上，使用事件研究法来分析在较长的时间范围内市场操纵对股票收益率偏离的影响。虽然在股价操纵发生时，股票市场存在其他影响因素，但是，这并不妨碍使用此方法来分析市场操纵对股票市场波动的影响。首先，对于每一个市场操纵的样本发生时伴有的其他因素，在所有样本集内同时发生事件的联合概率实际上微乎其微。也就是说，即使在某一操纵事件窗口期内发生了一个其他非预期事件导致股票市场异常波动，这样的事件也不会每一次出现。其次，可以通过统计显著性检验来说明操纵事件对股票波动性的影响，本书采用参数 t 检验来研究操纵事件影响股票市场波动的统计显著性。第三，在样本选取方面，尝试以中国证监会公布的 126 个操纵案例为研究对象，计算被操纵公司的累计平均超额收益率，分析证券市场操纵行为引起的市场反应。

二、研究设计

在实证研究中，常常运用事件研究法来分析某一特定经济事件发生对证券市场波动和上市公司市场价值的影响。因此，参考刘玉敏和任广乾（2007）、朱艳苹和郭薇（2020）等学者在采用事件研究法分析时，通常以累计平均超额收益率指标来测度某一特定经济事件对上市公司股票收益率的影响，即对比被操纵股票在操纵期前后的累计平均超额收益率的差异，来探讨市场操作行为对上市公司股票收益率的影响程度。

（一）样本选取与数据来源

本章手动收集整理了 2014~2021 年中国证监会公开披露的市场操纵行政处罚决定书，涉及 166 只被操纵股票。剔除 ST 和 *ST 上市公司以及退市的公司，最终得到 126 个研究样本，对应的市场数据来自国泰安数据库，并使用 Stata 和 Excel 软件对数据进行计算和处理。

（二）事件模型设计

1. 确定研究的事件

本章选择的是 2014~2021 年已被证监会认定为证券市场操纵行为并在中国证监会网站公开披露的事件。

2. 确定事件期

确定该事件所引起的股价变化的时间区段，包括事前估计窗口和事件窗口。将证监会公告的市场操纵行为起始日记为 T=0，由于样本中有一半以上的股票被操纵超过 60 天，因此事件窗口期设定为 [-5, 60]；同时参考张新（2003）、唐齐鸣和张云（2009）等在研究我国股市问题时常用的 120 天作为估计窗口的长度，将估计窗口期设定为 [-130, -10]。

3. 计算正常收益率

因为风险因子 β 能有效解释股票收益，且市场模型理论清晰易懂，便于进行结果的观察和比较，所以选用市场模型法，运用资本资产定价模型计算正常收益率。首先，采用式（4-10）利用估计窗口 [-130, -10] 内样本公司的实际收益率 R_{it} 和对应市场板块收益率 R_{mt} 估计市场模型中的参数 α_i、β_i，然后采用式（4-11）预测样本公司在事件窗口 [-5, 60] 内的正常收益率 R'_{it}。计算公式如下：

$$R_{it} = \alpha_i + \beta_i R_{mt} + \varepsilon_{it} \tag{4-10}$$

$$R'_{it} = \alpha_i + \beta_i R_{mt} + \varepsilon_{it} \tag{4-11}$$

其中，R_{it} 是股票 i 在第 t 日的实际收益率；R_{mt} 是市场收益率；R'_{it} 是股票 i 在第 t 日的正常收益率；ε_{it} 是随机扰动项。

4. 计算超额收益率和累计超额收益率

超额收益率简称 AR，用来估计事件的影响程度，即事件窗口 [-5, 60] 内实际收益与正常收益率之差。累计超额收益率简称 CAR，是个股的超额收益率在事件窗口 [-5, 60] 内的加总。计算公式如下：

$$AR_{it} = R_{it} - R'_{it} \tag{4-12}$$

$$CAR_{[-5,\,60]} = \sum_{t=-5}^{60} AR_{it} \tag{4-13}$$

其中，AR_{it} 是股票 i 在第 t 日的超额收益率，$CAR_{[-5,60]}$ 是股票 i 在事件窗口 [-5，60] 内的累积超额收益率。

5. 计算平均超额收益率和累计平均超额收益率

平均超额收益率简称 AAR，是超额收益率的平均值。事件研究法的目的在于探讨某个事件对股票收益率的影响，因为每家公司在估计过程中都存在许多不确定因素，若只是观察超额收益率是无法得到任何结论的，因此每只股票的超额收益率包括特定事件引起的收益和干扰事件引起的收益。为了去除干扰事件对个股超额收益率造成的影响，将所有样本的超额收益率平均化，从而降低干扰事件对股票收益的影响，最终得到平均超额收益率。累计平均超额收益率简称 CAAR，是累计超额收益率的平均值，表示事件对总体公司样本的平均影响。计算公式如下：

$$AAR_{[-5,\,60]} = \frac{1}{n} \sum_{i=1}^{n} AR_{it} \tag{4-14}$$

$$CAAR_{[-5,\,60]} = \frac{1}{n} \sum_{i=1}^{n} CAR_{it} \tag{4-15}$$

其中，n 为样本股票的数量，$AAR_{[-5,60]}$ 为样本股票在事件窗口 [-5，60] 内的平均超额收益率，$CAAR_{[-5,60]}$ 为样本股票在事件窗口 [-5，60] 内的累计平均超额收益率。

6. 检验 CAR 的显著性

采用参数 t 来检验超额收益率的显著性。设置原假设：研究操纵事件没有对股票收益率产生影响，即超额收益率（或累计平均超额收益率）为 0。本书选择参数检验法，如式（4-16）所示：

$$J = \frac{CAR_{(-5,60)}}{\sqrt[2]{\partial^2(-5,\,60)}} \sim N(0,\,1) \tag{4-16}$$

其中，J 是平均超额收益率的标准差的估计量对累积超额收益率标准化后的结果，$\partial^2(-5,60) = L_2\partial^2(AAR)$，$\partial^2(AAR_{[-5,60]})$ 是事件窗口 [-5，60] 内的平均超额收益率的方差，L_2 是事件窗口的长度。

t 统计量的计算公式如下：

$$t_{AAR} = \frac{AAR_{[-5,60]}}{\dfrac{S_{AAR_{[-5,60]}}}{\sqrt{n}}} \qquad (4-17)$$

$$t_{CAAR} = \frac{CAAR_{[-5,60]}}{\dfrac{S_{CAAR_{[-5,60]}}}{\sqrt{n}}} \qquad (4-18)$$

其中，$S_{AAR[-5,60]}$ 和 $S_{CAAR[-5,60]}$ 分别代表事件窗口 [-5，60] 内的平均超额收益率和累积平均超额收益率的标准差。如果检验结果显著，说明操纵事件对股票收益率有影响，使股票收益率发生偏离；反之，则说明操纵事件没有使股票价格发生严重偏离。

三、实证结果与分析

（一）市场操纵对股票收益率偏离的影响

为了分析被操纵股票收益率在被操纵前、操纵日、操纵后不同阶段的变化情况，表4-8 给出了总样本在事件窗口期内的累计平均超额收益率 CAAR 的基本统计情况。在操纵前第 5 天均值和方差都较小，说明在操作事件发生之前市场整体表现正常；在操纵当日，CAAR 达到最大值 0.1178，均值和方差的数值也增大，证明了市场操纵行为确实会使股票收益率产生偏离；在操纵日之后各数值都减小了，即这种影响是暂时的，操纵者只能在短时间里获得超额收益。

表 4-8　累计平均超额收益率

操纵日	最大值	最小值	均值	方差
操纵前第 5 天	0.0597	-0.0782	-0.0136	0.0294
操纵当日	0.1178	-0.0073	0.0377	0.0397
操纵后第 5 天	0.0448	-0.0209	0.0040	0.0174
操纵后第 10 天	0.0718	-0.0977	0.0112	0.0412
操纵后第 20 天	0.0454	-0.0566	-0.0053	0.0245
操纵后第 30 天	0.0789	-0.0850	-0.0148	0.0390

图 4-2 绘制了总体样本累计平均超额收益率（CAAR）曲线。根据 CAAR 的走势可以发现 CAAR 在事件窗口内呈整体上升趋势，特别在［-2, 1］窗口内，CAAR 加速上升，具体趋势表现为操纵日前的第 2 天，CAAR 开始逐渐上升，后呈直线上升趋势，上升幅度在操纵日当天达到最大，可以获得明显的正向累计平均超额收益，操纵日之后增速开始放缓，而且这种积累效应持续到了第 17 天后才稍微下降。CAAR 的积累效应持续了 24 个交易日，累计影响一个月左右，股票操纵者在操纵后可以获得超额收益。

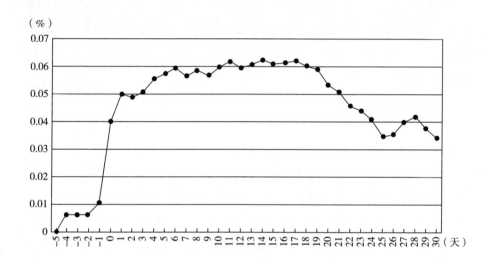

图 4-2　总样本累计平均超额收益率曲线

（二）超额收益率检验

如果没有发生市场操纵事件，正常股票市场的累计平均超额收益率 CAAR 应该在横轴附近波动。所以，在操纵日及操纵前后的窗口期内，若市场操纵对股票收益率没有影响，那么 CAAR 应该基本保持不变，即在横轴附近随机波动。相反，若市场操纵对股票收益率有影响，使股票收益率发生偏离，那么 CAAR 会有显著性变化，即在横轴附近大幅度波动。

检验结果如表 4-9 所示，累计平均超额收益率 CAAR 分别在 1%、5%、10% 的水平通过显著性检验。因此应当拒绝原假设，可认为证券市场的操纵行为带来了显著 CAAR，被操纵股票的股价在事件窗［0, 23］内受到了极大的影响。由于篇幅有限，表 4-9 只呈现了市场操纵后 30 天的 CAAR。CAAR 为正，代表股票价格上升，CAAR 为负，代表股票价格下降。表 4-9 显示在操纵日前 CAAR 都不显著，操纵日之后的事件窗 [0, 19] 内的 CAAR 在 1% 的置信区间内显著，说明了操纵股票在短期内对证券市场产生显著的积累效应，CAAR 一直为正，表示股票价格一直上升。

表 4-9　累计平均超额收益率 CAAR 的计算结果与 t 检验

事件窗口	CAAR	CAAR t 检验	事件窗口	CAAR	CAAR t 检验	事件窗口	CAAR	CAAR t 检验
-5	0.00	0.05	7	0.06	4.01***	19	0.06	2.61***
-4	0.01	1.61	8	0.06	3.90***	20	0.05	2.33**
-3	0.01	1.34	9	0.06	3.68***	21	0.05	2.14**
-2	0.01	0.99	10	0.06	3.70***	22	0.05	1.88*
-1	0.01	1.34	11	0.06	3.74***	23	0.04	1.76*
0	0.04	4.22***	12	0.06	3.35***	24	0.04	1.57
1	0.05	4.95***	13	0.06	3.25***	25	0.03	1.33
2	0.05	4.70***	14	0.06	3.17***	26	0.04	1.35
3	0.05	4.60***	15	0.06	3.10***	27	0.04	1.47
4	0.06	4.48***	16	0.06	3.04***	28	0.04	1.54
5	0.06	4.14***	17	0.06	2.92***	29	0.04	1.38
6	0.06	4.15***	18	0.06	2.73***	30	0.03	1.25

（三）稳健性检验

为进一步验证分析结论，在用累计平均超额收益率（CAAR）指标测度市场操作影响股票收益率的偏离后，以表 4-8、表 4-9 的结果为基准，用平均超额收益率（AAR）替换累计平均超额收益率进行稳健性检验。

表 4-10 给出了总样本在事件窗口期内的平均超额收益率基本统计情况。与累计平均超额收益率的结果相似，在操纵前第 5 天均值和方差都较小；而操纵当日，股票的 AAR 达到最大值，这证明了市场操纵行为确实会使股票收益率产

生偏离；在操纵日之后各数值都开始慢慢回落，即这种影响只是暂时的，不会长期存在于市场中。

表 4-10 平均超额收益率基本统计

操纵日	最大值	最小值	均值	方差
操纵前第 5 天	0.1062	-0.0721	0.0045	0.0470
操纵当日	0.2061	-0.0369	0.0427	0.0626
操纵后第 5 天	0.1311	-0.0327	0.0174	0.0416
操纵后第 10 天	0.1503	-0.0910	0.0153	0.0565
操纵后第 20 天	0.0632	-0.0610	0.0066	0.0337
操纵后第 30 天	0.0554	-0.1681	-0.0344	0.0566

由于篇幅有限，表 4-11 只呈现了市场操纵后 30 天的平均超额收益率 AAR。如表 4-11 所示，市场操纵之前平均超额收益率较小且基本不显著，操纵当天和操纵后第一天平均超额收益为正，代表股票价格上升，说明市场操纵引起了股票收益率在短时间内偏离，而且 t 值显著。操纵后第二天平均超额收益为负，第二天之后 t 值基本不显著，这可能是因为样本公司中有 42 家上市公司被操纵天数小于两天，两天之后操纵者卖出股票获利退出，导致股价下跌，市场也作出反应，一旦不操纵，超额收益率就会显著下降。这说明了我国股票市场有效性正逐步提高，操纵者无法让股票收益率持续上升或者持续下降，所以市场参与者想长期操纵股价是无法实现的，市场操纵引起股价偏离是一个短期现象。由于中国 A 股市场实行的是 T+1 的交易制度，即不可以随时离场，股票操纵者经过一系列操纵行为将股票价格抬高后第二天要尽快卖出，若没能及时将操纵资本套现就会出现亏损。例如，在 2016 年江某操纵"凤形股份"的案例中，超额收益率虽然上升却因为没把握时机及时卖出导致自身亏损了 51221078.64 元。无独有偶，2016 年任某操纵"南威软件"，事件发生前消息已经走漏，在市场操纵行为开始后超额收益率不涨反而持续下跌，最后亏损 6284330.91 元，可见操纵者只有快进快出才能获得超额收益。

表 4-11　平均超额收益率 AAR 的计算结果与 t 检验

事件窗口	AAR	AAR t 检验	事件窗口	AAR	AAR t 检验	事件窗口	AAR	AAR t 检验
-5	0.00	0.05	7	0.00	-1.10	19	0.00	-0.34
-4	0.01	2.19	8	0.00	0.70	20	-0.01	-2.11
-3	0.00	0.07	9	0.00	-0.73	21	0.00	-0.79
-2	0.00	-0.08	10	0.00	0.96	22	-0.01	-1.94
-1	0.00	1.49	11	0.00	0.63	23	0.00	-0.54
0	0.03 ***	9.00	12	0.00	-0.70	24	0.00	-0.97
1	0.01 **	2.47	13	0.00	0.49	25	-0.01	-2.07
2	0.00	-0.36	14	0.00	0.45	26	0.00	0.28
3	0.00	0.57	15	0.00	-0.51	27	0.00	1.40
4	0.00	1.51	16	0.00	0.15	28	0.00	0.64
5	0.00	0.60	17	0.00	0.29	29	0.00	-1.39
6	0.00	0.71	18	0.00	-0.75	30	0.00	-1.25

（四）市场操纵影响股票收益率偏离的异质性分析

1. 基于操纵时长的异质性分析

为了分析不同操纵时长对股票收益率偏离的影响，将总体样本分成两组，A 组为操纵天数大于等于 10 天，B 组为操纵天数小于 10 天。表 4-13 和表 4-14 分别描述了操纵 10 天以内的和操纵 10 天以上的股票分别在窗口期（-5，60）和（-5，10）的累计超额收益率 CAR 的差异性。同时，参考刘玉敏和任广乾（2007）、周嘉南和贾巧玉（2018）等的研究，用累计超额收益率的均值来表示某一事件发生对证券市场和上市公司市场价值的影响。

表 4-12 显示，A 组的均值为 0.1074，说明操纵 10 天以上的股票收益率偏离了 10.74%；B 组的均值为 0.0838，说明操纵 10 天以内的股票收益率偏离了 8.38%，短期操纵行为导致股价的偏离程度较小。P 值等于 0.0312，结果在 5% 的水平显著，即操纵 10 天以上的股票和操纵 10 天以内的股票在（-5，60）天的事件窗口期结果显著不同，10 天后 A 组的股票不再被操纵，而 B 组的股票继续被操纵，说明操纵时长的不同使股价偏离程度不同，而且结果显示操纵时间越长，偏离程度越大，一旦停止操纵，超额收益率就会下降。

表 4-12　操纵时长不同的事件组在窗口期（-5，60）内累计超额收益率 CAR 的 t 检验

分组	操纵天数（天）	公司数（家）	均值	P 值
A 组	≥10	56	0.1074	0.0312
B 组	<10	59	0.0838	

表 4-13 显示，A 组的均值为 0.1537，说明操纵 10 天以上的股票收益率偏离了 15.37%；B 组的均值为 0.1207，说明操纵 10 天以内的股票收益率偏离了 12.07%。P 值等于 0.3051，结果不显著，即操纵 10 天以上的股票和操纵 10 天以内的股票在（-5，10）天的事件窗口期内的收益率没有较大差异性，因为在这个窗口期内两组股票都在被操纵。说明操纵时间相同时，股票收益率偏离程度相似，符合预期。

表 4-13　操纵时长不同的事件组在窗口期（-5，10）内累计超额收益率 CAR 的 t 检验

分组	操纵天数（天）	公司数（家）	均值	P 值
A 组	≥10	44	0.1537	0.3051
B 组	<10	35	0.1207	

2. 基于股权性质的异质性分析

按照股权性质不同，将总体样本分成两组，A 组为非国有企业，B 组为国有企业。表 4-14 描述了两组被操纵的上市公司在窗口期（-5，60）累计超额收益率 CAR 的差异性。P 值等于 0.0094，结果在 1% 的水平显著。说明股权性质不同，市场操纵对股价偏离的影响也是存在显著性差异的。因为一般国有上市公司的市值高、规模大，想操纵它的股价需要庞大的资金量，成本过高，而且操作非常困难，非国有上市公司从成本和可操作性角度来说都相对简单。

表 4-14　股权性质不同的事件组在窗口期（-5，60）内累计超额收益率 CAR 的 t 检验

分组	股权性质	公司数（家）	均值	P 值
A 组	非国有企业	774	0.0717	0.0094
B 组	国有企业	630	0.0161	

为了反映事件期内股市的变化状况，这里绘制了不同股权性质日平均超额收益率 AAR 曲线（见图 4-3）和累计平均超额收益率 CAAR 曲线（见图 4-4）。

如图 4-3 所示，非国有企业日平均超额收益率 AAR 曲线波动比国有企业大。尤其在操纵日当天，非国有企业的操纵者能够以较小的资金量抬高股价，使操纵日当天 AAR 急剧上升，而国有企业操纵起来难度较大，需要大量的资金量才能拉动股价，所以其 AAR 上升幅度较小。在操纵之前，国有企业呈现比较稳定的状态，而非国有企业波动较大。在操纵第 2 天之后，两组 AAR 都下降，并保持在横轴上下小幅度波动。这说明不管是国有企业还是非国有企业，即使在操纵日实现了超额收益，但仅限于当天引起股价大幅度上涨，之后市场会立马消除这个影响。这就意味着想长期操纵股价其实是无法实现的，市场操纵一个短期行为。而且从图中不难发现，被操纵过的股票在 15 天后 AAR 开始为负，说明操纵行为被市场发现后会引起该股价下跌，甚至还会有崩盘风险。

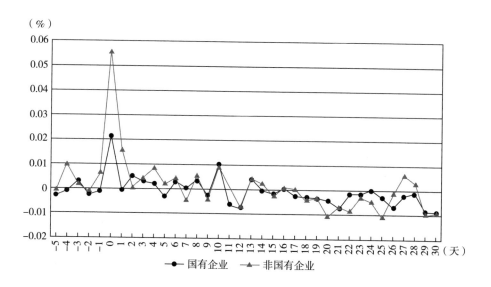

图 4-3 国有企业和非国有企业日平均超额收益率

如图 4-4 所示，无论是在操纵日之前还是操纵日之后，非国有企业累计平均超额收益率 CAAR 曲线波动都比国有企业大。尤其在操纵日当天，非国有企业 CAAR 上升幅度大于国有企业，因为国有企业操纵起来难度较大，资金成本高。而且在操纵日前非国有企业的 CAAR 的值为负，被操纵后才逐渐上升为正，这种正的超额收益率维持到 16 天开始下降，到 24 天降为负值，说明操纵行为带来的正面累计影响只能维持较短时间，如果操纵者获利不及时退出则可能会亏损，而且被操纵股票会有崩盘的风险。

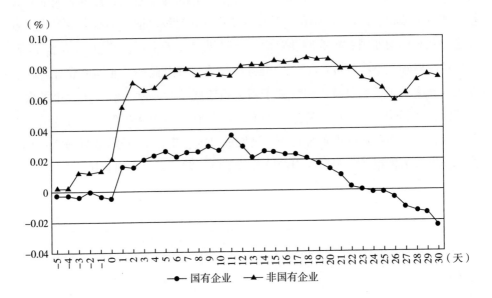

图 4-4 国有企业和非国有企业累计平均超额收益率

3. 基于上市板块的异质性分析

为了分析市场操纵对不同板块收益率的影响，将样本分成三组，分别是主板、原中小板以及创业板样本。表 4-15 统计了主板、原中小板以及创业板三组样本在事件期的个股累积超额收益率 CAR 的基本情况。图 4-5 和图 4-6 分别绘制了不同板块日平均超额收益率 AAR 和累计平均超额收益率 CAAR 曲线。

如表 4-15 所示，在事件期 30 个交易日的个股累积超额收益率 CAR 最大值和最小值之间的差距中，主板市场为 2.56，原中小板市场为 0.9，创业板市场为 0.89，出现这种较大的差异主要是由于主板市场样本公司数目最多为 51 家，而创业板市场样本公司仅为 20 家。从表 4-15 中还可以看出主板个股累积超额收益率 CAR 均值略小于原中小板和创业板的个股累积超额收益率 CAR 均值，这说明原中小板和创业板市场比主板市场的有效性低，但主板、原中小板、创业板的个股累积超额收益率 CAR>0 的公司数和 CAR≤0 公司数量相差不大，说明有一半公司虽然被操纵了，但并没有获得长期的累积超额收益率 CAR，反而出现亏损，上文列举了相关操纵亏损的案例。市场操纵是短期行为，操纵者通过各种操纵手段使投资者跟风进入市场，一旦股价被拉抬到一定高度，操纵者就迅速获利离开，此时市场快速反应，股价下跌，回落到操纵之前的水平，中小投资者就会亏损。如果操纵者本身都没办法预测最高点，不能及时抽身，自己也会亏损。所以从侧面证明了中国股票市场有效性增强，市场情况开始好转。

表 4-15　不同板块个股累积超额收益率基本统计情况

不同板块	最大值	最小值	均值	公司数（家）	CAR>0 公司数（家）		CAR≤0 公司数（家）	
					显著总数	P 值	显著总数	P 值
主板 CAR	1.06	-1.50	0.03	51	30	0.0001	21	0.0058
原中小板 CAR	0.57	-0.33	0.04	44	23	0.0000	21	0.0000
创业板 CAR	0.61	-0.28	0.04	20	10	0.0113	10	0.0023

为了反映事件期内股市的变化状况，这里绘制了不同板块日平均超额收益率 AAR 曲线和累计平均超额收益率 CAAR 曲线，如图 4-5 和图 4-6 所示，创业板市场 AAR 曲线波动最大，原中小板次之，主板市场波动最小。在事件前期，主板市场呈现比较稳定的状态，而创业板和原中小板波动较大。在操纵日当天，操纵者能够在创业板市场中使 AAR 急剧上升，获得巨大利润，在原中小板和主板市场中获得超额收益相对较低，事件后期各板块市场波动都逐渐减小。这一方面说明市场操纵行为对创业板股票市场的影响最大，即创业板最缺乏有效性；另一方面说明不管是在哪个板块，即使在操纵日当天实现了超额收益，但市场会快速消除这个影响，同样验证了市场操纵是一个短期化行为，尤其在创业板市场中。

如图 4-5 所示，在事件后期，创业板的日平均超额收益率 AAR 在 15 天后出现负值，并持续了 10 天左右，而原中小板和主板的日 AAR 只是在横轴上下小幅度波动。

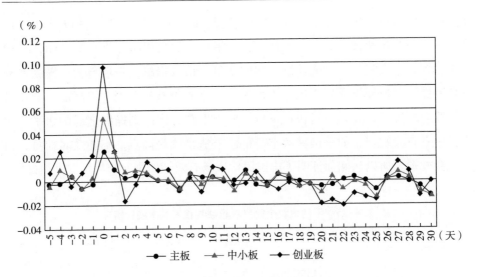

图4-5 不同板块日平均超额收益率

如图4-6所示,创业板累计平均超额收益率CAAR也是三个板块中在操纵当天上升幅度最大,操纵日后开始下降。这说明市场操纵对创业板股票影响程度最大,在操纵后一段时间内的影响也最深远。

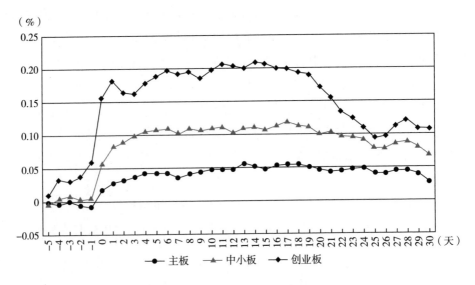

图4-6 不同板块累计平均超额收益率

四、研究结论与政策建议

（一）研究结论

本节以 2014~2021 年证监会公布的证券市场操纵案件为研究对象，其中操纵案件包括主板、原中小板和创业板共 126 只股票，通过事件研究法进行分析，从实证角度考察市场操纵对股票收益率影响的大小、程度、时长等，主要研究结论如下：

1. 市场操纵会使股票收益率发生偏离

操纵日前累计平均超额收益率较小，市场整体表现正常，但在操纵日股票的累计平均超额收益率达到最大值，这说明市场操纵行为确实会使股票收益率产生偏离；在操纵日之后各数值都减小了，即这种影响是暂时的，操纵者只能在短期里获得超额收益，一旦操纵者退出市场，这种影响便会消失。这体现了我国股票市场有效性正逐步提高，股票操纵者想长期操纵股价其实是无法实现的，市场操纵是极其短期的行为。

2. 操纵时长不同，市场操纵对股票收益率偏离的影响程度存在显著性差异

操纵时间越长，股票收益率偏离程度越大，一旦停止操纵，累计超额收益率就会下降。

3. 股权性质不同，市场操纵对股票收益率偏离的影响程度存在显著性差异

因为非国有企业从成本和可操作性角度来说操纵起来都相对容易，所以非国有企业的累计超额收益率远大于国有企业。

4. 股票所在板块不同，市场操纵对股票收益率偏离的影响程度存在显著性差异

原中小板和创业板市场的累计超额收益率远大于主板市场，一方面说明交易者在创业板和原中小板市场中更容易通过操纵行为获得更高的收益；另一方面也体现了原中小板和创业板比主板更缺乏有效性。

（二）政策建议

1. 加强投资者教育，正确引导投资者情绪

我国股票市场中操纵事件屡禁不止，而且市场操纵会使股票收益率发生偏离，使股票价格发生异常波动，在操纵期间，投资者情绪高涨，容易形成股价泡沫，在操纵事件之后，投资者情绪回落，股票价格发生异常波动甚至有股价

崩盘的风险，使投资者遭受巨大损失。因此，要通过加强投资者教育，同时进行法制宣传，正确引导投资者情绪，从而减少投资者的跟风行为和非理性决策，避免被虚假信息或是市场操控造成的假象所迷惑，做出错误判断，损害自身利益。

2. 加强市场监管，建立事前预警机制

尤其是加大对非国有企业以及原中小板和创业板市场中公司的监管。一般国有企业股票较难操纵，非国有企业的股票被操纵概率大且操纵后果影响严重。市场操纵给原中小板和创业板市场造成的股价波动比主板市场大，而且原中小板和创业板相比主板缺乏有效性。所以加强市场监管，要将监管重心放在容易发生违法事件的地方。同时应考虑改变监管方式，建立事前预警机制为主、事后监管为辅的工作机制，对证券市场进行实时监测。

第三节　市场操纵对流动性的影响研究

一、研究背景

第五次全国金融工作会议明确了保障国家金融安全的重要性，并指出金融市场、金融机构、金融产品体系的发展与完善应坚持质量优先。就资本市场而言，贯彻质量优先、效率至上的发展理念是提升服务实体经济效率、防范金融风险的根本要求。尤其是 2015 年我国股票市场出现异常波动后，涉及交易制度、上市公司法人治理、中小投资者保护等各方面的问题集中暴露出来，更加大了全面了解中国股票市场运行质量的紧迫性。在这样的背景下，关注中国股票市场质量的研究极具现实意义。股票市场质量的高低可以从多个角度来衡量，不仅涉及存量与增量资源配置的效率以及证券定价的效率（中国社会科学院金融研究所课题组等，2015），而且与股票市场上被禁止交易行为的严重程度有关。在一个公正透明的股票市场中，市场操纵等行为面临极高的违法违规成本，形成了极大的震慑作用，有利于保护广大中小投资者的合法权益（胡汝银，2004）。自 2015 年 A 股市场发生异常波动以来，监管部门加大了对破坏股票市场秩序行为的打击力度，并严厉查办市场操纵等违法违规行为，在防范和化解系统性金融风险上发挥了重要作用。

有鉴于此，本节尝试从股票市场操纵如何作用于市场流动性的角度出发，关注违规交易行为对市场质量的影响，以揭示维护市场公正对确保股票市场质量的重要意义。进一步地，考虑到交易型操纵中收盘价操纵手段往往会使股票价格表现出特定的变化特征（Carhart et al.，2002；Hillion and Suominen，2004；Ben-David et al.，2013），利用收盘价操纵识别模型，实现了上海证券交易所可疑收盘价操纵行为的监测，进而分析了收盘价操纵影响市场流动性的方向、程度及机制。另外，通过对不同样本期面板模型的估计结果进行比较，区别了不同市场行情（震荡、上涨、下跌及反弹）下操纵行为对市场流动性影响程度的相对大小。

本节的贡献主要体现在以下三点：第一，以往有关市场操纵影响市场流动性的研究成果中，主要依赖于交易所及监管机构所披露的市场操纵案例并采用事件分析法进行研究，通过引入基于分时高频交易数据的尾市价格偏离模型，首次实现了交易型操纵中收盘价操纵行为的有效监测，为采用事件分析法以外的方法研究操纵行为如何影响市场质量创造了条件。第二，构建了用于衡量投资者报价策略保守程度的指标——非最优报价占比，从实证角度论证了投资者报价策略的调整是收盘价操纵对市场流动性产生影响的关键因素，这为 Foucault（1998）关于收盘价操纵对市场流动性影响机制的理论阐述提供了支撑。第三，引入成交额加权相对有效价差指标，实现了对市场流动性更加准确的测度。在交易成本的传统度量指标中，收盘报价价差仅包含收盘时最优买入和卖出报价的订单信息，将交易日内绝大多数时间的交易成本剔除在外。时间加权相对报价价差忽略了股票价格会因订单执行而发生变动，以及随之引起的订单执行成本的变化，降低了交易成本的度量准确性（屈文洲和吴世农，2002；孙培源和施东晖，2002；张峥等，2013）。与之相比，按成交额加权的相对有效价差能更为精确地衡量股票交易成本。

二、文献回顾与收盘价操纵识别模型构建

（一）收盘价操纵对股票市场流动性的影响

股票收盘价决定了相关基金产品和金融衍生品的价值，往往成为被操纵的对象。市场操纵现象会打击投资者参与市场的积极性，从而对市场流动性产生影响（Pritchard，2003）。Glen（1994）建议通过更好的交易机制和监管制度设计既可以规范市场交易行为，以提升市场表现，也内在地包含了市场操纵等行为对市场运行质量的不利影响。有鉴于此，国内外学者围绕市场操纵如何影响市场流动性展开了大量研究。在理论研究方面，一方面，Foucault（1998）基于订单决策与价格形成的博弈模型，给出了关于操纵行为与市场流动性关系的理论阐释：当市场操纵加剧证券价格波动后，订单非执行风险相应下降，投资者会选取更为保守的报价策略，即在远离最佳买入卖出价的价格上提交订单，从而增大买卖价差和交易成本。进一步地，基于委托代理的收盘价操纵模型，Hillion 和 Suominen（2004）解释了收盘价操纵行为的动因，认为经纪人为了提高客户的满意度，具有操纵收盘价的动机，而这将会加剧股价波动，并伴随买卖价差的扩大；而 Aitken 等（2015a）将市场操纵对流动性的影响归因于做市商减少流动性供给，认为在市场操纵的作用下，证券价格波动往往具有一定趋势性，那些已在价格趋势性波动中获得价差收益的做市商可能会选择平仓或持有尽可能少的证券存货，此时流动性的减少倾向于扩大最佳买入卖出价差。

在实证研究方面，国内外学者倾向于利用监管部门已查处的市场操纵案件数据来展开。Comerton-Forde 和 Putnins（2011）基于 1997~2008 年纽约证券交易所、美国证券交易所和多伦多证券交易所市场操纵案例的实证分析表明，被操纵期间股票的买卖价差、收益率及交易规模等会显著增大。Huang 和 Chen（2005）基于我国台湾证券交易所股票价格操纵的实证研究表明，操纵行为会促使交易量增加和市场波动程度加剧，恶化市场深度，从而降低市场效率。李梦雨（2015b）运用事件分析方法对 2008~2014 年中国证监会所公布的市场操纵案例进行了实证研究，结果表明在操纵期间被操纵股票的日收益率、有效价差、价格波动性及交易规模均明显上升，从而论证了操纵行为会导致交易成本增加和市场有效性降低。另外，也有学者采用交易所有关市场操纵监管规则的完善程度作为测度指标。Cumming 等（2008）基于全球 42 个证券交易所交易规则构建了市场操纵规则指数，发现操纵指数与市场流动性呈正相关关系，即完善的市场操纵规则有助于改善市场流动性。

经过上述文献梳理可以发现，国内外学者主要基于交易所及监管机构所披露的市场操纵案例，采用事件分析法来展开研究。与真实发生的操纵行为相比，被披露的操纵案例数量明显较少，而且均为非随机样本数据，更为完整的市场操纵数据库的缺乏在一定程度上制约了实证研究的深入。作为替代，基于收盘价操纵后股票成交价格所表现出的特征，利用股票市场分时高频数据识别可疑的收盘价操纵行为具有一定的可行性。

（二）收盘价操纵行为的识别与监测

从国内外有关市场操纵识别的研究来看，部分学者发现被操纵期间股票价格序列及其波动性表现出不同于其他时期的特征，并据此提出了价格操纵行为的判别方法（Aggarwal and Wu，2003；Hanson and Oprea，2004；张维等，2011）；刘元海和陈伟忠（2003）也发现被操纵股票在股东人数变化和股价变动之间表现出协同演化特征，建议将其作为是否存在市场操纵的判定方法。实际上，由于涉及客户详细订单信息的全账簿数据难以获取，在很大程度上限制了市场操纵行为识别与监测研究的推进。但是，作为细分的市场操纵方式之一，交易型操纵主要通过二级市场证券交易来操纵证券价格或成交量，为基于公开可获得的市场交易数据实现交易型操纵的监测创造了条件①。在各类交易型操纵策略中，收盘价操纵是较为常见的策略之一。现有针对收盘价操纵的研究成果为构建可疑操纵行为的识别模型奠定了基础。具体来说，Carhart 等（2002）发现美国证券市场股价上涨主要集中在收盘前半小时内，这种上涨在季末尤其明显，作者将其归因于基金经理为改善基金收益对股票价格的操纵。Hillion 和 Suominen（2004）发现巴黎证券交易所往往在收盘前几分钟内出现股票价格及成交量大幅波动，并将其归因于市场操纵。Comerton-Forde 和 Putnins（2011）证明了在收盘价操纵的影响下，尾市期间交易活动及股票收益率显著增加。

同时，也有学者发现股票价格倾向于在被操纵的下一交易日内发生回转。Ben-David 等（2013）研究发现对冲基金重仓股在季末表现出 0.30% 的异常收益后，会在下一交易日发生 0.25% 的收益回转。Comerton-Forde 和 Putnins（2011）对被操纵股票当日收盘价与下一交易日上午 11 点买卖报价均值进行比较后发现，被操纵股票在下一交易日开盘后会发生显著价格逆转。Aggarwal 和 Wu（2006）研究表明股票价格在被操纵期间上涨后，往往会在随后的时期内出现明显下降。Stoll 和 Whaley（1987）与 Chamberlain 和 Kwan（1989）表明在指数期货及期权合约到期日，股票价格的平均回转水平明显提升。

---

① 根据 Allen 和 Gale（1992），市场操纵包含行动型操纵、信息型操纵、交易型操纵等多种类型。

总之，发生收盘价操纵后，股票成交价格倾向于表现出以下特征：股票价格在收盘结束前的最后时间内呈现出不同于其他交易日的异常波动，并在下一交易日回转至相对均衡的水平。基于该特征，借鉴 Aitken 等（2015a）的做法构建了尾市价格偏离模型（End of Day Price Dislocation Model）。具体来说，交易日 t 内股票 i 被判定为发生收盘价操纵，需同时满足以下两个条件：

（1）当天交易结束前 15 分钟内股票价格出现异常变化（Abnormal End-of-day Price Change）[①]，即

$$\Delta EOD_{it} > \overline{\Delta EOD_i} + 3\sigma_i \text{ 或 } \Delta EOD_{it} < \overline{\Delta EOD_i} - 3\sigma_i \tag{4-19}$$

其中，$\Delta EOD_{it} = (P_{eod, i_t} - P_{eod-15m, i_t}) / P_{eod-15m, i_t}$ 表示交易日 t 内股票 i 收盘价相对收盘前 15 分钟成交价格的变化率，$\overline{\Delta EOD_i} = 1/30 \times \sum_{t=-30}^{t=-1} \Delta EOD_{it}$ 为交易日 t 前 30 个交易日的滚动窗口下交易结束前 15 分钟股票价格变化率（End-of-day Price Change）的平均值，σ_i 为相同时间窗口下 ΔEOD_{it} 的标准差。

（2）与交易日 t 收盘价相比，下一交易日股票 i 的开盘价出现价格回转（Price Reversal），且价格回转幅度达到上一交易日尾市价格变化的 50% 以上，即

$$(CP_t - OP_{t+1}) / (CP_t - CP_{t-15mins}) \times 100\% \geqslant 50\% \tag{4-20}$$

其中，CP_t、$CP_{t-15mins}$ 分别为股票 i 在交易日 t 的收盘价及收盘前 15 分钟的成交价格，OP_{t+1} 为股票 i 在交易日 t+1 的开盘价。

另外，需要注意的是，符合上述判定条件的股票价格变化也可能是源于上市公司披露公告、谣言澄清等因素的影响，而与收盘价操纵无关。有鉴于此，采用 Reuters 全球新闻数据库过滤掉由上述因素导致的股票价格在收盘及开盘阶段的异常变动，以提升收盘价操纵识别监测的准确性与有效性。

上述收盘价操纵识别模型可以用来监测股票市场可疑的收盘价操纵行为，从而为拓展操纵影响市场流动性的研究提供了可能。区别于以往研究成果主要利用已查处市场操纵案件进行实证分析的做法，本节尝试利用可疑收盘价操纵的监测数据来论证前述文献中有关收盘价操纵影响市场流动性的结论：收盘价

[①] 根据《中国证券监督管理委员会证券市场操纵行为认定指引（试行）》，尾市交易操纵（收盘价操纵）是指行为人在即将收市时，通过拉抬、打压或锁定手段，操纵证券收市价格的行为，而即将收市是指证券交易所集中交易市场收市前的 15 分钟时间。

操纵行为会导致市场流动性降低；在影响机制方面，考虑到中国 A 股市场未实行做市商制度，进一步论证 Foucault（1998）所做理论阐述的合理性：操纵行为—加剧市场波动—降低订单非执行风险—投资者报价策略趋于保守—价差扩大及交易成本上升。

三、样本数据与研究设计

（一）样本选择与数据说明

本节以沪市股票的日度数据为样本来分析收盘价操纵对市场流动性的影响。为确保样本区间内股票数量的一致性，通常将区间内首次公开上市并交易的股票剔除在外。样本期开始时间越早，剔除掉股票的数量越多。有鉴于此，在对样本股票数量与样本期长度进行权衡后，将样本区间设定为 2013 年 1 月 4 日至 2016 年 9 月 30 日，并选取于 2013 年 1 月 4 日前上市的股票为研究样本。考虑到被实施风险警示后的股票往往会发生异常的价格波动，进一步剔除了样本区间内存在退市风险警示或其他风险警示实施记录的股票。经过处理后，符合要求的股票共计 832 只。本书所涉及的沪市样本股票分时高频交易数据来源于 Thomson Reuters Tick History 数据库。

（二）研究设计与变量定义

1. 市场流动性的度量

根据市场微观结构相关文献，买卖价差是衡量市场流动性的常见指标之一。作为隐性的交易成本，买卖价差代表了对立刻提供流动性的补偿，能够反映投资者买入卖出股票资产的便利程度。较低的买卖价差意味着较高的市场流动性（Amihud and Mendelson，1988）。常见的买卖价差指标为收盘时刻报价价差和交易日内按时间加权的相对报价价差等。收盘时刻报价价差仅涵盖了交易日内最后一个样本点的订单报价信息，只能度量交易最后时刻的股票交易成本；时间加权相对报价价差（Time Weighted Relative Quoted Spreads）的计算公式如下：

$$时间加权相对报价价差 = \sum_{t=1}^{n} W_{it} \times \frac{(P_{Ait} - P_{Bit})}{P_{Mit}} \tag{4-21}$$

其中，P_{Ait} 和 P_{Bit} 分别为股票 i 在交易日内 t 时刻的最佳卖出价格和最佳买入价格，P_{Mit} 为股票 i 在 t 时刻 P_{Ait} 和 P_{Bit} 的均值，W_{it} 为股票 i 在交易日内 t 时刻价差延续时间占当日总交易时间的比重（Siow and Aitken，2004）。尽管时间加权相对报价价差考虑了最佳买卖报价每一次变化所产生的影响，但该指标忽略了股票价格会因订单执行而发生变动，以及随之引起的订单执行成本的变化，这在一定程度上影响了其度量交易成本的准确性。为此，同时引入成交额加权的相对有效价差（Value Weighted Relative Effective Spreads），该指标将交易日内第 k 笔交易所对应的最佳买入卖出价格的平均值 P_{Mik} 作为股票 i 的内在价值，通过测算第 k 笔订单成交价格相对 P_{Mik} 的偏离程度实现交易成本的度量（Venkataraman，2001）。计算公式如下：

$$\text{成交额加权相对有效价差} = \sum_{k=1}^{N} W_{ik} \times \frac{2|P_{ik} - P_{Mik}|}{P_{Mik}} \qquad (4\text{-}22)$$

其中，P_{ik} 为股票 i 在交易日内第 k 笔交易的成交价格，P_{Mik} 为股票 i 在交易日内第 k 笔交易最佳卖出价格和最佳买入价格的均值，$|P_{ik}-P_{Mik}|$ 确保了不管交易为买方主动型交易（A Buyer-Initiated Trade）还是卖方主动型交易（A Seller-Initiated Trade），相对有效价差均为正值[①]。$|P_{ik}-P_{Mik}|$ 需乘以 2 是因为该指标旨在度量投资者买入股票后立即卖出时所面临的潜在交易成本。W_k 为股票 i 在交易日内第 k 笔订单成交额占当日总成交额的比重。

2. 研究模型

为论证收盘价操纵影响市场流动性的方向及程度，本书构建如下计量模型：

$$\text{Spread}_{it} = \alpha_0 + \alpha_1 \text{EOD}_{it} + \alpha_2 \text{Volatility}_{it-1} + \alpha_3 \text{Value}_{it-1} + \alpha_4 \text{Marketcap}_{it-1} + \alpha_5 \text{Price}_{it-1} + \varepsilon_{it}$$

$$(4\text{-}23)$$

其中，Spread_{it} 为被解释变量，分别用相对报价价差 QSP_{it}、相对有效价差 ESP_{it} 表示。EOD_{it} 为基于收盘价操纵识别模型生成的变量，当股票 i 被判定为可能发生收盘价操纵时为 1，否则为 0。参考 Stoll（2000）、雷倩华等（2012）、Aitken 等（2015a）等的做法，选择股票价格波动水平 Volatility_{it}、股票成交规模 Value_{it}、上市公司规模 Marketcap_{it}、股票价格水平 Price_{it} 作为市场流动性的控制变量，并对所有控制变量取滞后一期以避免控制变量的内生性。对于股票价格波动水平，设定 20 个交易日的滚动窗口来计算交易日 t 股票 i 收益率的标准差，用以衡量股票价格波动性水平。具体计算公式如下：

[①] 当交易为买方主动型交易时，买方会出不低于最低卖出价的报价以促成买入订单成交，此时 $P_{ik}>P_{Mik}$；当交易为卖方主动型交易时，卖方会出不高于最高买入价的报价以促成卖出订单成交，此时 $P_{ik}<P_{Mik}$。

$$\mathrm{Vol}_{it} = \sqrt{1/20 \times \sum_{j=0}^{19} (R_{i,\,t-j} - \overline{R}_{it})^2} \tag{4-24}$$

其中，$R_{it} = \log(P_{it}) - \log(P_{it-1})$ 为股票 i 在交易日 t 的对数收益率，$\overline{R}_{it}$ 为 20 个交易日内（交易日 $t-19$~交易日 t）股票 i 收益率的平均值。

进一步地，在收盘价操纵影响市场流动性的机制方面，为论证收盘价操纵是否通过加剧市场波动进而影响投资者的报价策略来影响交易成本和市场流动性，构建了衡量投资者报价偏离最优报价程度的指标——非最优报价占比（Non-Best Quote Ratio，NBQR），该指标为五档报价深度中除最优买卖报价深度以外其他部分的占比，计算公式如下：

$$\mathrm{NBQR}_{it} = \frac{\mathrm{Depth5}_{it} - \mathrm{Depth1}_{it}}{\mathrm{Depth5}_{it}} \times 100\% \tag{4-25}$$

$$\mathrm{Depth1}_{it} = \sum W_{it} \times (\mathrm{BestAsk}_{it} \times \mathrm{Volume\_ask}_{it} + \mathrm{BestBid}_{it} \times \mathrm{Volume\_bid}_{it}) \tag{4-26}$$

$$\mathrm{Depth5}_{it} = \sum W_{it} \times \sum_{j=1}^{5} \mathrm{Ask}_{ijt} \times \mathrm{Volume\_ask}_{ijt} + \mathrm{Bid}_{ijt} \times \mathrm{Volume\_bid}_{ijt} \tag{4-27}$$

其中，$\mathrm{Depth1}_{it}$、$\mathrm{Depth5}_{it}$ 分别为一档报价及五档报价对应的市场深度；$\mathrm{BestAsk}_{it}$ 和 $\mathrm{BestBid}_{it}$ 分别为股票 i 在交易时间 t 的最低卖出报价和最高买入报价，$\mathrm{Volume\_ask}_{it}$ 和 $\mathrm{Volume\_bid}_{it}$ 分别为股票 i 在交易时间 t 最低卖出报价和最高买入报价所对应的订单数量；Ask_{ijt} 和 Bid_{ijt} 分别为股票 i 在交易时间 t 的第 j 档卖出报价和买入报价（$j=1$，2，$\cdots$，5），$\mathrm{Volume\_ask}_{ijt}$ 和 $\mathrm{Volume\_bid}_{ijt}$ 分别为股票 i 在交易时间 t 第 j 档卖出报价和买入报价所对应的订单数量（$j=1$，2，$\cdots$，5）。另外，W_{it} 为股票 i 在交易日内 t 时刻报价持续时间占当日总交易时间的比重。

一档报价深度代表了最佳买入卖出报价（Quote at the Best Bid and Offer）所对应的订单价值，能够反映瞬间达成交易的订单规模的大小。非最优报价占比越大，表明五档报价中能够瞬间达成交易订单的规模越小，投资者所提交订单对应的价格越远离最佳买入卖出价，反映出投资者的报价策略越保守。为论证收盘价操纵对投资者报价策略的影响，构建如下计量模型：

$$\mathrm{NBQR}_{it} = \beta_0 + \beta_1 \mathrm{EOD}_{it} + \beta_2 \mathrm{Volatility}_{it-1} + \beta_3 \mathrm{Value}_{it-1} + \beta_4 \mathrm{Marketcap}_{it-1} + \beta_5 \mathrm{Price}_{it-1} + \varepsilon_{it} \tag{4-28}$$

其中，非最优报价占比（$NBQR_{it}$）为被解释变量，EOD_{it} 为基于收盘价操纵识别模型生成的变量，控制变量的选取与前文一致。模型涉及所有变量如表 4-16 所示。

表 4-16 变量定义及简要描述

变量名	简要描述
QSP	时间加权相对报价价差，根据公式（4-21）计算得出
ESP	成交额加权相对有效价差，根据公式（4-22）计算得出
NBQR	非最优报价占比，根据公式（4-25）计算得出
EOD	基于收盘价操纵识别模型生成的变量，被判定为可能发生收盘价操纵时为 1，否则为 0
Volatility	股票价格波动水平，用 20 个滚动窗口下日收益率的标准差表示
Value	股票交易规模，用日成交额的自然对数表示
Marketcap	上市公司规模，用总市值的自然对数表示
Price	股票价格水平，用股票收盘价格表示

四、实证结果分析

（一）变量描述性统计

表 4-17 为模型变量的描述性统计。其中，沪市相对报价价差平均值为 0.160%，相对有效价差平均值为 0.216%，与张峥等（2013）、屈文洲和吴世农（2002）、孙培源和施东晖（2002）等对价差的估计基本一致；非最优报价占比的平均值为 0.793，表明五档报价深度中非最优报价对应深度占比的平均值保持在 79.3%；基于收盘价操纵识别模型所得到 EOD_{it} 的平均值为 0.234%，表明上海证券交易所如果在某个交易日有 1000 只股票进行交易，则平均有 2.34 只股票可能发生收盘价操纵。然而，全球 35 个主要证券交易所收盘价操纵行为发生的概率为 0.09%（Aitken et al., 2015a）。由此可见，我国股票市场发生收盘价操纵的可能性仍相对较高。

表 4-17 收盘价操纵识别模型变量描述性统计

变量	观测值	均值	标准差	中位数
QSP（%）	708343	0.160	0.085	0.141
ESP（%）	708359	0.216	0.112	0.193

续表

变量	观测值	均值	标准差	中位数
NBQR	702561	0.793	1.850	0.860
EOD（%）	713035	0.234	4.832	0
Volatility	713032	0.027	0.014	0.024
Value	710615	18.479	1.356	18.460
Marketcap	713035	22.929	1.129	22.740
Price	713035	12.610	11.991	9.580

为进一步验证收盘价操纵识别模型的有效性，本节收集整理了证监会已处罚市场操纵案件涉及的股票，并与模型监测结果进行了比较[1]。经比较后发现，发生在 2013 年至 2016 年 9 月的市场操纵案件中涉及 27 只沪市股票[2]，其中有 16 只股票被 EOD 模型成功监测到（见表 4-18），这充分表明该识别模型在监测操纵行为方面具有一定的准确性。

表 4-18　由 EOD 模型监测到的已查处市场操纵案件汇总

市场操纵案件	成功监测的操纵标的股票代码	案件依据
鲜言操纵"多伦股份"股票案	600696	证监罚字（2017）29 号
穗富投资操纵"宁波富邦"股票案	600768	证监罚字（2017）27 号
唐汉博等操纵"小商品城"股票案	600415	证监罚字（2017）21 号
任良成操纵"云煤能源"股票案	600792	证监罚字（2016）121 号
朱炜明操纵"上海物贸"股票案	600822	证监罚字（2016）87 号
彭旭操纵"美都能源"股票案	600175	证监罚字（2016）76 号
瞿明淑操纵"中科英华"等股票案	600110、600006、600569、600971	证监罚字（2016）75 号
唐隆操纵"渤海活塞"股票案	600960	证监罚字（2016）51 号
王如增等操纵"宝泰隆"股票案	601011	证监罚字（2016）26 号
陈明贤操纵"上工申贝"等股票案	600757、601636、600843	证监罚字（2016）10 号
李国东操纵"长春一东"股票案	600148	证监罚字（2014）78 号

资料来源：中国证监会网站。

---

①　收盘价操纵识别模型的合理性需经过充分论证，对此本节将模型监测结果与中国证监会已查处市场操纵案件涉及的股票进行了对比。对匿名审稿专家这一富有建设性的意见表示感谢。

②　在经过调查、发现、起诉、审判等一系列环节后，监管部门才对市场操纵者作出处罚，这导致市场操纵行为可能在发生很长一段时间后才会受到处罚，因而本节所选取样本期内已处罚案件涉及的操纵标的股票数量相对较少。

（二）回归结果分析

表4-19列出了以相对报价价差、相对有效价差为被解释变量时面板模型回归的估计结果。为了比较估计结果的合理性，同时给出了混合面板（OLS）、固定效应（FE）和随机效应（RE）的估计结果。估计结果显示，在1%的显著性水平下，相对报价价差作为流动性度量指标时混合面板、固定效应和随机效应估计结果中EOD系数显著为正，收盘价操纵每增加（减少）10%将会引起相对报价价差上升（下降）0.25%左右；相对有效价差作为度量指标时混合面板、固定效应和随机效应估计结果中EOD系数也显著为正，收盘价操纵每增加（减少）10%将会引起相对有效价差上升（下降）1.30%左右。这充分表明，操纵行为会导致股票市场交易成本上升和流动性下降。

表4-19　操纵行为影响市场流动性的回归结果

变量	相对报价价差（QSP）			相对有效价差（ESP）		
	OLS	FE	RE	OLS	FE	RE
EOD	0.0255*** （9.7845）	0.0245*** （11.2101）	0.0245*** （11.2279）	0.1319*** （16.6728）	0.1285*** （16.6176）	0.1287*** （16.6345）
Volatility	0.6380*** （7.7129）	0.7635*** （28.2483）	0.7571*** （27.9237）	2.1772*** （25.6782）	2.1940*** （59.5305）	2.1766*** （58.5947）
Value	−0.0320*** （−19.3702）	−0.0207*** （−26.2705）	−0.0209*** （−27.1732）	−0.0265*** （−16.1058）	−0.0126*** （−12.0322）	−0.0133*** （−13.3830）
Marketcap	0.0129*** （5.5738）	−0.0504*** （−13.4450）	−0.0486*** （−13.7585）	0.0058** （2.5497）	−0.0610*** （−12.7468）	−0.0559*** （−13.4746）
Price	−0.0021*** （−3.4922）	0.0009*** （5.7567）	0.0008*** （5.5573）	−0.0021*** （−3.5134）	0.0013*** （6.7539）	0.0011*** （6.4102）
常数项	0.4640*** （11.5987）	1.6666*** （21.4210）	1.6306*** （21.9195）	0.5369*** （13.6388）	1.7724*** （18.3544）	1.6682*** （19.7992）
样本量	554529	554529	554529	554540	554540	554540
R^2	0.2957	0.3025	0.3025	0.1549	0.1136	0.1134

为评估由收盘价操纵引发的股价波动对买卖价差可能产生的影响，需要剔除掉股票价格自发波动对买卖价差的作用，因而同时控制股票价格的自然波动，将股票价格波动水平（Volatility）作为控制变量。该变量的回归系数显著为正，表明股价波动程度增强会导致交易成本上升，这与 Foucault（1998）的观点一致：股价波动加剧会降低订单非执行风险，从而使投资者选择相对保守的报价策略，导致买卖价差加大。其他控制变量中，股票交易规模（Value）系数均显著为负，除混合面板估计结果外，上市公司规模（Marketcap）系数也显著为负，反映出对于市值规模较大、成交额较高的上市公司股票，其买卖价差往往较小，流动性较高，这与雷倩华等（2012）、Aitken 等（2015b）的估计结果一致。

为进一步分析以上估计结果的有效性，采用 Hausman 检验对固定效应及随机效应的回归结果进行了比较。以相对报价价差为被解释变量分别使用固定效应和随机效应方法进行估计后，Hausman 检验值为 2023.95，在 1% 的显著性水平下不能接受原假设，因而固定效应模型的估计结果更为可靠。同样，以相对有效价差为被解释变量分别使用固定效应和随机效应方法进行估计后，Hausman 检验值为 2230.08，在 1% 的显著性水平下也不能接受原假设。据此，本节选择固定效应估计结果作为参照基准。

表 4-20 给出了非最优报价占比为被解释变量时面板模型回归的估计结果。可以看出，在 1% 的显著性水平下，混合面板、固定效应和随机效应估计结果中 EOD 系数均显著为正，收盘价操纵每增加（减少）10% 将会引起非最优报价占比上升（下降）0.35% 左右，表明受收盘价操纵的影响，投资者倾向于采取远离最优买入卖出价格的报价策略。控制变量中，Volatility 系数均显著为正，股票价格波动程度每提高（降低）10% 会引起非最优报价占比上升（下降）0.007% 左右，表明在一个股票价格波动较为剧烈的市场中，投资者往往采取更为保守的报价策略。因此，收盘价操纵引起股票价格波动加剧后，投资者提交订单无法顺利执行的风险有所降低，受此影响，投资者倾向于采取更为保守的报价策略，以低于最优买入报价或高于最优卖出报价的价格提交订单，而这往往会导致股票交易成本提升和市场流动性下降（Foucault，1998）。另外，基于固定效应和随机效应估计得到的 Hausman 检验值为 363.57，表明在 1% 的显著性水平下不能接受原假设，固定效应模型的估计结果更为可靠。

表 4-20　操纵行为影响投资者报价策略的回归结果

非最优报价占比 （NBQR）	OLS		FE		RE	
	回归系数	t 统计量	回归系数	t 统计量	回归系数	t 统计量
EOD	0.0359***	8.3685	0.0326***	7.1207	0.0359***	8.3685
Volatility	0.0007***	15.2794	0.0008***	14.2093	0.0007***	15.2794
Value	−0.0447***	−12.2888	−0.0163***	−4.6975	−0.0447***	−12.2888
Marketcap	0.0341***	11.4653	−0.1122***	−8.0912	0.0341***	11.4653
Price	−0.0029***	−2.9168	−0.0036***	−3.2894	−0.0029***	−2.9168
常数项	0.8685***	18.7603	3.7047***	13.2335	0.8685***	18.7603
样本量	532217		532217		532217	
R^2	0.0009		0.0342		0.0900	

（三）稳健性检验

为检验收盘价操纵与市场流动性关系研究结论的稳健性，进行如下稳健性检验：

1. 采用周度数据和月度数据进行模型估计

在将 2013 年 1 月 4 日~2016 年 9 月 30 日沪市 832 只股票的日度数据转换为周度数据时，针对是否疑似发生收盘价操纵的虚拟变量，对每周内的 EOD 变量求和得到，针对买卖价差、股票价格波动水平等其他变量，均由每周内对应变量取平均值得到。考虑到固定效应模型的估计结果更为可靠，仅列出了分别以相对报价价差和相对有效价差为流动性度量指标时固定效应的估计结果（见表 4-21）。由估计结果可以看出，EOD 等变量的回归系数均显著，回归系数的符号也与日度数据的回归结果基本一致。

表 4-21　稳健性检验 I 结果

变量	周度数据		月度数据	
	QSP	ESP	QSP	ESP
EOD	0.0143*** （11.8563）	0.0680*** （18.3765）	0.0015 （1.5340）	0.0204*** （9.6475）
Volatility	0.7861*** （30.4831）	2.0838*** （58.4429）	0.8048*** （31.1467）	1.5880*** （42.5874）

续表

变量	周度数据		月度数据	
	QSP	ESP	QSP	ESP
Value	-0.0242*** (-28.6447)	-0.0179*** (-16.5795)	-0.0275*** (-26.8144)	-0.0203*** (-16.4247)
Marketcap	-0.0435*** (-12.6725)	-0.0487*** (-11.4295)	-0.0358*** (-11.2785)	-0.0375*** (-8.9539)
Price	0.0010*** (6.2867)	0.0016*** (7.1248)	0.0012*** (6.9627)	0.0022*** (7.5423)
常数项	1.5729*** (21.9706)	1.5882*** (18.3639)	1.4535*** (21.7457)	1.3824*** (16.1328)
样本量	148100	148101	34808	34808
R^2	0.4222	0.1716	0.4497	0.1666

同样地，利用上述数据频率转换方法，也可以得到 2013 年 1 月 4 日~2016 年 9 月 30 日沪市 832 只股票的月度数据。基于月度数据的回归结果（见表 4-21）也表明，除相对报价价差为被解释变量时 EOD 系数不显著外，其他回归结果基本与预期保持一致。

2. 收盘价操纵与市场流动性关系的分阶段检验

为进一步验证上述实证结论的稳健性，并探究当股票市场处于不同行情（震荡、上涨、下跌或反弹）时收盘价操纵对市场流动性影响程度的相对大小，根据上证综合指数的波动情况，将整个样本区间细分为震荡、上涨、下跌及反弹四个阶段[①]，并得到了四个阶段内固定效应的回归结果（见表 4-22）。由相对报价价差的回归结果可以看出，一方面，从回归系数的符号来看，无论中国股票市场行情如何，EOD 回归系数均显著且符号与前述回归结果一致，表明收盘价操纵影响市场流动性的方向不会因股票市场行情而有所变化；另一方面，

---

① 2013 年 1 月 4 日~2014 年 7 月 21 日为震荡阶段，该阶段内上证综指在 1849.65~2444.80 波动；2014 年 7 月 22 日~2015 年 6 月 12 日为上涨阶段，该阶段内上证综指呈单边上涨态势，并于 2015 年 6 月 12 日达到最高点 5178.19；2015 年 6 月 13 日~2016 年 1 月 27 日为下跌阶段，该阶段内上证综指由最高点逐步下跌至 2638.30；2016 年 1 月 28 日~9 月 30 日为反弹阶段，该阶段内上证综指最高达到 3144.44。

从回归系数值来看，当股票市场处于下跌和震荡阶段时，EOD 系数分别为 0.0422 和 0.0187，明显高于股票市场处于上涨和反弹阶段时 EOD 的回归系数（0.0131 和 0.0142），表明收盘价操纵对流动性的不利影响往往在股票市场下跌或震荡时更为突出，而在股票市场上涨或反弹时有所减弱。同样地，相对有效价差的回归结果也可以得出相同结论。

表4-22 稳健性检验 II 结果

变量	相对报价价差（QSP）				相对有效价差（ESP）			
	震荡阶段	上涨阶段	下跌阶段	反弹阶段	震荡阶段	上涨阶段	下跌阶段	反弹阶段
EOD	0.0187 *** (4.6525)	0.0131 *** (3.9969)	0.0422 *** (12.1051)	0.0142 *** (4.9837)	0.1264 *** (11.5196)	0.1109 *** (4.3515)	0.1688 *** (11.2556)	0.0653 *** (6.5415)
Volatility	0.5488 *** (13.5935)	0.1515 ** (2.2145)	0.5342 *** (19.0558)	0.7826 *** (18.3053)	1.0759 *** (18.1072)	0.7851 *** (8.9533)	2.2175 *** (33.8770)	2.3427 *** (39.4008)
Value	−0.0749 *** (−8.4225)	−0.0833 *** (−9.7744)	−0.0680 *** (−10.8215)	−0.0513 *** (−6.3199)	−0.0887 *** (−8.9934)	−0.0715 *** (−7.9353)	−0.0716 *** (−8.6025)	−0.0802 *** (−7.3065)
Marketcap	−0.0141 *** (−16.4816)	−0.0092 *** (−8.4462)	−0.0078 *** (−9.4088)	−0.0072 *** (−9.4240)	−0.0015 (−1.4297)	0.0020 (1.6163)	−0.0044 ** (−2.2783)	0.0038 *** (3.5541)
Price	0.0008 ** (2.5156)	0.0024 *** (5.7709)	0.0006 *** (3.1974)	−0.0010 ** (−2.3838)	0.0007 * (1.9309)	0.0027 *** (5.9379)	0.0015 *** (4.4807)	−0.0010 ** (−2.3556)
常数项	2.1080 *** (11.3584)	2.1914 *** (12.3710)	1.8431 *** (13.9736)	1.4617 *** (8.2290)	2.2318 *** (10.8177)	1.7470 *** (9.3007)	1.8631 *** (11.0553)	1.9283 *** (8.0707)
样本量	232546	132356	88063	101564	232546	132356	88071	101567
R^2	0.1500	0.2666	0.0817	0.0931	0.0425	0.0384	0.0833	0.1633

总之，针对收盘价操纵对市场流动性影响方向及程度的分析，当选取不同的市场流动性测度指标（相对报价价差或相对有效价差）、不同的样本数据频率（日度、周度或月度数据）以及不同的样本期（根据股票市场行情划分为4个子样本期）时，面板模型的估计结果基本保持一致；针对收盘价操纵对市场流动性影响机制的分析，采用混合回归、固定效应及随机效应回归的估计结果也基本保持一致。因此，本节的结论是稳健的。

五、结论与启示

本节基于收盘价操纵后股票成交价格所表现出的特征，构建了收盘价操纵行为的识别模型，并利用中国股票市场的分时高频交易数据实现了可疑收盘价操纵行为的识别与监测。上交所可疑收盘价操纵的监测结果显示，股票操纵发生概率的平均值为 0.234%，表明上交所如果在某个交易日有 1000 只股票进行交易，则平均有 2.34 只股票可能发生收盘价操纵。经过与证监会已处罚市场操纵案件中操纵标的股票进行比较后发现，2013 年至 2016 年 9 月沪市 27 只操纵标的的股票中，有 16 只股票因符合尾市价格偏离模型的判定条件而被成功监测到，表明该识别模型在监测操纵行为上具有一定的有效性。

进一步地，作为对现有成果中主要利用已查处市场操纵案件数据来展开研究的拓展，本节以 2013 年至 2016 年 9 月沪市 832 只股票的面板数据为研究样本，基于可疑收盘价操纵的监测数据论证了收盘价操纵对市场流动性的影响。研究发现：①在影响方向及程度方面，收盘价操纵每增加（减少）10% 将会引起相对报价价差上升（下降）0.25% 左右，引起相对有效价差上升（下降）1.30% 左右，表明操纵行为会导致股票市场交易成本上升和流动性下降；②在影响机制方面，收盘价操纵每增加（减少）10% 将会引起非最优报价占比上升（下降）0.35% 左右，表明受收盘价操纵的影响，投资者倾向于选择远离最优买入卖出价格的报价策略，趋于保守化的报价策略容易导致股票交易成本提升和市场流动性下降，而引发投资者调整报价策略的原因可能是股价波动加剧后订单非执行风险的降低；③分阶段的回归估计结果进一步表明，当股票市场处于下跌和震荡阶段时，收盘价操纵对市场流动性的不利影响往往更为显著，而当股票市场步入上涨和反弹阶段后，该影响会有所减弱；④除收盘价操纵外，股票价格波动也是影响市场流动性水平的重要因素：股价波动程度越高，买卖价差越大，市场流动性越低。

上述实证分析结论对改善我国股票市场流动性和提升股票市场质量具有深刻的政策启示。一方面，鉴于操纵行为对市场流动性的不利影响，监管部门应建设与完善市场操纵行为的监测预警体系，增强市场操纵等违法违规行为的发现能力，并通过加大处罚力度来提升其违法违规成本。尤其是操纵行为的不利影响在股票市场震荡或下跌时更显著，此时应进一步加强对操纵行为的监管力度。市场操纵行为的有效遏制不仅能直接地维护市场公正原则，而且有利于交易成本下降和市场流动性改善，从而促进市场质量不断改善。另一方面，鉴于市场波动对交易成本的显著影响，建议监管部门进一步引导养老金等机构投资者进入股票市场，通过优化投资者结构来缓解当前我国股票市场投机性强、换手率高的现象，从而弱化股票价格波动对市场流动性的不利影响。

第五章　市场操纵的预警机制研究

　　市场操纵的类型复杂、手法众多，因操纵手段、实施时间和标的股票的不同，操纵后股价走势相去甚远，所以通过简单的指标或条件对市场操纵进行预警可谓困难重重。相较于连续交易时段的市场操纵，收盘价操纵是学术界研究较多，也是发生频率较高的操纵模式。本章首先着眼于收盘价格操纵的预警机制设计，其次将其推广至其他交易时段。特别地，鉴于无法获得开盘集合竞价阶段账户组的申报和撤单信息，因此仅能针对价格、成交量等变化设计相应的预警指标。

第一节　市场操纵行为的策略分析

　　在构建尾盘、连续交易和开盘阶段的市场操纵预警模型之前，有必要对常见的市场操纵策略进行分析，从中寻找出操纵者诱发股票价格和交易量变化的手段，使得在预警指标设计时更加有的放矢。

一、传统市场操纵行为的策略分析

（一）交易型操纵的策略分析

　　在交易型操纵中，连续交易操纵、洗售交易操纵、虚假申报操纵、收盘价操纵是最为常见的操纵方式。本书通过梳理已披露的证监会交易型操纵处罚案例，总结了交易型操纵的具体策略特征。一是对连续交易操纵和洗售交易操纵而言，其主要表现为：一方面，市场操纵者往往具有资金优势、持股优势，在二级市场上利用资金优势影响股价，在二级市场上造成市场活跃的假象，吸引投资者跟风操纵；另一方面，在操纵过程中，连续交易操纵者在建仓后迅速增加被操纵股票流通股占总流通股比例，通过在实际控制的账户之间进行交易拉抬股价，在拉抬股价后卖出获利。二是对于收盘价操纵而言，表现为操纵者在尾市阶段紧盯股票做市商卖一价格和卖一数量，逐步提高申买价，拉抬股票价格，在次日卖出。三是对于虚假申报操纵及开盘价操纵而言，表现为市场操纵者在连续竞价阶段及集合竞价阶段高价申报、连续申报股票，在申报仅几秒后撤回，撤单占比高，申报驻留时间短，影响股票价格，随后卖出持有的股票进行获利。

（二）信息型操纵的策略分析

信息型操纵包含了内幕交易、信息披露违规等违法行为的特点，不仅对资本市场造成了极其恶劣的影响，而且容易引发系统性金融风险，原因在于：一方面，信息型市场操纵使市场指数或者个股价格在短期内突然大幅度下降；另一方面，市场操纵信息的囤积使个股价格不能及时反映公司基本面的真实信息，当这些囤积起来的坏消息毫无预兆地集中向市场发布时，会带来市场指数及个股价格急剧下跌，引发股价崩盘，进而可能诱发整个资本市场的系统性金融风险。现阶段中国股票市场的信息型操纵主要策略包括：①控制信息披露节奏，建仓期延迟信息披露，拉升期集中披露利好消息；②高管减持前选择性披露利好消息，对风险揭示语焉不详或不予披露；③炒作次新股，做"迎合式"信息披露；④编造、传播虚假信息，并通过网络媒体（微博、Blackrock、投资界、QQ 等）影响投资者情绪。此外，信息型操纵一般会辅以交易型操纵，实现造势的目的。

二、新型市场操纵行为的策略分析

（一）基于垫单信号的操纵策略分析

基于垫单信号的市场操纵策略是指操纵者在某一价格档位上提交大量买入或卖出委托，以此作为信号"召唤"其他协同者进入市场进行同方向操作，助推标的证券价格上升或下降，从而向市场传递交易活跃的信号，以诱导其他投资者跟风买入或卖出的操纵策略。鉴于垫单信号操纵的手法较为新颖，操纵的侦测和预警较为困难，因此仅有为数不多的业界团队（如迈拓金融市场大数据分析团队）对此进行了深入研究。他们基于分时高频交易数据，采用双信号叠加识别、订单不平衡阈值判断等方式，成功监测出中国股票市场的垫单信号操纵行为。

具体来说，研究者需要首先识别两层垫单信号。根据监管者和业内人士提供的市场操纵数据，本书以买入委托的垫单信号操纵策略为例，将一层垫单信号定义为最优五层订单内任意一层的委托量大于或等于最优五层订单总量的50%；将二层垫单信号定义为任意两层的委托量分别大于或等于最优五层订单总量的35%；将双信号叠加定义为一层垫单信号出现后接着出现二层垫单信号（二者之间允许有垫单信号消失），并且二层垫单信号出现时的证券价格高于一层垫单信号出现时的证券价格。当操纵者向市场中发出垫单信号后，协同者将会有15秒的反应时间，称为反应期。当反应期结束后的30秒内，市场中的委托单又突破了订单不平衡的阈值，即买方发起的交易达到或超过30秒内市场总交易量的75%，并且买方发起的交易次数达到或超过30秒内市场总交易次数的50%，那么就认定其为一次可疑的垫单信号市场操纵。

图5-1为晶晨股份（股票代码688099）和良品铺子（股票代码603719）于2020年8月18日股票价格和成交量走势图（曲线为股票价格，曲线面积为成交量），这两只股票均在监测当日出现21次垫单信号，其股票价格和成交量也出现异常，因此上述策略较为成功地操纵了股价，应成为监管机构关注的新型操纵手法之一。

（二）基于分层诱单的操纵策略分析

基于分层诱单的操纵策略是指操纵者利用程序化交易，在次优价格下（一般为第2~第5层订单）提交大量委托单，造成买方或卖方订单不平衡的错觉，引诱其他投资者提高最优买价或降低最优卖价以尽快成交，当价格向操纵者期望的方向变化时，操纵者即刻撤单，然后进行反向操作，从而达到在更好价格下成交的目的。

本章以操纵者提高最优卖价，意图以高价卖出股票获利为例，来说明分层诱单的具体操纵策略。假设市场上股票A的最优买入报价为9.00元，最优卖出报价为9.10元。操纵者先在8.99元的价位上提交大量买单，形成买方压力。这一报价策略极易诱导需要即时成交或不太耐心的买入者将最优买入报价提高至9.10元，从而实现成交。大量非知情交易者观察到这一现象后，会跟风提高

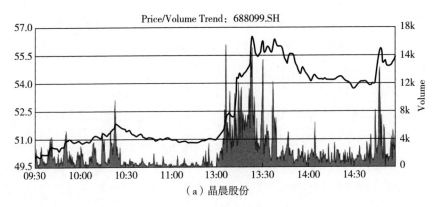

（a）晶晨股份

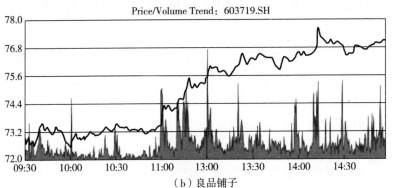

（b）良品铺子

图 5-1　垫单信号操纵案例示意

买方报价，很可能一段时间后，最优买入报价会变为 9.50 元，而最优卖出报价变为 9.60 元。此时操纵者撤销之前 8.99 元的买入委托申请，在 9.50 元的价位上提交卖出订单，从而实现将自己持有的股票以 9.50 元卖出的目的。

值得注意的是，上述例子仅仅是一个简化的版本，在真实的市场操纵案例中，操纵者可能基于程序化交易的算法，多次提交买入或卖出订单，将自己手中的筹码分批次卖出。而对于分层诱单的监察，一般需要拥有账户信息，即能够证明买入或卖出的操作出于一个实际控制人之手。在司法实践中，英国证监会曾经查处过类似的案例，利用 SMARTS 系统在法庭上复盘了整个操纵过程。但受限于数据的保密性，本书未能展示案例原貌。上述操纵策略在中国证券市场上也时有发生，并且程序化交易导致订单的数量常常是一系列较为奇怪的数字，因此监管机构可以利用上述特点，涉及反程序化交易的分层诱单侦察策略。

第二节　收盘价格操纵的预警机制研究

本章首先运用案例分析的方法，对收盘价格操纵的股票特征、市场表现等进行研究。重点分析"厦门北八道集团市场操纵案"。该集团利用 300 多个股票账户，100 多台电脑，10 多位操盘手，于 2017 年 2~5 月操纵次新股"张家港行""江阴银行""和胜股份"。此案件是迄今为止中国证监会开出的最大罚单。证监会对厦门北八道集团做出"没一罚五"的顶格处罚，罚没款总计约 55 亿元。表 5-1 对 2010~2019 年收盘价格操纵的标的股票及操纵手法进行汇总，这些信息将有助于后文构建收盘价格操纵的预警指标。

表 5-1　2010~2019 年尾盘操纵股票及操纵手法汇总

操纵股票	操纵日期	具体操纵手法
山煤国际	2010 年 6 月 1 日	收盘阶段以涨停价大量对倒交易，次日卖出获利
京东方 A	2010 年 6 月 7 日、9 日	尾盘阶段连续大量申报买入，第三日卖出
神城 A 退（ST 中冠 A）	2012 年 9 月 10~28 日	尾盘阶段虚假申报、盘中反向成交、收盘阶段虚假申报
中联重科	2010 年 7 月 29 日	尾盘虚假申报拉抬股价、次日卖出
中科三环、华资实业、长春一东、辉煌科技、银基发展（ST 烯碳）	2012 年 5 月 21 日	尾盘虚假申报拉抬股价、次日卖出
北京旅游（北京文化）	2013 年 2 月 1 日、4 日	从盘中虚假申报或买入成交，拉抬股价直至尾盘阶段
暴风科技	2015 年 7 月 31 日	从盘中开始一直到尾盘阶段采用虚假申报、少量成交量策略拉抬股价
全通教育	2015 年 3 月 20 日	尾盘阶段大量申报买入，次日卖出
中科金财	2015 年 5 月 11 日	尾盘阶段大量申报买入
如意集团、奋达科技	2015 年	盘中至盘尾阶段以涨停价连续申报买入、虚假申报
暴风科技、深圳华强、仙坛股份	2015 年 5 月 6 日	从连续竞价到尾盘阶段大量虚假申报拉升股价、次日卖出获利
和顺电气	2011 年 11 月 23 日	尾盘阶段大量申报买入，次日卖出获利

续表

操纵股票	操纵日期	具体操纵手法
康力电梯、广田集团、金通灵、圣莱达、卫宁软件、理邦仪器、沙钢股份	2012 年 1 月 11 日	尾盘阶段大量申报买入，次日卖出获利
旗滨集团	2013 年 3 月 29 日	从盘中开始至尾盘阶段对倒交易
北海港、宝泰隆	2013 年	尾盘阶段大量申报买入
科新机电	2012 年 12 月 7 日	尾盘阶段虚假申报维持高股价
国农科技、鸿特精密（派生科技）、金宇车城、万福生科（佳沃股份）	2015 年 6 月 29 日	尾盘阶段大量买入成交拉升收盘价
小商品城	2016 年 2 月 16 日	尾盘阶段大量买入成交拉升收盘价
丰华股份、粤水电、海信科龙	2016 年 2 月 2 日	盘中至尾盘阶段对倒交易拉抬股价
栋梁新材（TS）	2014 年 10 月 30 日	尾盘阶段大量申报买入，次日卖出
文一科技、恒源煤电、西宁特钢、新钢股份	2015 年 9 月 10 日	尾盘阶段高价大量申报买入
云煤能源	2015 年 9 月 18 日	尾盘阶段连续高价申买、对倒交易
宝信软件	2015 年 7 月 3 日、7 日、27 日，9 月 2 日	尾盘大量买入并于次一交易日卖出
联发股份	2015 年 7 月 3 日	尾盘大量买入并于次一交易日卖出
宝鼎科技	2016 年 5 月 19 日	尾盘虚假申报拉抬股价
永艺股份	2016 年 6 月 7 日、13 日、14 日	尾盘大量买入
云南锗业	2016 年 2 月 25 日	尾盘阶段大量买入成交，次日卖出
圣农发展	2015 年 2 月 5 日	尾盘阶段大量买入成交，次日卖出
浩丰科技	2015 年 9 月 8 日	尾盘阶段以涨停价虚假申报拉抬尾盘，次日卖出
节能风电	2016 年 6 月 28 日、8 月 28 日、27 日	尾盘阶段大量买入成交、虚假申报拉抬股价
如通股份、清源股份	2017 年 1 月 3 日~3 月 14 日	早盘、盘中、尾盘连续对倒交易
大连电瓷、江阴银行、和胜股份、张家港行	2016 年、2017 年	尾盘阶段大量买入成交拉抬股价

注：该表仅汇总中国证监会披露具体操纵细节或明确操纵手法的尾盘操纵股票。

一、收盘价格操纵的股票特征

本章借鉴已有研究（Aggarwal 和 Wu，2006；向中兴，2006；李志辉和邹谧，2018），通过分析被操纵股票的总市值、盈利能力、发展能力和偿债能力的均值或中位数，与市场其他股票相应指标差异，总结收盘价格操纵的标的股票特征。考虑到不同上市公司的所属行业和主营业务不同，其对应的财务指标相差较大，本章将被操纵股票的对比分析对象从整个股票市场聚焦于股票所在行业。将所总结的收盘价格操纵股票相关指标特征作为判断股票是否容易发生尾盘操纵或者股票是否有操纵嫌疑的初步判断依据。归纳结果列于表5-2中。

表5-2　中国 A 股市场尾盘价格操纵的标的股票特征

证券名称	总市值	资产规模	盈利能力		成长能力		财务风险	
			总资产报酬率	净资产收益率	营业收入增长率	净利润增长率	资产负债率	流动比率
恒源煤电	20/27	3/4	27/27	25/27	25/27	27/27	12/27	13/27
节能风电	21/75	35/75	56/75	61/75	32/75	32/75	43/75	50/75
广田集团	17/29	7/29	17/29	18/29	14/29	17/29	14/29	18/29
粤水电	45/64	21/64	54/64	51/64	54/64	28/64	57/64	2/64
北部湾港	30/31	20/31	2/31	2/31	28/31	17/31	22/31	9/31
江阴银行	32/33	31/33	32/33	33/33	23/33	33/33	32/33	—
张家港行	30/33	32/33	25/33	31/33	26/33	15/33	28/33	—
圣农发展	3/14	2/14	11/14	11/14	6/14	12/14	3/14	7/14
仙坛股份	8/13	12/13	5/13	8/13	8/13	9/13	3/13	6/13
深圳华强	13/83	32/83	13/83	25/83	72/83	58/83	28/83	30/83
山煤国际	21/83	14/83	28/83	20/83	19/83	40/83	58/83	35/83
北京文化	21/25	16/25	19/25	20/25	21/25	13/25	8/25	16/25
全通教育	150/220	74/220	87/220	146/220	16/220	28/220	32/220	125/220
卫宁健康	167/222	133/222	127/222	148/222	61/222	112/222	48/222	153/222
浩丰科技	192/222	110/222	169/222	185/222	93/222	156/222	144/222	140/222
宝信软件	116/222	20/222	139/222	131/222	192/222	142/222	140/222	116/222
暴风集团	63/65	41/65	11/65	6/65	16/65	9/65	48/65	31/65
金宇车城	221/244	194/244	238/244	242/244	238/244	241/244	237/244	186/244

续表

证券名称	总市值	资产规模	盈利能力		成长能力		财务风险	
			总资产报酬率	净资产收益率	营业收入增长率	净利润增长率	资产负债率	流动比率
海信家电	38/224	13/244	158/244	69/244	204/244	197/244	231/244	231/244
圣莱达	229/244	207/244	152/244	185/244	198/244	120/244	9/244	198/244
大连电瓷	200/244	152/244	181/244	179/244	157/244	76/244	132/244	127/244
和顺电气	182/224	182/224	175/224	152/224	160/224	151/224	63/224	151/224
文一科技	230/244	222/244	239/244	238/244	237/244	125/244	117/244	204/244
如意集团	32/37	21/37	27/37	29/37	16/37	1/37	5/37	35/37
联发股份	22/37	10/27	14/37	13/37	15/37	25/37	19/37	4/37
旗滨集团	50/90	23/90	41/90	35/90	30/90	30/90	24/90	78/90
沙钢股份	21/34	29/34	22/34	20/34	28/34	25/34	5/34	20/34
西宁特钢	31/34	19/34	26/34	32/34	10/34	27/34	31/34	6/34
新钢股份	14/34	18/34	13/34	14/34	12/34	16/34	15/34	28/34
京东方A	266/387	163/387	385/387	384/387	293/387	386/387	127/387	131/387
中科三环	207/387	106/387	145/387	152/387	348/387	279/387	110/387	228/387
辉煌科技	298/387	226/387	303/387	324/387	352/387	351/387	156/387	169/387
奋达科技	227/387	129/387	98/387	143/387	60/387	83/387	73/387	255/387
永艺股份	24/25	16/25	11/25	14/25	17/25	11/25	7/25	18/25
丰华股份	57/61	56/61	56/61	60/61	15/61	61/61	49/61	5/61
佳沃股份	27/50	50/50	50/50	50/50	50/50	50/50	41/50	33/50
华资实业	34/50	34/50	44/50	45/50	38/50	34/50	5/50	37/50
清源股份	2/21	13/21	15/21	15/21	13/21	18/21	17/21	4/21
派生科技	86/135	81/135	106/135	95/135	39/135	9/135	122/135	129/135
长春一东	133/136	98/136	117/136	127/136	120/136	127/136	90/136	60/136
云煤能源	10/16	10/16	15/16	14/16	11/16	15/16	8/16	2/16
宝泰隆	10/16	9/16	13/16	14/16	15/16	15/16	6/16	11/16
康力电梯	88/143	61/143	61/143	69/143	52/143	51/143	49/143	61/143
宝鼎科技	123/143	100/143	141/143	140/143	143/143	142/143	76/143	4/143
金通灵	113/143	82/143	136/143	137/143	121/143	137/143	54/143	82/143
国农科技	126/229	213/229	204/229	213/229	23/229	215/229	199/229	76/229
云南锗业	33/68	51/68	67/68	67/68	68/68	67/68	8/68	36/68

续表

证券名称	总市值	资产规模	盈利能力		成长能力		财务风险	
			总资产报酬率	净资产收益率	营业收入增长率	净利润增长率	资产负债率	流动比率
和胜股份	36/68	65/68	9/68	14/68	8/68	51/68	18/68	44/68
中联重科	179/232	106/232	167/232	148/232	137/232	142/232	86/232	65/232
科新机电	223/232	160/232	216/232	218/232	215/232	218/232	60/232	124/232
理邦仪器	203/232	127/232	193/232	171/232	169/232	159/232	188/232	6/232
如通股份	194/232	164/232	140/232	167/232	214/232	207/232	2/232	232/232
小商品城	6/54	3/54	37/54	32/54	17/54	18/54	48/54	49/54

资料来源：根据万德数据库行业数据整理得到。

从表5-2可以看出，被操纵股票总体上具有总市值、资产规模小，盈利能力、发展能力弱和财务风险大的特征。从不同指标特征的角度来看，一是总市值指标，中国A股市场2000~2019年被尾盘操纵的56只股票中有52只股票市值在行业排名中位于对应行业中位数之后；二是总资产规模指标，被尾盘操纵的56只股票中有50只股票行业排名位于对应行业中位数之后；三是盈利指标，被尾盘操纵的56只股票中有54只股票的行业排名位于对应行业中位数之后；四是成长指标，被尾盘操纵的56只股票中有52只股票的行业排名位于对应行业中位数之后；五是财务风险指标，被尾盘操纵的56只股票中有54只股票的行业排名位于对应行业中位数之后。从被操纵股票自身的角度来看，中国A股市场2000~2019年被尾盘操纵的56只股票中有28只股票同时满足市值、总资产规模、盈利能力、成长能力和财务风险指标排名位于对应行业排名中位数之后，即有28只股票同时满足市值小、资产规模小、盈利能力和成长能力弱、财务风险高的特征。其余股票中有23只股票同时满足市值小、资产规模小、盈利能力差，财务风险高或者市值小、资产规模小、成长能力差、财务风险高的特征。剩余的5只股票只满足市值小或者财务风险高的单一指标特征。综上所述，通过对表5-2尾盘操纵股票行业排名的横向、纵向对比分析发现，尾盘操纵股票具有市值小、资产规模小、盈利能力弱、成长能力差、财务风险高的特征。与之前股价操纵市场特征研究结论的不同之处在于尾盘操纵股票并不一定同时满足盈利能力弱和成长能力差两个指标特征。总市值、资产规模小，盈利能力差，财务风险高或者总市值、资产规模小，成长能力差，财务风险高的尾盘操纵标的股票特征更为常见。

本章重点研究的案例，即北八道市场操纵案中涉及的 3 只股票的市值都排在其所在行业的后 10 名，尤其江阴银行和张家港行这两只股票的市值更是排在行业后 4 名。从资产规模来看，3 只股票都处于行业后 3 名。从盈利能力、发展能力和财务风险来看，张家港行和江阴银行无论是盈利能力、发展能力还是财务风险都排在行业后 5 名，具有市值小、资产规模小、盈利能力弱、成长能力差、财务风险高的典型特征。相较之下，和胜股份则只满足市值小、资产规模小、成长能力差和财务风险高的特征。此外，根据 3 只股票的上市时间和证监会公布的被操纵时间可以发现，3 只股票都是刚刚上市不久且未被操纵过的次新股。

二、收盘价格操纵的市场表现特征

现有的关于股价操纵的市场表现特征多从股票的收益性和成交量两个角度进行研究，通过对比股票收益率和成交量在操纵前、操纵期间和操纵后 3 个阶段的表现来研究股价操纵的市场表现特征。其中，向中兴（2006）和杨磊（2012）都对我国 A 股市价格操纵的市场表现特征进行研究，发现被操纵股票在操纵期间的收益率、收益波动率和成交量高于操纵前和操纵后，且通过相关性和回归分析得出股票操纵是导致股票收益和成交出现异常波动的主要原因。本章借鉴该研究方法对中国 A 股市场 2010~2019 年发生的尾盘操纵案例中的股票的收益性、成交量、波动性，此外，还有股票价格的波动性进行研究分析。由于数据的可得性，只能分析北八道市场操纵案中江阴银行、张家港行与和胜股份这 3 只股票。

（一）收盘价格操纵的股票价量表现

结合证监会查处北八道操纵案件的证据和尾盘价格操纵当天收盘价和成交量走势图可以得出尾盘价格操纵通常包含以下行为特征：3 只股票的尾盘操纵者都是利用控制的多个账户凭借资金优势或持股优势在闭市前不超过 15 分钟或者 10 分钟的时间内大量高价（高于前一笔市场成交价）申报买入，买入成交量占到同期市场成交量的 50% 以上，拉动股价短时间内快速上涨，交易量迅速放大，并于次日或者之后卖出获利。价格和成交量的变化可以从尾盘价格操纵当天的分钟序列图中看出，3 只股票的收盘价和成交量在闭市前 15 分钟相比前一分钟或当天的其他时间段都出现明显的上升、放大。本章以江阴银行为例，探讨尾盘价格操纵的股票价量表现。

　　图5-2为江阴银行4月6日收盘价分钟序的列图，从中可以看出，该日收盘价在收盘前15分钟出现急剧上升，股价振幅高达4.40%，股价均值达到19.31，相比尾盘阶段（收盘前15分钟）的前15分钟的最大振幅1.24%，高出3.16%。相比尾盘阶段前15分钟的股价均值18.73，高出0.59%。相比一天中除尾盘阶段的以外的其他时间股价均值18.55高出0.76%。图5-2为江阴银行4月6日成交量的分钟序列图，从中可以看出，该日成交量在收盘前15分钟急剧放大，成交量振幅高达3475%，成交量均值达到1319883.79，相比尾盘阶段（收盘前15分钟）的前15分钟的最大振幅536%，高出2940%。相比尾盘阶段前15分钟的成交量均值253486.67，高出1066379.12。相比一天中除尾盘阶段的以外的其他时间成交量均值160134.50，高出1159749.29。尾盘阶段的股价和成交量无论是从直观的图形走势比较，还是相比一天中其他时间的均值，或者相比尾盘阶段的前15分钟的成交量又或者振幅都具有明显的操纵特征。

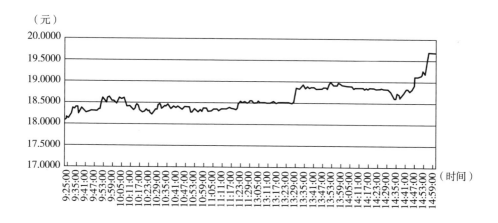

图5-2　江阴银行2017年4月6日收盘价分钟序列

　　所有发生尾盘操纵的股票在被操纵当天的分钟序列图除了和图5-2和图5-3一类变动趋势较为单一、操纵特征比较明显的一类股票以外，还有一些股票在操纵当天的变动趋势较为复杂、操纵特征不明显，如图5-4和图5-5所示，显然其尾盘阶段股价和成交量的振动幅度小于当天的其他时间段，究其原因，可能是因为操纵当天不仅存在尾盘操纵，还存在早盘和午盘操纵。但其收盘价和成交量在收盘前 15 分钟相比收盘阶段的前 15 分钟都有明显的上扬。图 5-4 中尾盘阶段的收盘价均值 21.31，要高于收盘阶段的前 15 分钟的收盘价均值 20.65。图 5-5 中的成交量在收盘阶段的振幅 84893% 和均值 382658.35 要分别高于尾盘阶段的前 15 分钟的振幅 251% 和均值 99965.80。可见，无论尾盘操纵股票在操纵当天的价量走势是否单一，操纵特征是否足够明显，发生尾盘操纵的股票在操纵当天的收盘价和成交量在尾盘阶段相比尾盘阶段的前 15 分钟或者相比操纵当天的其他时间阶段都会有明显的上升。由于篇幅限制，就不再对所有股票尾盘操纵当天的价量表现进行一一赘述。

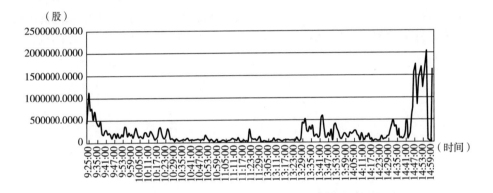

图 5-3　江阴银行 2017 年 4 月 6 日成交量分钟序列

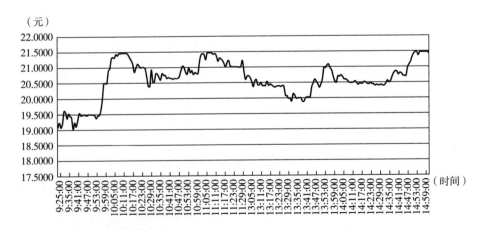

图 5-4　江阴银行 2017 年 2 月 28 日收盘价分钟序列

（股）

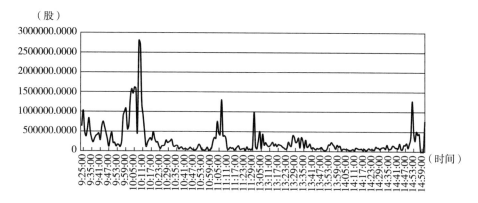

图 5-5　江阴银行 2017 年 2 月 28 日成交量分钟序列

（二）收盘价格操纵股价走势的统计分析

1. 单只股票尾盘价格操纵的股价走势分析

本章将北八道市场操纵案中涉及尾盘操纵的股票在操纵期间即尾盘操纵当天及操纵期间前后一个月的分时高频交易数据作为研究样本数据，统计分析并总结尾盘价格操纵的股价走势特征，作为分析尾盘价格操纵市场表现特征的主要研究对象。通过对大量样本数据的统计分析发现尾盘价格操纵的股价走势具有共同特征。由于篇幅有限，下面将仍旧以江阴银行为例对尾盘价格操纵的股价走势进行具体阐述（见图 5-6 和图 5-7）。

（元）

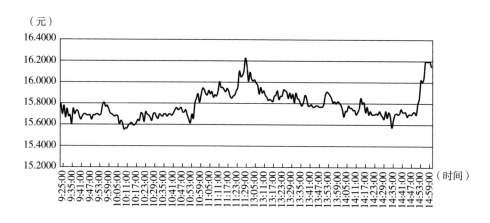

图 5-6　江阴银行 2017 年 2 月 23 日收盘价分钟序列

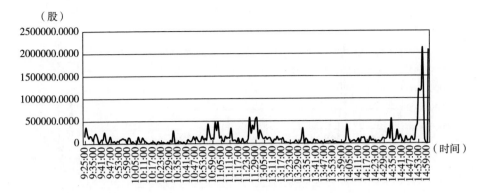

图 5-7　江阴银行 2017 年 2 月 23 日成交量分钟序列

本章所涉及的统计变量包括滚动收益率、收益波动率、滚动成交量、滚动振幅，计算公式如下：

$$滚动收益率 = \frac{(P_{CLOSE} - P_{CLOSE-15})}{P_{CLOSE-15}} \tag{5-1}$$

其中，P_{CLOSE} 为股票的分钟收盘价，$P_{CLOSE-15}$ 为对应时间的前 15 分钟收盘价。

$$收益波动率 = STDEV\left[\frac{(P_t - P_{t-1})}{P_{t-1}}\right] \tag{5-2}$$

其中，P_t 为股票的分钟收盘价，P_{t-1} 为对应时间前 15 分钟的收盘价。

$$滚动成交量 = \frac{(V_t - V_{t-15})}{V_{t-15}} \tag{5-3}$$

其中，V_t 为股票的分钟成交量，V_{t-15} 对应时间前 15 分钟的成交量。

$$滚动振幅: = \frac{(MAX_{[PCLOSE, PCLOSE-15]} - MIN_{[PCLOSE, PCLOSE-15]})}{MIN_{[PCLOSE, PCLOSE-15]}} \tag{5-4}$$

根据以上公式，分别计算江阴银行 2017 年 2 月 23 日和 1 月 23 日~3 月 23 日（不包括 2 月 23 日）共计 60 天的滚动收益率、收益率波动率、滚动成交量和滚动振幅。在以上 4 个统计变量计算结果的基础上分别取标准差和均值，对比发生尾盘操纵的股票在尾盘操纵当天的不同时间阶段和在操纵日和非操纵日的价量关系的市场表现差异。其计算结果如表 5-3 所示。

表 5-3　江阴银行统计结果

Panel A 滚动收益率标准差、均值的对比结果

	1.23~3.23（-2.23）		2.23		横向对比	
	标准差	均值	标准差	均值	标准差	均值
其他时间阶段	0.00144	0.00112	0.00627	0.01224	0.00483	0.00112
尾盘阶段	0.00170	0.00441	0.00997	0.01919	-0.00316	0.01478
差值	0.00026	0.00329	0.00370	0.00695	—	—

Panel B 波动率标准差、均值的对比结果

	1.23~3.23（-2.23）		2.23		横向对比	
	标准差	均值	标准差	均值	标准差	均值
其他时间阶段	0.00032	0.00243	0.00077	0.00263	0.00045	0.00020
尾盘阶段	0.00036	0.00273	0.00038	0.00435	-0.00237	0.00162
差值	0.00004	0.00030	-0.00039	0.00072	—	—

Panel C 滚动成交量标准差、均值的对比结果

	1.23~3.23（-2.23）		2.23		横向对比	
	标准差	均值	标准差	均值	标准差	均值
其他时间阶段	469554	2193354	914623	1611405	445079	-581949
尾盘阶段	470558	2476351	2452690	4140221	445070	1663870
差值	1004	1282997	1540867	2528816	—	—

Panel D 滚动振幅标准差、均值的对比结果

	1.23~3.23（-2.23）		2.23		横向对比	
	标准差	均值	标准差	均值	标准差	均值
其他时间阶段	0.00206	0.01290	0.00627	0.01224	0.00791	-0.00066
尾盘阶段	0.00185	0.01361	0.00997	0.01919	0.00812	0.00558
差值	-0.00021	0.00071	0.00370	0.00695	—	—

与江阴银行类似，分别计算张家港行 2017 年 3 月 7 日和 1 月 1 日~3 月 7 日（不包括 3 月 7 日）共计 60 天的滚动收益率、收益率波动率、滚动成交量和滚动振幅。并取标准差和均值，对比发生尾盘操纵的股票在尾盘操纵当天的不同时间阶段和在操纵日和非操纵日的价量关系的市场表现差异。其计算结果如表5-4 所示。

表 5-4　张家港行统计结果

Panel A 滚动收益率标准差、均值的对比结果

	1.07-3.07（-3.07）		3.07		横向对比	
	标准差	均值	标准差	均值	标准差	均值
其他时间阶段	0.00134	0.00121	0.00672	0.01242	0.00538	0.01121
尾盘阶段	0.00176	0.00431	0.00979	0.01817	0.00803	0.01386
差值	0.00042	0.0031	0.00307	0.00575	—	—

Panel B 波动率标准差、均值的对比结果

	1.23-3.23（-3.07）		3.07		横向对比	
	标准差	均值	标准差	均值	标准差	均值
其他时间阶段	0.00023	0.00233	0.00076	0.00254	0.00053	0.00021
尾盘阶段	0.00022	0.00276	0.00039	0.00343	0.00017	0.00067
差值	0.00014	0.00043	-0.00037	0.00089	—	—

Panel C 滚动成交量标准差、均值的对比结果

	1.23-3.23（-3.07）		3.07		横向对比	
	标准差	均值	标准差	均值	标准差	均值
其他时间阶段	378645	1284263	823534	1702314	444889	418051
尾盘阶段	360659	1367462	1343580	3231130	982921	1863668
差值	-17995	83199	520046	1702314	—	—

Panel D 滚动振幅标准差、均值的对比结果

	1.23-3.23（-3.07）		3.07		横向对比	
	标准差	均值	标准差	均值	标准差	均值
其他时间阶段	0.0011	0.00381	0.00536	0.00315	0.00421	-0.00066
尾盘阶段	0.00097	0.00452	0.00896	0.00909	0.00799	0.00457
差值	-0.00018	0.00071	0.0036	0.00594	—	—

　　与江阴银行和张家港行类似，和胜股份 2017 年 2 月 15 日和 1 月 15 日~3 月 15 日（不包括 3 月 7 日）共计 60 天的滚动收益率、收益率波动率、滚动成交量和滚动振幅的均值标准差统计结果如表 5-5 所示。

表5-5　和胜股份通统计结果

Panel A 滚动收益率标准差、均值的对比结果

	1.15-3.15（-2.15）		2.15		横向对比	
	标准差	均值	标准差	均值	标准差	均值
其他时间阶段	0.00216	0.00180	0.01551	-0.00059	0.01335	-0.00239
尾盘阶段	0.00790	-0.00009	0.02456	0.02788	0.01666	0.02797
差值	0.00574	-0.00189	0.00905	0.02847	——	——

Panel B 波动率标准差、均值的对比结果

	1.15-3.15（-2.15）		2.15		横向对比	
	标准差	均值	标准差	均值	标准差	均值
其他时间阶段	0.00049	0.00246	0.16843	0.27213	0.16794	0.26967
尾盘阶段	0.00194	0.00150	0.17790	0.44626	0.17596	0.44476
差值	0.00145	-0.00096	0.00947	0.17414	——	——

Panel C 滚动成交量标准差、均值的对比结果

	1.15-3.15（-2.15）		2.15		横向对比	
	标准差	均值	标准差	均值	标准差	均值
其他时间阶段	16683	-894	71072	-15255	-3766	-14361
尾盘阶段	11958	13203	184012	151728	172054	138525
差值	-41327	14097	112940	166983	—	—

Panel D 滚动振幅标准差、均值的对比结果

	1.15-3.15（-2.15）		2.15		横向对比	
	标准差	均值	标准差	均值	标准差	均值
其他时间阶段	0.00221	0.01165	0.01237	0.02138	0.01017	0.00972
尾盘阶段	0.00186	0.00907	0.02158	0.04172	0.01972	0.03265
差值	-0.00035	-0.00258	0.00921	0.02035	——	——

针对4个指标的统计结果，可以从以下三个主要方面进行对比分析：

（1）操纵日内的对比分析。主要是对比股票在尾盘操纵当天不同时间阶段的市场表现的区别。从滚动收益率的统计结果可以看出，3只股票在尾盘操纵当天尾盘阶段的收益率均值高于当天其他时间阶段的均值，说明股票发生尾盘

后，其在操纵当天尾盘阶段的收益率会高于其他时间阶段的收益率。从收益率波动率的统计结果可以看出，操纵当天 3 只股票尾盘阶段收益率波动率的均值都大于其他时间阶段的收益率波动率的均值，说明被尾盘操纵的股票的收益率波动性都强于当天的其他时间阶段。从滚动收益率的统计结果可以看出，3 只股票操纵日内尾盘阶段的成交量的均值高于其他时间阶段成交量的均值，说明股票在尾盘操纵当天的尾盘阶段的成交量相比当天的其他时间阶段会放大。从滚动振幅的统计结果可以看出，3 只股票在操纵当天股价振幅的均值都大于当天其他时间阶段股价振幅的均值，说明股票被操纵后，尾盘阶段的股价振幅会放大，大于当天的其他时间阶段。

综上所述，通过对比操纵日内不同时间阶段的股票滚动收益率、收益率波动率、滚动成交量和滚动振幅 4 个统计指标发现，股票在尾盘阶段的收益率、收益率的波动率、成交量和股价振幅要高于操纵当天的其他时间阶段，说明股票发生尾盘操纵后，股票的收益率、收益率波动率、成交量和股价振幅在尾盘阶段会明显上升。

（2）操纵日与非操纵日的对比分析。主要是对比股票在操纵日内和非操纵日内相应市场表现的区别。从滚动收益率来看，3 只股票在非操纵日内尾盘阶段的滚动收益率的均值大于股票在操纵日内尾盘阶段的均值，说明股票发生尾盘操纵后其尾盘阶段的收益率要高于未发生尾盘操纵时尾盘阶段的收益率。从收益率波动率来看，3 只股票操纵日内尾盘阶段的均值都大于非操纵日内尾盘阶段收益率波动率的均值，说明股票操纵日内的收益率的波动程度要大于非操纵日内尾盘阶段收益率的波动率。从滚动成交量的统计结果来看，3 只股票在尾盘操纵当天尾盘阶段成交量的均值都高于非操纵日内对应时间阶段成交量的均值，说明发生尾盘操纵的股票在操纵当天尾盘阶段的成交量会明显高于没有发生尾盘操纵时尾盘阶段的成交量。从滚动振幅来看，股票在操纵日内尾盘阶段的股价振幅均值都大于非操纵日内尾盘阶段的股价振幅的均值，说明股票发生尾盘操纵后，其在尾盘阶段的股价振幅相比未发生尾盘操纵的日期内的股价振幅会明显放大。

综上所述，通过对比股票在尾盘操纵日内和非尾盘操纵日内滚动收益率、收益率波动率、滚动成交量和滚动振幅指标发现，说明股票发生尾盘操纵后，其尾盘阶段的收益率、收益率的波动程度、成交量和股价振幅相比未发生尾盘操纵的日期都会明显上升。

（3）基于 DID 思想的对比分析。从统计结果不难看出，股票在操纵当天尾盘阶段的 4 个指标的统计结果均大于当天的其他时间阶段，即使在非操纵日期内也满足尾盘阶段的相应指标均值高于对应日期内的其他时间阶段。此时就需要引入 DID 思想进行对比分析。从滚动收益率统计结果来看，3 只股票操纵日内尾盘阶段均值与当天其他时间阶段收益率均值的差值大于非操纵日内尾盘阶段与其他时间阶段均值的差值，说明股票在尾盘操纵当天尾盘阶段收益率上升量要大于非操纵日内尾盘阶段上升量。从收益率波动率的统计结果来看，3 只股票操纵日内尾盘阶段收益率波动率均值与当天其他时间阶段收益率波动率的均值差值大于非操纵日日内尾盘阶段均值与其他时间阶段均值的差值，说明股票发生尾盘操纵后，其尾盘阶段相比当天其他时间阶段的收益率的波动上升程度要高于未发生尾盘操纵的日期。从滚动成交量的统计结果可以看出，3 只股票在尾盘操纵日内尾盘阶段成交量的均值与当天其他时间成交量均值的差值大于非操纵日内尾盘阶段对应指标尾盘阶段均值与其他时间阶段均值的差值，说明被尾盘操纵的股票的尾盘阶段成交量放大程度要大于非操纵日期尾盘阶段成交量的放大程度。从滚动振幅的统计结果可以看出，3 只股票在尾盘操纵日内尾盘阶段股价振幅均值与当天其他时间阶段的均值差值大于非操纵日内对应指标尾盘阶段均值与其他时间阶段均值的差值，说明股票发生尾盘操纵后，尾盘阶段股价振幅的放大量高于非操纵日内尾盘阶段股价振动幅度的放大程度。

综上所述，通过对股票的 DID 思想的对比分析，即通过对比股票在操纵日内尾盘阶段与其他时间阶段股票的市场表现和非操纵日内尾盘阶段与其他时间阶段市场表现的差异发现，股票在操纵日内尾盘阶段的收益率、收益率波动率、成交量和股价振幅相比当天其他时间阶段的放大量要高于该股票未发生操纵时对应指标尾盘阶段的放大量。

2. 尾盘操纵股票和未被操纵股票的股价走势分析

上文通过对滚动收益率、收益率波动率，滚动成交量和滚动振幅 4 个指标的统计分析明确了股票发生尾盘操纵后股票会表现出的市场特征。即根据股票的市场表现特征变化可以判断该股票是否发生尾盘操纵。但在实际的股市监测中往往面临的是大量无法确定是否涉及尾盘操纵的股票。如何从大量股票中筛选出有尾盘操纵嫌疑的股票也是尾盘操纵的重要研究内容。虽然本章第一节研究尾盘操纵标的股票特征得出容易被尾盘操纵股票的特征，但是并不能保证能够捕捉到所有尾盘操纵的股票。因此选取被尾盘操纵的股票在操纵当天与其所在行业的其他未发生尾盘操纵的股票进行对比，由于行业内股票数量过大，为避免股票规模、市值等因素的影响，选取了与被操纵股票同行业的资产总值或者市值相近的 10 只未被操纵的股票，将其在操纵当日的市场表现特征与发生尾盘操纵股票在操纵当日的市场表现特征进行对比分析。由于篇幅限制，仍旧以江阴银行为例进行阐述说明。

从表 5-6 的统计结果可以看出，尾盘操纵股票在尾盘操纵当天尾盘阶段收盘价的波动程度相比同行业的另外 10 只类似股票尾盘阶段收盘价的波动程度是最大的。此外，操纵当天被操纵股票尾盘阶段与对应的其他时间阶段的差值相比另外 10 只股票也是最大的。说明相比未发生操纵的同行业且规模类似的未被操纵的股票，被操纵的股票会出现尾盘阶段的收盘价波动率异常高，且相比当天的其他时间阶段的差值也会异常大。从表 5-7 的统计结果可以看出，发生尾盘操纵的股票尾盘阶段的成交量的波动程度会明显高于另外 10 只同行业、规模接近的股票。且尾盘阶段成交量的波动程度与其他时间阶段成交量的波动程度的差值也会明显高于另外 10 只未被操纵的股票，说明被尾盘操纵的股票成交量的波动程度会在尾盘阶段明显增强，且明显更强于其他时间阶段成交量的波动程度。

表 5-6　10 只银行股票收盘价波动程度对比

标准差	北京银行	南京银行	贵阳银行	江苏银行	上海银行	宁波银行	无锡银行	常熟银行	苏农银行	杭州银行	江阴银行
整天	0.0243	0.0575	0.1399	0.0327	0.0664	0.0689	0.0761	0.0593	0.1340	0.0889	0.1305
其他阶段	0.0250	0.0583	0.1426	0.0333	0.0683	0.0706	0.0757	0.0584	0.1358	0.0907	0.1176
尾盘阶段	0.0034	0.0121	0.0135	0.0169	0.0172	0.0202	0.0383	0.0440	0.0528	0.0561	0.2035
差值	0.0216	0.0462	0.1292	0.0164	0.0511	0.0504	0.0374	0.0145	0.0830	0.0346	0.0859

注：按照尾盘价格波动程度升序排列。

表 5-7 10 只银行股票成交量波动程度对比 单位：万股

标准差	宁波银行	北京银行	南京银行	上海银行	贵阳银行	杭州银行	无锡银行	常熟银行	苏农银行	江苏银行	江阴银行
整天	670.08	802.31	1356.15	982.57	1997.41	675.40	925.13	987.73	1413.65	1581.06	2385.98
其他阶段	681.92	816.99	1390.05	1000.20	2043.69	647.39	888.71	928.33	1402.73	1543.07	1083.36
尾盘阶段	453.70	472.31	652.18	687.60	872.66	952.02	1226.71	1367.78	1472.06	1774.12	7059.71
差值	-228.22	-344.68	-737.87	-312.61	-1171.03	304.63	338.00	439.45	69.32	231.05	5976.35

注：按照尾盘价格波动程度升序排列。

综上可以看出，相比未发生尾盘操纵的股票，被尾盘操纵的股票会有尾盘阶段的收盘价和成交量的波动程度异常高的市场表现。且相比其他时间阶段，尾盘阶段收盘价和成交量的波动程度也会出现异常不同。

三、收盘价格操纵的预警指标设计

根据前文对尾盘价格操纵的市场表现分析，得出股票在发生尾盘操纵后，其滚动收益率、收益率波动率、滚动股价成交量和振幅都会出现明显的尾盘操纵特征。因此本部分将以上变量作为预警指标变量来构建尾盘价格操纵预警指标，具体的预警指标设计如下：

（一）滚动收益率指标

因为股票在交易日的具体交易时间为 9：30~11：30 和 13：00~15：00，共计 240 分钟，而股市交易尾盘阶段为闭市前的 15 分钟，即 14：45~15：00。根据尾盘操纵股票在操纵当天会出现尾盘阶段收益率明显高于操纵当天的其他时间阶段收益率的市场表现，因此设计指标至少要能够对比股票在尾盘阶段的收益率是否明显异于操纵当天的其他时间阶段的收益率。这就需要对比尾盘阶段即收盘前 15 分钟与非尾盘阶段的每 15 分钟的收益率，能够实现此对比操纵必须要用到滚动性指标，因此设计收益率指标为滚动收益率指标。滚动收益率计算公式如下：

$$R_t = \frac{(P_{CLOSE} - P_{CLOSE-15})}{P_{CLOSE-15}} \qquad (5-5)$$

其中，R_t 为滚动成交量，P_{CLOSE} 为股票的分钟收盘价，$P_{CLOSE-15}$ 为股票对应分钟收盘价的前 15 分钟收盘价。

（二）收益率波动率指标

根据尾盘操纵股票在操纵当天会出现尾盘阶段股票收益率的波动率明显高于操纵当天的其他时间阶段收益率的波动率的市场表现，因此设计指标至少要能够对比股票在尾盘阶段的振动幅度是否明显异于操纵当天的其他时间阶段的收益率波动率。为对比收盘前 15 分钟的收益率波动率与操纵当天其他时间阶段收益率波动率的区别，引入滚动指标，设计收益率的波动率指标。收益率波动率的计算公式如下：

$$VO_t = STDEV \left[\frac{(P_t - P_{t-1})}{P_{t-1}} \right] \tag{5-6}$$

其中，VO_t 为收益率波动率，P_t 为股票在 t 时刻的收盘价，P_{t-1} 为股票在 t-1 时刻的收盘价。

（三）滚动成交量指标

与滚动收益率类似，根据尾盘操纵股票在操纵当天会出现尾盘阶段成交量明显高于操纵当天的其他时间阶段成交量的市场表现，因此设计指标至少要能够对比股票在尾盘阶段的成交量是否明显异于操纵当天的其他时间阶段的成交量。为对比收盘前 15 分钟的成交量与操纵当天其他时间阶段每 15 分钟的成交量，引入滚动指标，设计滚动成交量指标。滚动成交量的计算公式如下：

$$E_t = \frac{(V_t - V_{t-15})}{V_{t-15}} \tag{5-7}$$

其中，E_t 为滚动成交量，V_t 为股票的分钟成交量，V_{t-15} 对应股票分钟成交量的前 15 分钟成交量。

（四）滚动振幅指标

与滚动收益率、滚动成交量类似，根据尾盘操纵股票在操纵当天会出现尾盘阶段股价振幅明显高于操纵当天的其他时间阶段股价振幅的市场表现，因此设计指标至少要能够对比股票在尾盘阶段的振幅是否明显异于操纵当天的其他时间阶段的股价振幅。为对比收盘前 15 分钟的股价振幅与操纵当天其他时间阶段每 15 分钟的股价振动幅度的区别，引入滚动指标，设计滚动振幅指标。滚动振幅的计算公式如下：

$$A_t = \frac{\left(MAX_{[PCLOSE,\ PCLOSE-15]} - MIN_{[PCLOSE,\ PCLOSE-15]}\right)}{MIN_{[PCLOSE,\ PCLOSE-15]}} \tag{5-8}$$

其中，A_t 为滚动振幅。

该指标借鉴股价振幅的计算公式，即最高价与最低价之差与收盘价的比值，因为本章主要衡量收盘价振动幅度，因此将在原公式的基础上将股票的最高价改为股票 15 分钟内的最高收盘价，最低价改为股票 15 分钟内的最低收盘价。故式（5-8）变成股票 15 分钟内最高收盘价与最低收盘价差与对应 15 分钟内最低收盘价的比值。

（五）预警阈值构建

关于尾盘操纵预警阈值构建，即判定股票是否发生尾盘操纵的标准，国外研究大多采用收盘价错位（Close Price Dislocation）指标。Aitken 等（2009）、Cumming 等（2019）在研究收盘价操纵构建收盘价操纵变量时，衡量股票是否发生尾盘操纵采用的判断标准都是收盘价错位标准，即当股票收盘价与其过去 100 个交易日的基准期在交易日结束时的平均价格相差 3 个标准差，则认定为尾盘操纵。同时该标准也是通过 Smarts 公司被各地监管机构所使用。由于与股价错位程度直接相关的指标就是收益率指标，故本章将收益率指标作为预警阈值，将滚动波动率、滚动成交量和滚动振幅指标作为辅助的预警红线。具体指标如下：

尾盘价格操纵预警阈值：

$$\Delta\mu_i(R_t) = \mu_i(R_t^{T_1}) - \mu_i(R_t^{T_0,\,T_2}) \tag{5-9}$$

辅助预警红线：

$$\Delta\mu_i(VO_t) = \mu_i(VO_t^{T_1}) - \mu_i(VO_t^{T_0,\,T_2}) \tag{5-10}$$

$$\Delta\mu_i(A_t) = \mu_i(A_t^{T_1}) - \mu_i(A_t^{T_0,\,T_2}) \tag{5-11}$$

$$\Delta\mu_i(E_t) = \mu_i(E_t^{T_1}) - \mu_i(E_t^{T_0,\,T_2}) \tag{5-12}$$

当公式满足 $\Delta\mu_i(R_t) > 3\delta(R_t^{T_0,T_2})$ 时，即可判定该股票当天发生了尾盘操纵。同理，当辅助公式满足 $\Delta\mu_i(VO_t) > 3\delta(VO_t^{T_0,\,T_2})$，$\Delta\mu_i(A_t) > 3\delta(A_t^{T_0,\,T_2})$ 以及 $\Delta\mu_i(E_t) > 3\delta(E_t^{T_0,\,T_2})$ 时，可以作为判定该股票当天是否发生尾盘操纵的辅助条件。

其中，T_0、T_1 和 T_2 分别代表操纵前、操纵当天和操纵后。

综上，判断股票是否发生尾盘价格操纵的方法为：当股票发生尾盘操纵时，其在操纵当天尾盘阶段的滚动收益率一定会触及预警阈值，即其均值超出非操纵期间尾盘阶段滚动收益率 3 个标准差。有时被尾盘操纵的股票在操纵期间尾盘阶段的收益波动率、滚动成交量、滚动振幅指标的均值也会超出其非操纵期间尾盘阶段收益波动率、滚动成交量、滚动振幅指标的均值 3 个标准差。因此，当股票滚动收益率达到预警阈值时，则可以判定股票发生尾盘操纵，而收益波动率、滚动成交量和滚动振幅达到预警阈值可以作为判定股票是否发生尾盘操纵的辅助判断条件。

四、收盘价格操纵预警指标的回测检验

理论上，对尾盘价格操纵进行回测检验应将沪深 A 股所有股票作为研究样本，这样会更具说服力。然而，本章的预警指标计算使用的是日内分时高频交易数据，并且每一只股票至少涉及 60 个交易日。这意味着对全市场 3000 余只股票进行分析需处理 4320 万条数据。在现有的技术条件下，不借助云计算设备，无法实现。事实上，上海证券交易所、伦敦证券交易所、纳斯达克证券交易所等均利用云计算技术，实时监测股票价格异常波动，并定期调整预警阈值。有鉴于此，本章基于证监会披露的信息，只选取了有操纵嫌疑的单只股票进行回测检验。

本章选取 2019 年 11 月 18 日中国证监会发布的赵坚、楼金萍、朱攀峰操纵 "金利华电" 股票价格的案例。当事人在 2015 年 10 月 8 日~2018 年 10 月 24 日利用所控制的 100 多个账户采用多种操纵手段影响 "金利华电" 的交易价格和交易量。其中证监会公布的操纵手段包括利用资金优势、持股优势连续操纵、账户组之间对到交易和盘中拉抬等。最终导致金利华电股票股价上涨了 44.65%，股价振幅高达 170.30%。由于本案中股票被操纵的周期长，操纵期间可能涉及多种操纵手段，以其操纵期间的分时高频交易数据作为研究数据，监测其操纵过程是否涉及尾盘操纵的操纵手段。经过预警指标测算，该股票在 6 月 21 日尾盘阶段的滚动收益率指标达到预警阈值。测算结果如表 5-8 所示。

表 5-8　金利华电回测检验结果

Panel A 滚动收益率标准差、均值的对比结果					
5.19~7.21（-6.21）		6.21		横向对比	
标准差	均值	标准差	均值	标准差	均值
其他时间阶段 0.05791	0.27913	0.06130	0.33750	0.00339	0.05837
尾盘阶段 0.05291	0.21372	0.49125	0.66743	0.43833	0.45371
差值 -0.00500	-0.06541	0.42995	0.32993	—	—
Panel B 波动率标准差、均值的对比结果					
5.19~7.21（-6.21）		6.21		横向对比	
标准差	均值	标准差	均值	标准差	均值
其他时间阶段 0.99309	17.17574	4.03362	20.75598	3.04053	3.58024
尾盘阶段 0.88514	16.56881	4.95829	20.48970	-11.61052	3.92089
差值 -0.10795	-0.60693	0.42995	0.32993	—	—

由表 5-8 可知，金利华电股票在 6 月 21 日尾盘阶段的均值 $\mu_i(R_t^{T_1})$ 为 0.66743，该股票在非操纵期间 5 月 19 日~7 月 21 日尾盘阶段的均值 $\mu_i(R_t^{T_0,T_2})$ 为 0.21372，二者的差值 $\Delta\mu_i(R_t)$ 值为 0.45371，非操纵期间 5 月 19 日~7 月 21 日尾盘阶段的标准差 $\delta(R_t^{T_0,T_2})$ 的值为 0.05291，满足条件 $\Delta\mu_i(R_t) > 3\delta(R_t^{T_0,T_2})$，已达到预警阈值，且其 6 月 21 日在尾盘阶段收益波动率的 $\mu_i(VO_t^{T_1})$ 值 20.48970 也比其在非操纵期间 5 月 19 日~7 月 21 日尾盘阶段收益波动率的均值 $\mu_i(VO_t^{T_0,T_2})$ 大出 3 个标准差，即其差值 $\Delta\mu_i(VO_t)$ 的值 3.92089 满足预警辅助条件 $\Delta\mu_i(VO_t) > 3\delta(VO_t^{T_0,T_2})$，故判定金利华电股票在 6 月 21 日这天发生了尾盘操纵。

五、收盘价格操纵预警指标的应用展望

本节对尾盘价格操纵标的股票特征的分析结果，有利于证券监管部门寻找尾盘操纵疑似股票，提高尾盘操纵监管效率。通过研究被尾盘操纵股票的共同特征，发现市值小、资产规模小、经营效果差的股票都是容易被尾盘操纵的股票。此外，通过对比股票所在行业内规模类似的股票的收盘价和成交量在操纵期间尾盘阶段和尾盘阶段以外的其他时间阶段的波动率作为从大量股票中筛选尾盘操纵嫌疑股票的初步判定条件。

本节在尾盘价格操纵的市场表现特征以及预警指标构建方面的研究成果，

为监管部门建立尾盘操纵预警机制提供了可供借鉴的预警指标和识别方法。这将有利于完善中国证券市场监管体系，从而更好地打击股市操纵行为，维护金融市场秩序，促进金融市场稳定繁荣。通过研究股票发生尾盘操纵时市场表现特征，为变量选取标准设计预警指标，以检测股票是否发生尾盘操纵。希望本节所研究设计的预警指标能为监管机构建立尾盘操纵预警机制，识别监测股市中的尾盘操纵，提供有益参考价值。

本节的总体研究结论进一步更新丰富股市投资者对股市尾盘操纵的基本步骤、操作手法、操纵特征方面的认知，提高广大投资者对股市尾盘的警觉性和敏感性。通过总结分析近10年尾盘操纵案例，对尾盘操纵的步骤、操纵手法及市场表现特征都进行了概括性总结，希望能进一步丰富广大股市投资者对尾盘操纵的认知，提高对尾盘操纵的警觉性。

第三节　连续交易操纵的预警机制研究

一、连续交易操纵的预警指标设计

从已有研究成果来看，股票发生操纵后，其成交量、成交额、收益率及交易成本往往会出现异常变化；并且，在不同操纵策略的影响下，上述指标中出现异常变化的指标也有所不同。有鉴于此，本节尝试监测上述多个指标的异常变化情况，并以此为依据来综合判断股票是否存在被操纵的可能性。一般来说，变量相对于历史平均值的偏离往往用于度量其异常变化水平，但值得注意的是，由于单纯监测各变量相对于历史平均值的偏离情况，难以剔除外部市场环境变化所产生的影响，由市场系统风险引起的上述变量的异常变化可能会被误判为发生交易型操纵。有鉴于此，本节所构建的异常变化测度指标，在考虑各变量相对于历史平均值异常波动的同时，剔除掉了市场层面的整体波动。具体来说，以半个交易小时为监测窗口，选取股票在每半个交易小时内的成交量、成交额、收益率、相对报价价差及相对有效价差为监测变量，构建了各变量异常变化的测度指标。一方面，对于监测窗口内股票的成交量、成交额，其异常变化的计算公式如下：

$$\Delta_{i,j,x} = \left(\frac{x_{i,j,t} - \overline{x}_{i,j,t-30}}{\overline{x}_{i,j,t-30}} \right) - \left(\frac{X_{j,t} - \overline{X}_{j,t-30}}{\overline{X}_{j,t-30}} \right) \tag{5-13}$$

其中，以成交量为例，$x_{i,j,t}$ 表示股票 i 在交易日 t 第 j 个监测窗口下的成交量；$\overline{x}_{i,j,t-30}$ 表示交易日 t-30 至交易日 t-1 内第 j 个监测窗口股票 i 成交量的平均值；$X_{j,t}$ 表示市场指数在交易日 t 第 j 个监测窗口的成交量；$\overline{X}_{j,t-30}$ 表示交易日 t-30 至交易日 t-1 内第 j 个监测窗口市场指数对应成交量的平均值。股票在各个监测窗口成交额异常波动指标的计算与之相同。

另一方面，对于监测窗口内股票的收益率、相对报价价差及相对有效价差，其异常变化的计算公式如下：

$$\Delta_{i,j,x} = (x_{i,j,t} - \overline{x}_{i,j,t-30}) - (X_{j,t} - \overline{X}_{j,t-30}) \tag{5-14}$$

其中，以收益率为例，$x_{i,j,t}$ 表示股票 i 在交易日 t 第 j 个监测窗口下的收益率；$\overline{x}_{i,j,t-30}$ 表示交易日 t-30 至交易日 t-1 内第 j 个监测窗口股票 i 收益率的平均值；$X_{j,t}$ 表示市场指数在交易日 t 第 j 个监测窗口的收益率；$\overline{X}_{j,t-30}$ 表示交易日 t-30 至交易日 t-1 内第 j 个监测窗口市场指数对应收益率的平均值。股票在各个监测窗口相对报价价差及相对有效价差异常波动指标的计算与之相同。

对于上述监测指标 $\Delta_{i,j,x}$，如果满足 $\Delta_{i,j,x} > \overline{\Delta}_{i,j,x} > 3\sigma_{i,j,x}$，则认为其在交易日 t 第 j 个监测窗口内发生了异常变化[①]。进一步地，在第 j 个监测窗口下，如果在 5 项监测指标中有不低于 3 项指标发生了异常变化，则股票 i 被判定为在交易日 t 第 j 个监测窗口发生了疑似连续交易操纵。

以连续交易操纵的监测模型为基础，分别构建了疑似发生连续交易操纵的数量占比和成交额占比来衡量该操纵行为的严重程度。对特定交易日的某只股票而言，疑似发生连续交易操纵数量占比是指特定交易日内该股票疑似发生连续交易操纵次数与当日所有交易股票对应监测窗口总数[②]之比，疑似发生连续

---

① $\overline{\Delta}_{i,j,x}$ 为交易日 t 前 30 个交易日的滚动窗口下 $\Delta_{i,j,x}$ 的平均值，$\sigma_{i,j,x}$ 为交易日 t 前 30 个交易日的滚动窗口下 $\Delta_{i,j,x}$ 的标准差。

② 根据连续交易操纵监测模型，当日所有交易股票对应监测窗口总数是指所有交易股票数量与每个交易日内半小时监测窗口数量的乘积。

交易操纵成交额占比是指特定交易日内该股票所有被监测出发生连续交易操纵的窗口下成交额之和与当日整个股票市场总成交额的比值。

基于所构建的连续交易操纵、开盘价操纵和收盘价操纵行为的监测模型，对 2003 年 1 月 1 日~2017 年 12 月 31 日中国股票市场的疑似市场操纵行为进行了识别与监测。接下来，将从交易所层面和股票层面对监测结果展开分析，以探究我国上海证券交易所股票市场（简称沪市）、深圳证券交易所股票市场（简称深市）操纵行为的特征。

二、连续交易操纵监测结果分析

（一）描述性统计分析

图 5-8 列示了沪深两市历年疑似发生连续交易操纵的数量。从中可以看出，2003~2017 年沪市疑似发生连续交易操纵的总数量为 161974 次，深市疑似发生连续交易操纵的总数量为 191148 次，后者比前者多 29174 次，约高出 18%，这可能是因为随着中小板和创业板市场的不断发展，在深交所上市交易股票的数量增长更快，最终超越了上交所，从而为疑似连续交易操纵行为数量的增长提供了可能。如图 5-9 所示，进入 2010 年以后，深市日交易股票数量年度均

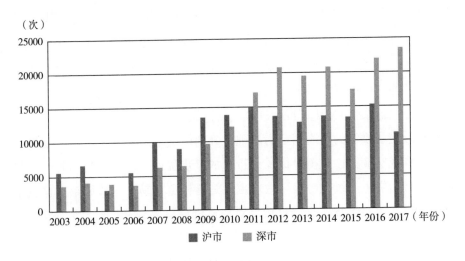

图 5-8　历年疑似发生连续交易操纵数量

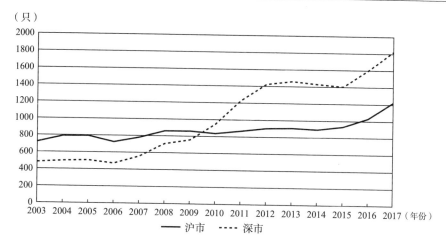

（只）

图 5-9　历年日交易股票数量均值

值①超过沪市，并于 2017 年达到 1824 只左右的水平。与之相比，2017 年沪市日交易股票数量的年度均值约为 1223 只。

　　进一步地，深市分板块来看（见图 5-10），2009 年以来，深市主板日交易股票数量的年度均值及疑似发生连续交易操纵的数量基本上保持在比较稳定的水平。但是，随着原中小板及创业板上市交易股票数量的增加，疑似发生连续交易操纵股票的数量呈现出逐年增长的趋势。其中，原中小板疑似发生连续交易操纵股票的数量于 2011 年超过深市主板，创业板疑似发生连续交易操纵股票的数量也于 2017 年超过深市主板。由此可以看出，原中小板和创业板市场规模日益扩大，在很大程度上也引起了疑似连续交易操纵行为的快速增长。

　　沪深两市上市交易股票的数量有所不同，因而有必要比较两市连续交易操纵行为的相对严重程度。为此，分别构建疑似发生连续交易操纵的数量占比和成交额占比来衡量该操纵行为的严重程度。图 5-11 和图 5-12 分别列示了沪深两市历年疑似发生连续交易操纵数量占比均值和成交额占比均值的变化情况。从中可以发现，一方面，就沪深两市疑似发生连续交易操纵数量占比和成交额占比均值的历年变化情况而言，2003～2011 年，数量占比和成交额占比整体上呈增长趋势，沪市的疑似连续交易操纵数量占比和成交额占比分别从 0.3% 和

---

　　①　日交易股票数量年度均值，是指对单个交易日内发生交易的股票数量取年度平均值。

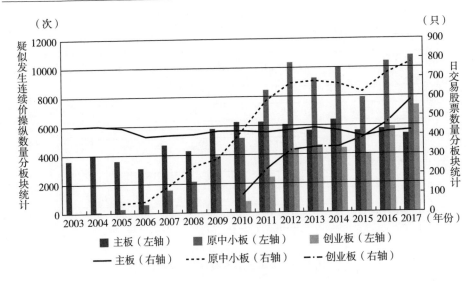

图 5-10　历年疑似发生连续交易操纵数量和日交易股票数量分板块统计

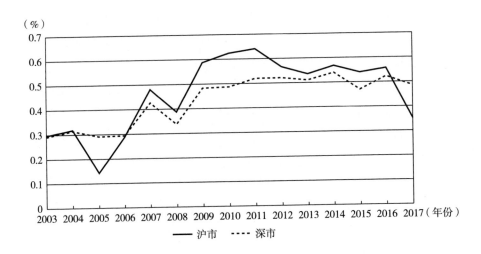

图 5-11　历年疑似发生连续交易操纵数量占比均值变化情况

200 个基点左右的水平快速增长至 0.64% 和 331.04 个基点的水平，深市的疑似
连续交易操纵数量占比和成交额占比也从 0.3% 和 200 个基点左右的水平快速增
长至 0.52% 和 257.79 个基点的水平，表明这一时期沪深两市的连续交易操纵行
为日益严重；2012 年以后，该增长趋势明显放缓，沪市的疑似连续交易操纵数

量占比和成交额占比分别稳定在 0.55% 和 300 个基点左右的水平，深市的疑似连续交易操纵数量占比和成交额占比也均稳定在 0.5% 和 250 个基点左右的水平。这一时期沪深两市连续交易操纵行为得到有效遏制，可能与监管部门逐步加大证券市场违规行为的监管力度有关。据统计，2003～2011 年中国证监会处罚的市场操纵案件仅为 34 例，但 2012 年以后所处罚市场操纵案例的数量明显增多，截至 2016 年底达到 65 例，远高于 2003～2011 年市场操纵案件的数量。同时，市场操纵罚款金额与获利金额的比重也能够反映对这类行为处罚力度的变化。1998～2006 年、2007～2011 年、2012～2016 年该比重分别为 100%、110%、242%，表明与 2012 年以前相比，2012 年以后监管部门对市场操纵行为的监管力度明显加大。

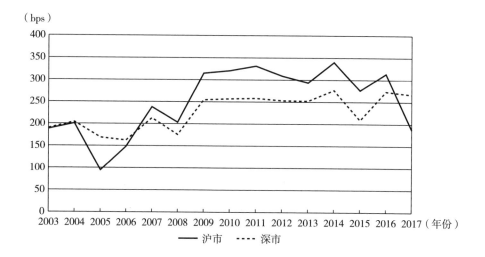

图 5-12 历年疑似发生连续交易操纵成交额占比均值变化情况

另一方面，通过对沪深两市疑似发生连续交易操纵的情况进行横向比较后发现，2007～2016 年沪市疑似发生连续交易操纵的数量占比和成交额占比均高于深市，表明与深市相比，沪市连续交易操纵行为的发生情况更为严重。

为了解中国股票市场疑似发生连续交易操纵的总体情况，将沪深两市疑似发生连续交易操纵的数量进行了汇总统计，整理在图 5-13 中。从中可以看出，与前述沪深两市疑似发生连续交易操纵的变化趋势相一致，中国股票市场疑似发生连续交易操纵的数量占比也于 2011 年以前大体上呈增长趋势，并于 2012 年后呈逐步下降趋势。这表明 2012 年以后中国股票市场的连续交易操纵行为得到了有效遏制。

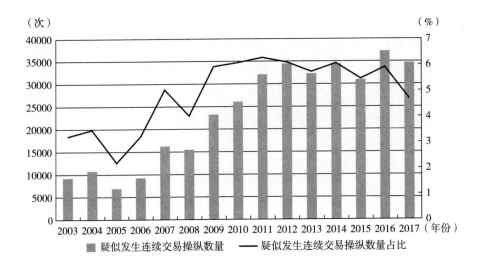

图 5-13　中国股票市场历年疑似发生连续交易操纵数量及占比

（二）疑似发生连续交易操纵股票特征分析

从已监测出疑似发生连续交易操纵的股票来看，2003~2017 年沪深两市股票累计发生连续交易操纵次数的平均值分别为 120 次和 94 次，表明对于被监测出疑似发生连续交易操纵的股票而言，在样本区间内累计发生连续交易操纵的次数分别达到 120 次和 94 次，并且沪市股票重复发生连续交易操纵的情况比深市更为严重；进一步地，为探究容易发生连续交易操纵股票的特征，以样本区间内累计发生连续交易操纵次数的中位数为划分标准，将累计发生连续交易操纵次数高于中位数的股票形成了连续交易操纵次数较多子样本。也就是说，由于沪深两市股票累计发生连续交易操纵次数的中位数分别为 141 次和 91 次，则沪市中累计发生连续交易操纵次数超过 141 次的股票和深市中累计发生连续交易操纵次数超过 91 次的股票将构成股票子样本（见表 5-9）。接下来，以该子样本为研究对象展开分析。

表5-9　沪深两市股票累计发生连续交易操纵次数统计

股票市场	均值	中值	最小值	最大值
沪市	120	141	1	268
深市	94	91	1	251

根据《上海证券交易所股票上市规则》和《深圳证券交易所股票上市规则》，如果上市公司出现财务状况异常情况或其他异常情况，导致其股票存在被终止上市的风险，或者投资者难以判断公司前景，投资者权益可能受到损害的，证券交易所将对该公司股票实施风险警示。其中，风险警示包括退市风险警示和其他风险警示①。因此，对于具有风险警示实施记录的股票而言，所对应上市公司的财务状况通常出现过异常变化，从而具有较低的经营稳定性。

本部分对发生连续交易操纵次数较高股票子样本中具有风险警示实施记录的占比进行了统计（见表5-10）。根据该表，在发生连续交易操纵次数较高的股票子样本中，具有风险警示实施记录股票的占比达到24.15%。而与之相比，全部A股中具有风险警示实施记录股票的占比仅为19.56%。这表明与全部A股中经营稳定性较低上市公司出现的平均概率相比，发生连续交易操纵次数较高股票子样本中经营稳定性较低上市公司出现的概率往往更高。也就是说，与基本面良好、无风险警示实施记录的上市公司股票相比，经营稳定性较差、存在风险警示实施记录的上市公司股票更容易发生连续交易操纵。

表5-10　有风险警示实施记录股票占比统计　　单位:%

类别	有风险警示记录占比	无风险警示记录占比
连续交易操纵次数较多子样本	24.15	75.85
全部A股	19.56	80.44

---

①　对于被实施退市风险警示的股票，在公司股票简称前冠以"＊ST"字样；而对于被实施其他风险警示的，在公司股票简称前冠以"＊ST"字样。

另外，对发生连续交易操纵次数较高股票子样本的总市值分布状况和换手率分布状况进行统计。一方面，从 2003~2017 年样本股票日均总市值的分布状况来看，日均总市值在 50 亿元以下的股票占比达到 56.35%，而在全部 A 股中该比例为 47.27%。这表明发生连续交易操纵次数较高股票的总市值主要集中在 50 亿元以下；并且与全部 A 股相比，股票子样本中总市值处于 50 亿元以下的股票占比更高，即日均总市值规模较小的股票更容易发生连续交易操纵（见图 5-14）。

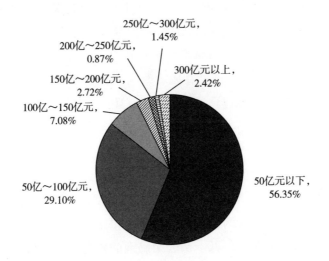

图 5-14　连续交易操纵次数较多子样本股票日均总市值分布状况

另一方面，从 2003~2017 年样本股票日均换手率的分布状况来看，日均换手率介于 0~2%、2%~4% 的股票占比分别达到 18.14% 和 66.05%，累计达到 84.19%，表明发生连续交易操纵次数较高股票的日均换手率主要集中在 4% 以下；同时，从全部 A 股日均换手率的分布状况来看，日均换手率处于 4% 以下股票的数量占比为 62.15%。这充分表明，与全部 A 股相比，股票子样本中换手率处于 4% 以下的股票占比更高，即日均换手率较低的股票更容易发生连续交易操纵（见图 5-15）。

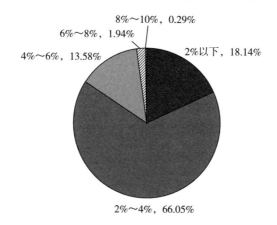

图 5-15　连续交易操纵次数较多子样本股票日均换手率分布状况

第四节　开盘价操纵的预警机制研究

一、开盘价操纵的预警指标设计

基于开盘价操纵中股票成交价格的变化特征，本节构建了如下开盘价偏离模型（Opening Price Dislocation Model）。具体来说，交易日 t 内股票 i 被判定存在开盘价操纵情形，需同时满足以下两个条件：

（1）相比于上一交易日的收盘价，当天交易日股票开盘价出现异常变化（Abnormal Opening Price Change），即

$$\Delta OPChg_{it} > \overline{\Delta OPChg_i} + 3\sigma_i \text{ 或 } OPChg_{it} < \overline{\Delta OPChg_i} - 3\sigma_i \tag{5-15}$$

其中，$\Delta OPChg_{it} = (OP_t - CP_{t-1})/CP_{t-1}$ 表示股票 i 交易日 t 的开盘价相对交易日 t-1 收盘价的变化率，$\overline{\Delta OPChg_i} = 1/30 \times \sum_{t=-30}^{t=-1} \Delta OPChg_{it}$ 为交易日 t 前 30 个交易日的滚动窗口下 $\Delta OPChg_{it}$ 的平均值，σ_i 为相同时间窗口下 $\Delta OPChg_{it}$ 的标准差。

（2）开盘交易 15 分钟后出现股票价格回转，回转幅度达到开盘价相对上一交易日收盘价变化幅度的 50% 以上，即

$$\frac{(OP_t - OP_{t+15mins})}{(OP_t - CP_{t-1})} \times 100\% \geqslant 50\% \tag{5-16}$$

其中，OP_t、$OP_{t+15mins}$ 分别为股票 i 在交易日 t 的开盘价及开盘后 15 分钟的成交价格，CP_{t-1} 为股票 i 在交易日 t-1 的收盘价。

需要注意的是，符合上述判定条件的股票价格变化也可能是源于上市公司披露公告、谣言澄清等因素的影响，而与开盘价操纵无关。有鉴于此，采用 Reuters 全球新闻数据库过滤掉由上述因素导致的股票价格在收盘及开盘阶段的异常变动，以提升开盘价操纵识别监测的准确性与有效性。

为度量股票市场疑似发生开盘价操纵的严重程度，分别构建了疑似发生开盘价操纵数量占比和成交额占比两个指标。其中，疑似发生开盘价操纵数量占比是指交易日内疑似发生开盘价操纵股票的数量与当日交易股票数量之比，疑似发生开盘价操纵成交额占比是指交易日内疑似发生开盘价操纵股票在集合竞价期间的成交额之和与当日整个股票市场总成交额的比值。

二、开盘价操纵的监测结果分析

（一）描述性统计分析

图 5-16 列示了沪深两市历年疑似发生开盘价操纵的数量。从中可以看出，2003~2017 年沪市疑似发生开盘价操纵的总数量达到 12427 次，深市为 14915 次，后者比前者多 2488 次，约高出 20%。从历年疑似开盘价操纵数量的变化情况来看，2013 年以后深市疑似开盘价操纵的数量大幅增加，大大超过沪市疑似发生开盘价操纵的数量。与前述疑似连续交易操纵类似，这一变化可能与深圳证券交易所中小板和创业板市场的快速发展有关。如图 5-17 所示，随着中小板和创业板市场规模的扩大和日交易股票数量的增多，疑似发生开盘价操纵股票的数量也随之增多。尤其在 2013 年以后，中小板市场疑似发生开盘价操纵股票的数量达到 811 次，显著超过主板市场疑似开盘价操纵的股票数量；创业板市场疑似开盘价操纵股票的数量也达到 361 次，与主板市场疑似开盘价操纵股票的数量基本接近。由此可以看出，中小板和创业板市场规模在日益扩大的同时，在很大程度上引起了疑似开盘价操纵行为的快速增长。

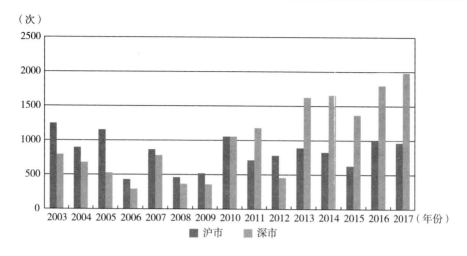

图 5-16 历年疑似发生开盘价操纵数量

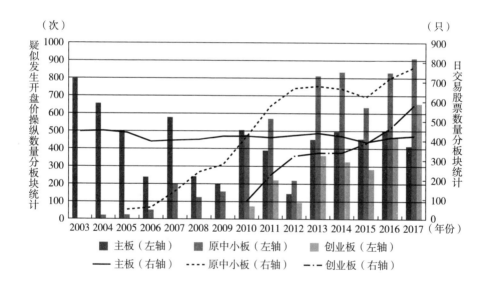

图 5-17 历年疑似发生开盘价操纵数量和日交易股票数量分板块统计

进一步地，为比较沪深两市疑似发生开盘价操纵的相对水平，对沪深两市疑似发生开盘价操纵的数量占比和成交额占比展开分析。图 5-18 和图 5-19 分别列示了沪深两市历年疑似发生开盘价操纵数量占比均值和成交额占比均值的变化情况。从中可以看出，一方面，沪深两市疑似开盘价操纵的数量占比大体上均呈现出逐年下降趋势。具体来说，2003年沪深两市疑似发生开盘价操纵股票的数量占比保持在0.8%左右的水平，但2011年以后该数量占比降至0.4%左右，并一直稳定在0.4%~0.6%；但是，就沪深两市疑似开盘价操纵的成交额占比而言，并未表现出明显的下降趋势。除2007年少数年份出现异常波动外，沪深两市疑似发生开盘价操纵股票的成交额占比基本上在1.0~1.5个基点之间波动。由此可以看出，沪深两市疑似开盘价操纵数量占比有所降低的同时，成交额占比并未随之降低，表明对于被监测出疑似开盘价操纵的股票而言，被操纵的严重程度有逐步提升的趋势。

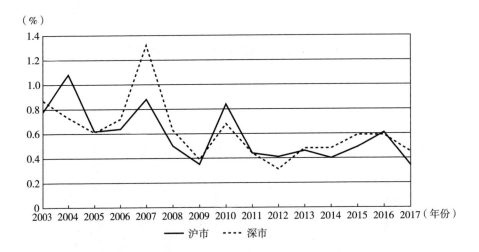

图 5-18 历年疑似发生开盘价操纵数量占比均值变化情况

另一方面，通过对沪深两市疑似发生开盘价操纵的情况进行横向比较后发现，无论是数量占比还是成交额占比，沪深两市大体处于相同水平，并表现出较为一致的变动趋势。这表明沪深两市疑似发生开盘价操纵行为的严重程度大体相当。

为了解中国股票市场疑似发生开盘价操纵的总体情况，将沪深两市疑似发生开盘价操纵的数量进行了汇总统计，并整理在图5-20中。其中，疑似发生开盘价操纵数量是指沪深两市疑似发生开盘价操纵数量之和，疑似发生开盘价操纵数量占比是指中国股票市场疑似发生开盘价操纵总数量占日交易股票总数量

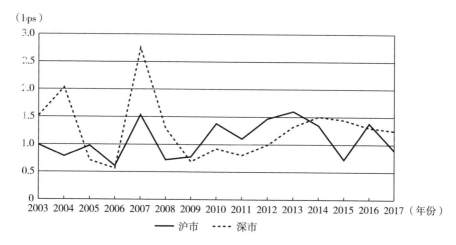

图 5-19　历年疑似发生开盘价操纵成交额占比均值变化情况

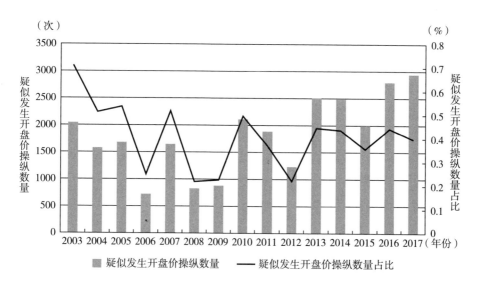

图 5-20　中国股票市场历年疑似发生开盘价操纵数量及占比

的比重。从数量上看，随着中国股票市场规模的扩大，疑似发生开盘价操纵的数量有所增长，但增长幅度相比于疑似发生连续交易操纵的增长幅度较小。2003～2017 年，中国股票市场疑似发生开盘价操纵的次数由 2043 次增加至 2944 次，增长幅度约为 44%。但在此期间，沪深两市疑似发生连续交易操纵总数量的增幅却超过了 300%；从数量占比来看，2003 年沪深两市疑似发生开盘价操纵的数量占比为 0.71%，但该占比于 2006 年降至 0.25%，并一直保持在 0.3%~0.5%。总之，从历年沪深两市疑似开盘价操纵数量和数量占比的变化情况来看，我国股票市场开盘价操纵行为的严重程度总体上趋于减弱。

（二）疑似发生开盘价操纵股票特征分析

从已监测出疑似发生开盘价操纵的股票来看，2003~2017 年沪深两市股票累计发生开盘价操纵次数的平均值分别为 10.02 次和 9.94 次，表明对于被监测出疑似发生开盘价操纵的股票而言，在样本区间内累计发生开盘价操纵的次数分别达到 10.02 次和 9.94 次，并且沪市股票重复发生开盘价操纵的情况比深市更为严重；进一步地，为探究容易发生开盘价操纵股票的特征，以样本区间内累计发生开盘价操纵次数的中位数为划分标准，将累计发生开盘价操纵次数高于中位数的股票形成了开盘价操纵次数较多子样本。也就是说，由于沪深两市股票累计发生开盘价操纵次数的中位数分别为 10 次和 9 次，则沪市中累计发生开盘价操纵次数超过 10 次的股票和深市中累计发生开盘价操纵次数超过 9 次的股票将构成股票子样本（见表 5-11）。接下来，以该子样本为研究对象展开分析。

表 5-11　沪深两市股票疑似发生开盘价操纵累计次数统计

股票市场	均值	中值	最小值	最大值
沪市	10.02	10	1	27
深市	9.94	9	1	28

与针对疑似连续交易操纵次数较多股票子样本的分析类似，基于沪深两市股票疑似发生开盘价操纵次数较多的股票子样本，统计了子样本中具有风险警示实施记录股票的占比。根据表 5-12，在发生开盘价操纵次数较高的股票子样本中，具有风险警示实施记录股票的占比达到 27.96%。而与之相比，全部 A 股中具有风险警示实施记录股票的占比仅为 19.56%。这表明与全部 A 股中经营稳定性较低上市公司出现的平均概率相比，发生开盘价操纵次数较高股票子样本中经营稳定性较低上市公司出现的概率往往更高。也就是说，与基本面良好、无风险警示实施记录的上市公司股票相比，经营稳定性较差、存在风险警

示实施记录的上市公司股票更容易发生开盘价操纵。

表 5-12　有风险警示实施记录股票占比统计　　　　　单位:%

类别	有风险警示记录占比	无风险警示记录占比
开盘价操纵次数较多子样本	27.96	72.04
全部 A 股	19.56	80.44

另外，对发生开盘价操纵次数较高股票子样本的总市值分布状况和换手率分布状况进行了统计（见图 5-21 和图 5-22）。一方面，2003～2017 年样本股票日均总市值的分布状况来看，日均总市值在 50 亿元以下的股票占比达到 56.82%，而在全部 A 股中该比例为 47.27%。这表明发生开盘价操纵次数较高股票的总市值主要集中在 50 亿元以下；并且与全部 A 股相比，股票子样本中总市值处于 50 亿元以下的股票占比更高，即日均总市值规模较小的股票更容易发生开盘价操纵。

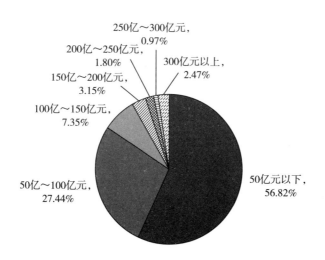

图 5-21　开盘价操纵次数较多子样本股票日均总市值分布状况

另一方面，2003～2017 年样本股票日均换手率的分布状况来看，日均换手率介于 0～2%、2%～4% 的股票占比分别达到 27.44% 和 68.07%，累计达到 95.5%，表明发生开盘价操纵次数较高股票的日均换手率主要集中在 4% 以下；

同时，从全部 A 股日均换手率的分布状况来看，日均换手率处于 4%以下股票的数量占比为 62.15%。这充分表明与全部 A 股相比，股票子样本中换手率处于 4%以下的股票占比更高，即日均换手率较低的股票更容易发生开盘价操纵。

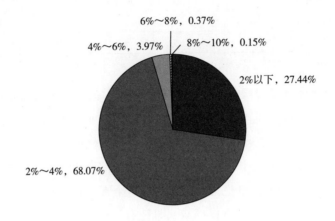

图 5-22　开盘价操纵次数较多子样本股票日均换手率分布状况

第六章 收盘集合竞价制度的反操纵功能研究

第一节 研究背景

　　收盘价作为重要的价格表现，其高低是市场投资者特别重视的一个价格指标，通常反映出市场资金的关注点，有预示下一个交易日演绎方向的作用。2018 年前，深圳证券交易所的收盘价是通过集合竞价的方式产生的。上海证券交易所原收盘价决定机制为：当日该证券最后一笔交易前一分钟所有交易的成交量加权平均价格（含最后一笔）。相对收盘集合竞价而言，这一制度容易造成股票价格在最后一分钟被市场操纵，造成股市尾盘的异常波动。尾盘的异常波动包括尾盘拉升以及尾盘打压，形成盘尾拉升现象的原因一般是主力拉升吸筹或放量震仓，此时股价的异常波动是主力取巧操作的典型手法，目的是为第二天的操纵做准备。形成尾盘打压现象的原因一般是当主力控盘达到一定程度或建仓尾声时，市场流通筹码已经大量集中并锁定，主力会利用收盘前几分钟将股价尽量拉低，以达到误导投资者的目的。除市场操纵会导致尾盘价格异常波动，内幕交易、乌龙指、信息披露、板块轮动等因素都会导致尾市的异常波动。持续的尾市异常波动将会导致收盘价的信息失真，不仅降低价格效率、虚拟供求关系、制造交易假象，致使资金流入投资者的腰包，而且破坏市场交易秩序、降低资本市场资源配置效率、损害投资者权益，更有甚者会造成信用危机，进而引发经济恐慌。仅证券业监督管理委员会发文披露的从 2010 年 7 月 14 日到 2018 年 7 月 31 日的行政处罚决议和行政进入决议中，就有共计 21 号文件涉及尾盘操控，以文号为（2018）71 号的文件为例，该行政处罚决议书对上海通金投资有限公司没收违法所得 6814322.69 元，并处以 13628645.38 元的罚款，对刘璟给予警告，并处以 30 万元的罚款。在这份决议书披露的细节中，通金投资于 2016 年 6 月 7 日、6 月 13 日和 6 月 14 日收盘前 15 分钟内存在 3 次明显尾盘拉升的行为，主动买入占比在 70% 以上，股价涨幅为 2%~4%，获利巨大。可见尾盘操纵大幅降低收盘价的信息传递效率，严重破坏市场交易规则。因此为进一步优化收盘交易机制，维护市场交易秩序，保护投资者权益，经中国证监会批准，对《上海证券交易所交易规则》进行了修订，于 2018 年 8 月 6 日公布，股票交易于 2018 年 8 月 20 日起实施收盘集合竞价。由于上交所和深交所收盘价产生机制实施方面存在时间差异，本章基于中国 A 股市场的自然实验，通过分析政策实施前后上海证券交易所股市尾盘的波动率变化，来探究收盘集合竞价的制度影响。

从资本市场微观结构的角度出发，本章检验收盘集合竞价制度是否降低了沪市尾盘的波动异常。比较 2008~2018 年上易所和深交所尾盘异动状况，然后通过收集政策实施前后从 2017 年至 2018 年 10 月 15 日的上交所和深交所主板市场上市公司股票数据，利用相关数据研究上交所收盘价产生机制改变后尾盘的波动率变化，结合市场层面和个股层面来判断收盘集合竞价制度是否降低了沪市尾盘的异常波动。最后根据研究结论为优化收盘集合竞价制度提出对策建议。

第二节　文献回顾与研究假设

股票收盘价格变动的基础是尾盘中成交量的变动，但是在尾盘价格成交量的序列中，由于市场信息的不对称或者失真情况的发生，尾盘价格便会出现异动，而市场操纵是引起尾盘价格异动的主要原因。本章意图探讨新的收盘价产生机制对尾盘异动是否起到了抑制作用，因此从市场操纵和集合竞价两部分进行文献的综述回顾。

一、集合竞价

将潜在的投资需求转化为实际的交易是证券交易机制的重要功能之一，而这一转化过程实现的关键便是价格的确定与发现过程。在价格发现机制中，集合竞价和连续竞价是两种使用非常广泛的机制。其中集合竞价又包括开放式集合竞价和封闭式集合竞价两种形式，前者指在集合竞价过程中，即时揭示买卖盘信息和指示性集合竞价价格；后者指在集合竞价过程中不披露任何信息，仅仅在集合竞价过程结束后披露价格和成交情况。而不同的价格发现机制会导致市场的波动率、流动性等指标存在很大的差异。

对于集合竞价和连续竞价两种不同的竞价方式对市场影响的研究，国内学者基于价格产生机制透明度增加等角度进行制度变化前后的对比分析后得到多种结论。李平和曾勇（2006）基于金融微观市场结构理论在理性预期框架下研究发现，开放式集合竞价会吸引噪声投资者，因而其确定的均衡价格比在封闭式集合竞价模式确定的均衡价格更有效率，但是如果吸引的噪声投资者过多，反而情况会变得更糟。许香存等（2007）经过实证研究发现，开盘竞价透明度的增加能够提高开盘竞价收集信息的功能，可以稳定连续竞价市场。同时，基于事件研究法分析证明，实行开放式开盘集合竞价不仅能够吸引更多的交易者参与交易，提高开盘价格的信息效率，而且能够缓解交易者对开盘信息的过度反应（许香存等，2010）。基于深圳中小企业板的实证研究发现收盘集合竞价透明度的增加能够有效缓解收盘前集中交易现象，减少庄家在尾盘拉抬和打压价格等做盘的可能性，提高收盘价格的信息效率，说明收盘集合竞价透明度的增加能够减少市场操纵行为的发生（许香存，2012）。但张肖飞（2012）以上交所开盘集合竞价透明度提高时间为出发点进行研究发现，提高开盘集合竞价透明度后，市场的流动性降低；个股与市场反应的一致性降低，市场模型的拟合优度均有显著下降，开盘价格发现效率降低。虽然在价格发现效率方面不同学者有不同的意见，但是普遍认为价格确定和产生机制透明度的增加能够减少市场操纵行为的发生。

二、市场操纵的分类、动因、影响以及监管

市场操纵，根据徐龙炳等（2018）的观点，学术界并没有对其有一个公认

的定义。而由于司法管辖区等情况不同，市场操纵在各国也没有明确的定义。因此通过判例法的分析研究，只能将其暂定义为不诚实的意图操纵股票价格。关于市场操纵，自 Hart（1997）以来，学术界有越来越多的文献对其进行探讨和分析。在分类方面最为经典的划分出自 Allen 和 Gale（1992），作者将市场操纵分为三类，分别是基于行动的操纵、基于信息的操纵、基于交易的操纵。

关于尾盘操纵的动因，国内外学者从多种角度进行了大量的研究。进行市场操纵是基于获利动机以及满足随之产生的其他需求。Hillion 和 Suominen（2004）基于委托代理的收盘价操纵模型解释了收盘价操纵行为的动因，认为经纪人操纵收盘价是为了提高顾客的满意度，其作为获利动机的衍生品，本质上是满足顾客的获利需要，而这将会加剧股价波动，并伴随着买卖价差的扩大。Vanden（2005）研究认为持有特定衍生产品的公司内部人士有动机操纵股票价格。周春生等（2005）的研究结果表明交易型价格操纵获利的重要原因是非充分理性投资者的存在和有限套利的制约，并且投机者套利能力越弱，操纵者的价格操纵越容易获利。徐龙炳（2005）通过分析发现机构投资者采用多账户交易的动机有隐蔽交易、拉升股价、申购新股。综合已有的研究结果，尾盘操纵的动因包括基金经理月末、季末、年末操纵为了提高基金净值以粉饰业绩；期权或期货到期日操纵标的股票或股指；操纵单只股票以进入重要的指数；个人或机构投资者操纵股票或股指以获取超额利润；配合内幕交易或其他违规行为。

在尾盘操纵的影响方面，国内外学者研究表明尾盘操纵的影响是多样的。首先，市场操纵会降低市场效率。Comerton‐Forde 和 Putnins（2011）通过对1997~2008 年的多伦多证券交易所、纽约证券交易所以及美国证券交易所市场操纵案例进行实证分析，证明被操纵期间股票的买卖价差、收益率及交易规模等会显著增大。Eren 和 Ozsoylev（2008）通过模型研究发现，拥有内幕信息的交易者通过"拉高砸盘"的方式损害没有内幕信息交易者的利益，导致市场深度以及交易量的增加，但是影响了市场效率。其次，市场操纵会造成市场波动的上升，并且对市场流动性产生影响，Aggarwal 和 Wu（2006）基于美国资本市场的数据证明市场操纵会加剧股价波动，股价在操纵期间会上升，后期出现反转。张宗新等（2007）基于内幕操纵研究证明内幕操纵行为对证券价格波动造成异常冲击，股价在重大信息公告之前呈现上升趋势，伴随的是市场波动率的上升。李梦雨（2015b）对 2008~2014 年中国证监会所公布的市场操纵案例运用事件分析方法进行实证研究，结果表明被操纵股票在操纵期间存在异象，其日收益率、有效价差、价格波动性及交易规模均明显上升，进而论证了操纵行为对市场交易和流动性存在不利影响。李志辉等（2018）运用面板数据回归实证分析收盘价操纵对市场流动性的影响，结果表明收盘价操纵会提高股票交易成本和降低流动性，这种影响往往在股票市场处于震荡和下跌阶段时更为显著，并且说明了收盘价的操纵会引起股票价格的剧烈波动。

市场操纵存在降低市场流动性、增加波动性、降低市场效率等弊端，严重时会引发市场危机，并且随着技术的发展，其隐蔽性和复杂性不断提升，现已成为金融防范的重点，关于市场操纵的监管，众多学者基于不同的方法提出了不同的建议。刘元海和陈伟忠（2003）实证分析得到在亿安科技股价操纵过程中，股东人数变化和股价变动之间的协同演化存在于我国证券市场中其他股票上，并建议将这种方法作为检验是否进行市场操纵的方法。张维（2011）运用GARCH模型进行分析得到被操纵资产在波动性的异常变化，判断价格序列偏离了"自然特性"，具有被操纵的嫌疑。Kim和Sohn（2012）提出了同群分析的方法，这是一种利用数据挖掘的技术来检测可疑股价操纵模式的方法。

通过对已有文献的分析发现，尾盘操纵有诸多弊端，而完善交易机制设计能够减少市场操纵。上交所在2018年8月20日前的收盘价产生机制为连续竞价，20日后为开放式集合竞价，说明政策前后的收盘价产生机制的透明度增加，优化收盘交易机制。而由于新的收盘价产生机制的实施，上交所和深交所便提供了自然实验平台，因此本章试图采用微观层面的数据来研究收盘集合竞价方式对股市尾盘波动率的影响。根据许香存等（2012）的研究，收盘集合竞价透明度的增加能够有效缓解收盘前集中交易的现象，减少庄家在尾盘拉抬和打压价格等做盘的可能性，提高收盘价格的信息效率，减少市场操纵。那么当上交所收盘价产生机制由当日该证券最后一笔交易前一分钟所有交易的成交量加权平均价格（含最后一笔）变为收盘集合竞价时，收盘价产生机制的透明度也会增加，交易者对尾盘信息的过度反应会降低，这样便提高了尾盘操纵所需的资金量，大大降低了尾盘价格操纵的可操作性。随着尾盘操纵数量的减少，尾盘异动的情况也会随之减少。进而达到收盘集合竞价降低尾盘异动的效果，政策效果明显。因此，本章有如下研究假设：收盘集合竞价降低了股市尾盘的异常波动。

第三节　研究设计

一、样本选取

本章选取 2017 年 1 月 1 日~2018 年 10 月 15 日上交所和深交所主板市场股票数据作为研究样本。在样本筛选过程中，剔除了金融行业的上市公司及相关变量缺失度在 50% 以上的样本。所有数据来源于 CSMAR 数据库、RESSET 数据库以及 MQD 数据库。

二、市场操纵的度量

本章研究的变量核心工作之一是对市场操纵的变量进行刻画。而在尾盘进行市场操纵后，股票价格会有一定的变化，参照李志辉等（2018）的做法，借鉴其操纵识别模型。发生收盘价操纵行为之后，股票价格会倾向于产生以下特征：股票价格会在收盘前的一段时间内呈现出与其他交易日不同的异常波动，并且股票价格会在第二天发生回转，基于以上特征，在交易日 t 内股票 s 被判定为发生收盘价操纵需要满足以下三个条件：

（1）在交易当天收盘前 15 分钟股票价格出现异常波动，即

$$\Delta EOD_{st} > \overline{\Delta EOD_s} + 3\delta_s \ \text{或} \ \Delta EOD_{st} < \overline{\Delta EOD_s} - 3\delta_s \tag{6-1}$$

其中，$\Delta EOD_{st} = (P_{eod,s_t} - P_{eod-15mins,s_t})/P_{eod-15mins,s_t}$ 表示交易日 t 内股票 s 收盘价相对于收盘前 15 分钟成交价格的变化率，$\overline{\Delta EOD_s} = 1/30 \times \sum_{t=-30}^{t=-1} \Delta EOD_{st}$ 为交易日 t 前 30 个交易日的滚动窗口下交易结束前 15 分钟股票价格变化率的平均值，δ_s 为相同时间窗口下 ΔEOD_{st} 的标准差。

（2）与交易日 t 收盘价相比，下一个交易日 t+1 股票 s 的开盘价出现价格回转，且价格回转幅度达到上一交易日尾市价格变化的 50% 以上，即

$$\frac{(CP_t - OP_{t+1})}{(CP_t - CP_{t-15mins})} \times 100\% \geqslant 50\% \tag{6-2}$$

其中，CP_t、$CP_{t-15mins}$ 分别为股票 s 在交易日 t 的收盘价及收盘前 15 分钟的成交价格，OP_{t+1} 为股票 s 在交易日 t+1 的开盘价。

（3）当天交易结束前 15 分钟至下一交易日开盘前没有与股票 s 有关的信息发布。

满足以上 3 个条件构建的识别模型能够很好地刻画尾盘被操纵次数。

在本章中，用 Mani 来代替 EOD Price Dislocation Case Count，代表尾盘异常波动的次数，若 Mani 的数值越大，说明股票被操纵次数越多；用 Mani Ratio 来代替 EOD Price Dislocation Case Count Ratio，代表尾盘异动股票市值占市场总市值的比例，若 Mani Ratio 的数值越大，说明被操纵股票的市值占市场总市值的比例越大。

三、描述性统计分析

以上交所和深交所主板市场被操纵次数为研究对象，统计了两个市场 2008~2018 年的 Mani 以及 Mani Ratio 数据，按月份进行累积求和，并进行简单的统计分析。

由图 6-1 可以看到，2008~2017 年初，深交所被操纵的股票次数大体上要低于上交所被操纵的股票次数，但是从 2017 年开始，上交所股票被操纵次数明显减少，而且低于深交所股票的被操纵次数。这是因为自中国股市发生股灾之后，上交所出台了一系列的信息披露制度，如于 2017 年 6 月 30 日出台了《关于修订上市公司股东及董监高减持股份临时公告格式指引的通知》，于 11 月 10 日出台了《关于做好落实减持新规相关信息填报工作的通知》，于 12 月 19 日发布了《关于修订上市公司业绩预告、业绩快报等临时公告格式指引的通知》，于 2018 年 6 月 15 日出台了《关于发布〈红筹公司董事（监事、高级管理人员）声明及承诺书〉的通知》，等等，这些政策的出台有效地减少了市场操纵的空间，使市场信息更加全面有效，减少投资者盲目跟风的现象，综合使尾盘异动的次数明显减少。图 6-2 展示了 2008~2017 年初，深交所被操纵股票的市场占比明显低于上交所被操纵股票的市场占比，但是从 2017 年开始，上交所被操纵股票的市场占比明显减少，而且低于深交所被操纵股票的市场占比。而且图 6-1 与图 6-2 呈现出近似的趋势。

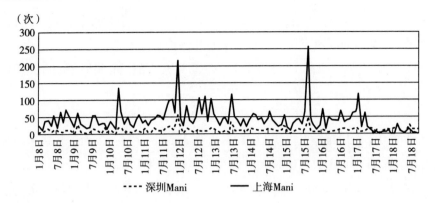

图 6-1 Mani 对比

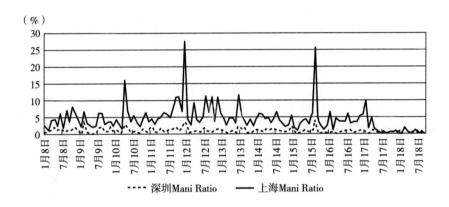

图 6-2 Mani Ratio 对比

表 6-1 展示了上交所和深交所 Mani 以及 Mani Ratio 数据的统计性质，结果表明上交所在平均值、中位数和众数方面相较于深交所更高，说明深交所的数据集中趋势更加明显。在离散程度方面，结果显示深交所的主板股票数据标准差更小，收盘价格变化表现得更加稳定。

表 6-1 主要研究指标统计性质

尾盘异动指标	平均值	标准差	中位数	众数	最大值	最小值
上交所 Mani	42.109	34.28	38	40	247	0
深交所 Mani	10.864	7.992	9	7	55	1

续表

尾盘异动指标	平均值	标准差	中位数	众数	最大值	最小值
上交所 Mani Ratio（%）	4.58	0.388	4.04	6.196	27.27	0.00
深交所 Mani Ratio（%）	1.08	0.795	0.86	0.41	4.30	0.01

表 6-2 列示了 2018 年 6 月 1 日~10 月 15 日，上交所和深交所主板市场的市场操纵次数在政策实施前后的对比状况，可以看到两个市场的市场操纵次数在前后均有明显的减少，但是上交所市场操纵次数减少更加明显。两市之间的操纵次数差距由 22 次减少为 13 次，两者之间的差距明显减小。

表 6-2 政策实施前后市场操纵次数统计 单位：次

证券交易所	2018 年 6 月 1 日~8 月 20 日市场操纵次数	2018 年 8 月 21 日~10 月 15 日市场操纵次数
上交所	30	2
深交所	52	15

四、实证模型

上交所实行新的收盘价产生制度后，为本书提供了自然实验的平台，由于标的公司的资产规模、盈利能力、股票的流动性、波动性等多方面具有明显的特征，为了避免这些因素对研究结果造成影响，采用 PSM 模型对样本进行筛选。在进行协变量的选择时，参考李志辉（2018）、李梦雨（2014）、张宗新（2007）、钟覃琳和陆正飞（2018）等的做法，采用 A 股上市公司的收益波动率 Volatility、流通市值 Marketvalue、换手率 Turnover、净资产收益率 ROE 与收盘价产生制度构建 Logit 模型。利用上述变量在 2017 年的上市公司数据，根据倾向得分匹配，采用最邻近且无放回的方法将上交所和深交所主板市场的股票进行一一配对，从而得到本章的研究样本，共计 685 个控制样本。

参考李梦雨（2014），倾向得分匹配的基本步骤如下：首先，当股票属于上交所时 $SH_i = 1$，当股票属于深交所时 $SH_i = 0$；其次，用 Logit 模型估计出倾向得分，即概率值 $P(X) = P(SH = 1 \mid X)$；再次，通过匹配平衡检验判定倾向得分匹配是否有效；最后计算上交所股票的平均处理效应 ATT。

为了检验新的收盘价产生机制对尾盘异动的影响，采用如下双重差分模型进行回归分析：

$$EOD_{it} = \alpha + \beta_1 SH_i \times POST_{it} + \beta_2 SH_i + \beta_3 POST_{it} + \varepsilon_{it} \qquad (6-3)$$

其中，因变量 EOD 为股价被操纵次数，不考虑将被操纵股票占市场的比例即 Mani Ratio 作为 EOD 的原因是被操纵股票占市场的比例为市场层面的变量，每天每个市场只产生一个数据，变量的数据量无法支持 DID 方法的应用。SH 为收盘价产生机制的虚拟变量，POST 为上交所新的收盘价产生机制启动时点的虚拟变量。本章主要关注 SH×POST 的回归系数，若 β_1 为正数，则表明收盘集合竞价降低了尾盘异动。这是因为，上交所的股票属于实验组，SH 为 1，而在 2018 年 8 月 20 日之后，POST 变为 1，若两者的交叉项回归系数为正数，说明上海在政策之后尾盘异动反而增多。但是由于深交所一直实行收盘集合竞价制度，所以符号会相反，表明上交所实行收盘集合竞价之后尾盘异动减少。

本章模型中所用到的主要变量及其具体定义如表 6-3 所示。

表 6-3 收盘价产生机制影响模型变量定义

变量	变量定义
EOD	市场操纵次数。参见上文计算方法
SH	收盘价产生机制的虚拟变量。如果股票属于上海证券交易所，则为 1，否则为 0
POST	上海证券交易所新的收盘价产生机制启动时点的虚拟变量，若在新的制度运行之后为 1，否则为 0
Marketvalue	流通市值，即年度内可交易的流通股股数乘以当时股价，本章中用流通市值的自然对数
Turnover	换手率，即年度股票交易量/流通股股数
ROE	净资产收益率，即净利润/平均股东权益
Volatility	收益波动率，衡量金融资产价格的波动程度

第四节　实证结果分析

一、两样本均值检验

针对两个交易所主板市场的股票数据分别进行方差未知的均值检验。由

表 6-4 可知，在显著性水平为 0.05 检验下，组 2 的均值明显大于组 1 的均值，即上交所的股票操纵次数的均值大于深交所。从市场层面来看，上交所的尾盘异动次数的平均水平明显高于深交所，说明上交所的尾盘价格波动更大，市场资源配置效率相对较低。

表 6-4 EOD Price Dislocation Case Count 均值检验结果

组	Obs	Mean	Std. Err.
1（深交所）	125	10. 864	0. 715
2（上交所）	129	42. 109	3. 018
diff = mean（1）−mean（2）	t = −9. 9315		
H0：diff = 0	Ha：diff<0 Pr（T<t）= 0	Ha：diff！=0 Pr（丨T丨>丨t丨）= 0	Ha：diff>0 Pr（T>t）= 1

由表 6-5 可知，在显著性水平为 0.05 的检验下，上交所被操纵股票的市场占比明显大于深交所。从市场层面出发，上交所在 10 年中的尾盘异动的平均水平明显高于深交所，价格发现效率自然低于深交所。

表 6-5 EOD Price Dislocation Case Count Ratio 均值检验结果

组	Obs	Mean	Std. Err.
1（深交所）	125	0. 011	0. 001
2（上交所）	129	0. 046	0. 342
diff = mean（1）−mean（2）	t = −9. 8624		
H0：diff = 0	Ha：diff<0 Pr（T<t）= 0	Ha：diff！=0 Pr（丨T丨>丨t丨）= 0	Ha：diff>0 Pr（T>t）= 1

二、倾向评分匹配结果

根据 PSM 模型，采用最邻近且无放回的方法将上交所和深交所主板市场的股票进行一一配对。在进行 PSM 时，运用 2017 年上市公司的相关数据进行匹配，因为研究期间内，2018 年上市公司的财务数据并未披露。上交所每一个上市公司以流通市值、换手率、净资产收益率、收益波动率这些变量为准则，选择与其一一配对的深交所的上市公司。通过 PSM 共得到 685 个控制样本，较好地解决内生性的问题。表 6-6 展示了协变量的回归结果。由表 6-7 第（6）列可以看到 ATT 的 t 值为-3.42，在 1% 的水平显著，处理效果优良。说明实验组（即上海证券交易所）的尾盘异动现象弱于控制组（即深圳证券交易所）。

表 6-6　协变量回归结果

变量	N	Std. Err.	t	P>｜t｜
Marketvalue	1787	0.119	−0.9	0.37
Turnover	1787	0.0919	5.39	0.00
ROE	1787	0.002	1.67	0.095
Volatility	1787	9.808	−1.77	0.077

表 6-7　PSM 结果

变量	（1）Sample	（2）Treated	（3）Controls	（4）Differences	（5）S. E.	（6）T-stat
EOD	Unmatched	0.201	0.264	−0.063	0.028	−2.28
	ATT	0.209	0.369	−0.161	0.047	−3.42
	ATU	0.264	0.185	−0.079		
	ATE			−0.014		

三、回归结果

表 6-8 列示了模型的回归结果，该回归结果是以控制样本 2018 年 6 月 1 日~10 月 15 日的日频数据进行回归得到的。在控制潜在的选择性偏差的基础上，核心变量 SH×POST 的回归系数为 0.0014，t 值为 2.66，在 1% 的水平通过了显著性检验。这表明实施收盘集合竞价后上交所与深交所的尾盘异动的差距小于政策实施前的尾盘异动差距，而深交所作为一直实行收盘集合竞价的对照组，尾盘异动次数减少程度弱于上交所，说明上交所实行收盘集合竞价之后尾盘异动次数明显减少，政策效果优良。

表 6-9 列示了政策实施前后的控制组与对照组的对比效果。从第（1）列与第（4）列可以看到，政策实施后交乘项系数明显大于政策实施前的相应系

数，并且这一差异在1%的水平通过了显著性检验。深交所一直实行收盘集合竞价，在上交所实行收盘集合竞价制度后，收盘价产生机制改变对尾盘异动产生了显著影响，尾盘波动明显减少，且两市之间的尾盘异动次数差距减少。表明收盘价制度的变化带来的政策效果明显，进而验证了收盘集合竞价能够降低股市尾盘异动，政策效应良好。同时印证了描述性统计分析中政策实施前后操纵次数统计分析，上交所在2018年8月20日实行收盘集合竞价之后，尾盘异动次数明显减少，且两个市场之间的尾盘异动次数差距明显减小。

表6-8　日频数据双重差分回归结果

	N	Coef.	Std. Err.	t	P>|t|
SH×POST	61912	0.0014	0.000	2.66	0.008
POST	61912	−0.0022	0.000	−5.15	0.000
SH	61912	−0.0019	0.000	−4.05	0.000

表6-9　日频数据政策实施前后对比结果

Outcome Var	(1) EOD	(2) S. Err.	(3) |t|	(4) P>|t|
Before				
Control	0.003			
Treated	0.001			
Diff（T−C）	−0.002	0.000	−5.15	0.000
After				
Control	0.001			
Treated	0.000			
Diff（T−C）	−0.001	0.000	2.62	0.009
Diff−in−Diff	0.001	0.000	2.66	0.008

四、稳健性检验

为了测试结果的敏感性，检验结果是否受到数据频率的影响，运用同样的模型在月频数据的基础上进行回归，表6-10展示了以月频数据进行回归的结果，其中SH×POST的系数为0.024，且在1%的水平通过了显著性检验。表6-11

列示了以月频数据为回归样本，政策实施前后的控制组与对照组的对比效果。由表6-9的第（4）列可知采用月频数据后，政策实施后交乘项系数与政策实施前相应系数的差距仍然可以在1%的水平通过了显著性检验，因此研究结果保持不变，说明结果不受研究数据的频率影响，进而证明收盘集合竞价能够降低股市尾盘异动。

表6-10　月频数据双重差分结果

	N	Coef.	Std. Err.	t	P>|t|
SH×POST	3445	0.024	0.009	2.79	0.005
POST	3445	−0.031	0.007	−4.16	0.000
SH	3445	−0.034	0.008	−4.45	0.000

表6-11　月频数据政策实施前后对比结果

Outcome Var	(1) EOD	(2) S. Err.	(3) |t|	(4) P>|t|
Before				
Control	0.044			
Treated	0.013			
Diff（T−C）	−0.031	0.007	−4.16	0.000
After				
Control	0.010			
Treated	0.003			
Diff（T−C）	−0.007	0.004	1.64	0.102
Diff−in−Diff	0.024	0.009	2.79	0.005

第五节　结论及启示

　　本章从尾盘异动的视角研究了收盘集合竞价对股市尾盘的影响。本章借助是否实行新的收盘价产生机制，上交所与深交所的主板市场形成的自然实验，有效克服了以往研究中存在的内生性问题。经过研究发现，上交所实行收盘集合竞价能够有效减少尾盘异动现象，提高收盘价价格信息的准确性，提高价格效率，进而有利于提升市场的资源配置效率。

中国证券市场的监督管理机制等方面明显落后于西方发达国家。上交所实行收盘集合竞价，是证券市场优化收盘交易机制、维护市场交易秩序的新举措，对中国资本市场未来的制度进行探索和优化有着深刻的影响。由于过度的尾盘异动将会虚拟供求关系，导致价格失真，所以上交所进行收盘价产生机制的变革。本章基于微观角度为资本市场的政策效应提供了实证证据，说明上交所实行收盘集合竞价，能够降低尾盘异动，促进市场健康运行。基于已有研究，监督管理机构可以着眼于改进价格产生机制，以更明显的效果来降低市场异动，从而使市场价格更加有效，积极探索新的价格产生机制。

第七章　涨跌停板制度的
反操纵功能研究

第一节　研究背景

证券价格涨跌幅限制制度是指在一个交易日内证券的交易价格只能在指定的范围内波动，而这一范围一般用相对于上一个交易日收盘价格的固定百分比来表示。目前，包括我国上海和深圳证券交易所①在内的世界许多交易所都采用了涨跌幅限制制度，它们在实施伊始大多向社会公布，该制度旨在为市场提供一个冷却期，使投资者有时间重新理性思考并估计证券的真实价值，以便减少证券价格的过度波动，增加市场的有效性（Fact Books of Tokyo and Taiwan Stock Exchange）。然而根据 Kyle（1988）的波动率溢出假设，涨跌幅限制制度抑制了价格的日内波动，妨碍了指令不平衡的及时纠正，因此不仅无法降低证券价格的波动性，反而会引起波动率在涨跌停板后的几个交易日内显著增加。此外，学术界对该制度的诟病还包括降低证券的流动性以及导致价格发现延迟（陈平和龙华，2003）。既然涨跌幅限制制度会对市场造成如此之多的负面影响，为何许多证券交易所对它依旧"情有独钟"？一种可能的解释是价格涨跌

---

① 1996 年 12 月 16 日，沪深证券交易所对所有上市股票及基金交易实行涨跌幅限制，规定在一个交易日内，每只证券的成交价不得高于或低于前一日收盘价的 10%。

停板的出现可以减少市场操纵（Pettway 和 Kaneko，1996）。众所周知，知情交易者（价格操纵者）可以通过大量买入或卖出证券以及向市场中散布虚假信息等方式误导非知情交易者跟风操作，从而使价格操纵者获得超额利润并导致中小投资者成为最大的受害人。而操纵者横行的市场必将会降低其有效性，使非知情交易者纷纷撤资，而导致更为严重的流动性危机。涨跌幅限制的存在使操纵者为成功影响证券价格走势需付出更高的成本，且当价格触及涨跌停板的阈值后便不可能在同一交易日内继续膨胀或缩水，这便减少了操纵者的赢利空间，客观上降低了价格操纵发生的概率。虽然类似的防止价格操纵的制度还包括交易暂停（Trading Halt）、市场熔断机制（Circuit Breaker）与头寸限制（Position Limits），然而涨跌幅限制被认为是对整个市场影响最小、实施成本相对较低的交易制度（Kim and Park，2010），从而受到资本市场尚不完善的诸多发展中国家交易所的青睐。

第二节　文献综述

价格涨跌幅限制制度在世界许多国家和地区实施已久，然而学术界与政策制定者对该制度有效性的讨论却莫衷一是。持肯定观点的学者认为，涨跌幅限制能够在市场价格剧烈波动时将每日价格波动维持在一定幅度之内，是一种低成本的降低不确定性与波动性的方法；证券价格达到涨跌幅限制阈值时可以为非理性投资者提供理性回归，防止市场恐慌和过度反应；涨跌幅限制制度还可以降低做市商的买卖失衡并减少信用交易者的违约风险，确保结算体制的安全。这方面的文献包括 Ma 等（1989）、Huang 等（2001），前者运用事件分析法检验了涨跌幅限制对美国期货市场与国债市场的影响，结果发现价格在达到涨跌幅限制后会出现反转现象，且价格波动幅度也相应降低；而后者则考察了我国台湾证券交易所于 1990~1996 年达到涨跌幅限制的股票在其后交易日内的价格走势，证明了涨跌幅限制制度具有纠正投资者过度反应的作用。此外，近年来 Kim 等（2013）、Li 等（2014）等对中国股票市场的研究发现涨跌停板制度在缓和短暂波动、防止价格延续和减少异常交易行为方面也具有积极作用。然而相比之下，持否定观点的学者不仅在数量上更多，似乎理由也更为充分。Kim和 Rhee（1997）运用东京股票市场的数据研究了涨跌幅限制制度与股价波动、过度反应和其他交易活动之间的关系，实证结果说明该制度在东京股票市场是无效的，涨跌幅限制的实施并未起到降低股价波动和减少过度反应的作用，反而在一定程度上干预了其他交易活动。Manalis 等（1999）运用雅典证券交易所的数据研究了价格涨跌幅限制制度与市场流动性之间的关系，结果表明该制度仅仅减慢了股票价格的调整过程，而对市场波动性并无显著影响。Chan 等（2005）运用吉隆坡证券交易所的数据检验了涨跌幅限制制度对信息不对称、知情交易者和指令不平衡的影响，实证结果表明涨跌幅限制制度并未改善信息不对称的情况，且加剧了指令不平衡，但却有助于减少知情交易者在市场中出现。Farag（2013）运用埃及、泰国和韩国证券交易所的数据研究了涨跌幅限制制度对新兴市场波动性、市场异象和价格发现的影响，结果表明该制度由于限制了市场信息在股票价格中的反应而降低了市场效率。

我国沪深证券交易所于 1996 年均颁布实施了涨跌幅限制制度，因此国内对该制度政策效果的研究引起了广泛关注。刘海龙和吴文锋（2005）、李婷等（2010）均认为我国的价格涨跌幅限制制度在一定程度上抑制了股票市场的流动性释放，降低了市场效率。陈平和龙华（2003）、孟卫东和江成山（2008）、姜安（2011）、折巧梅（2012）等的文献分别研究了普通股票和 ST 股票、A 股市场与创业板市场中涨跌停板制度与价格波动性和交易流动性的关系，验证了价格波动外溢说、价格发现推迟说和交易干扰说，说明涨跌停板制度在我国是非有效的。曾长虹（2004）、阮永平和廖建斌（2005）等分析了涨跌幅限制制度对具有不同特征股票的差异化影响，说明了系统风险大、换手率高、市值大、BM 值高、价格偏离大的股票容易受到此制度的负面影响。王波（2013）基于资本市场微观结构的角度研究了我国 A 股市场涨跌停板的信号传递效应，从投资者关注和处置效应两个角度解释了我国的"涨停板溢价效应"和"跌停板折价效应"。

虽然国内外学者对涨跌幅限制制度正反两方面的作用进行了深入讨论，但是既有文献大多集中于实证检验方面，而在理论层面上研究该制度存在原因的文献并不多见，其中影响较大的是 Brennan（1986）、Kim 和 Park（2010）两篇文献。前者通过理论模型说明美国期货市场涨跌幅限制的存在是合同履约保证金要求的部分替代品，且这一作用是期货均衡价格信息量的减函数；后者则将直接成本、外部环境成本和处罚成本引入知情交易者的利润函数，阐述了操纵者较多的市场中非知情交易者所接收虚假信息的可能性增大，而涨跌停板制度可以通过增加上述三种成本的方式使零利润曲线向内移动，继而降低知情交易者实施价格操纵的概率。

然而 Kim 和 Park（2010）的三时期模型仅考察了价格涨跌幅限制制度对知情交易者决策的影响，并未考虑其对非知情交易者预期的作用。因此本章着眼于反操纵的视角，通过分析价格波动的上下限与公众对股票期望收益率的关系，说明了涨跌停板制度可以增加知情交易者实施价格操纵的成本而抑制市场操纵行为，从而为该制度的实施提供了理论依据。此外，还利用世界 49 个国家和地区的数据分析了防止价格操纵和降低市场波动性与涨跌幅限制制度存在性的关系，验证了减少操纵行为是监管当局采用此制度的主要原因。

第三节　理论模型

与 Kim 和 Park（2010）类似，假设市场中包括许多风险中性的投资者，他们根据所得到的信息以及基于此信息对证券价格的评估而做出交易决定。为简便起见，假设信息只包括好消息与坏消息两种情况。不失一般性，我们以好消息为例来阐述证券价格涨跌幅限制制度对操纵者行为的影响。本章的模型包括三个时期，每个时期的证券价格为 P_t（$t = 0,1,2$）。公开信息与私人信息都于时期 1 公布。令 R 表示证券的收益率，E(R) 表示好消息公布后市场对该证券收益率的预期，r 表示当好消息为真时的证券收益率。假设当消息为公开信息时为真，此时市场对证券收益率的预期是无偏的，即 E(R) = r。在此情况下，证券在时期 1 的价格为 $P_1 = (1+r)P_0$。

然而市场中的好消息不总是为真，知情交易者拥有私人信息，具有散布虚假信息而操纵证券价格的动机。假设私人信息公布后投资者在下一时期才会识别出真假。因此倘若私人信息于时期 1 公之于众，市场将根据收益率 R 的先验概率而做出反应，此时期望收益率 E(R) 将可能不等于 r，故而在时期 1，证券的价格为 $P_1 = [1+E(R)]P_0$，而在时期 2，证券的价格为 $P_2 = (1+r)P_0$。

现在将操纵者引入模型，假设他通过散布虚假信息的方式影响股票价格。操纵者在时期 0 购入证券，并于时期 1 向市场发布虚假的好消息（此消息为私人信息）。倘若这一虚假消息被市场中的投资者识破，则证券价格不会受到影响；倘若此消息被投资者当成真正的好消息，那么证券在时期 1 的价格将变为 $P_1 = (1+x)P_0$，其中 x 为市场基于好消息先验概率的期望收益率。由于假设在下一时期投资者将可辨别出私人消息的真假，因此在时期 2，证券价格将归于 P_0。

操纵者散布虚假信息是有成本的（如雇用证券市场分析师通过媒体表达个人观点等），操纵者花费的成本越高，其价格操纵成功的概率就越大。假设操纵者成功的概率为 s(e)，其中 e 表示操纵者的努力程度。努力同时也是有成本的，假设其单位成本为 q(q>0)，那么操纵者散布虚假信息所面临的成本即为 qe。定义操纵者的无效指数（Inefficiency Index）为 m，它包括操纵者签订合同的能力、市场中信息传播速度的快慢、监管当局的腐败程度、证券市场的惩罚力度等。假设努力的单位成本 q 是 m 的增函数 $[q'(m)>0]$，即无效指数越大，努力的单位成本就越高。考虑了上述成本后，操纵者在时期 0 散布虚假信息的期望利润 π 为：

$$\pi = s(e)[(1+x)P_0 - P_0] + [1-s(e)](P_0 - P_0) - q(m)e$$
$$= s(e)xP_0 - q(m)e \tag{7-1}$$

为实现利润最大化，操纵者需选择最优的努力程度 e^*，使其满足一阶条件如下：

$$\frac{d\pi}{de} = s'(e)xP_0 - q(m) = 0 \tag{7-2}$$

值得注意的是，倘若即使在最优的努力程度下，操纵者获得的期望利润也为负值，那么操纵者便不会向市场中散布虚假信息了。基于此，可以根据式（7-3）确定出保证市场操纵策略实施的无效指数的上界 m_b：

$$\pi(m_b, x) = s[e^*(m_b, x)]xP_0 - q(m_b)e^*(m_b, x) = 0 \tag{7-3}$$

由式（7-3）可知，风险中性的操纵者在无效指数小于或等于 m_b 时，将会选择由式（7-2）确定的努力程度 e^* 实施其价格操纵策略[1]，此时的均衡状态表示为 $V(e^*, m_b^*, x^*)$。在此情形中，无效指数的上界 m_b 是期望收益率 x 的

---

① 风险厌恶的操纵者面临的无效指数上界 m_b 将会更小。

增函数，这一点可通过包络定理得出，证明如下：

由利润最大化的一阶条件可知，$\dfrac{d\pi}{de^*}=0$。在此基础上应用包络定理可得：

$$\frac{\partial \pi(m_b,\ x)}{\partial m_b}=\frac{d\pi}{de^*}\cdot\frac{de^*}{dm_b}+\frac{d\pi}{dm_b}=-q'e^* \tag{7-4}$$

$$\frac{\partial \pi(m_b,\ x)}{\partial x}=\frac{d\pi}{de^*}\cdot\frac{de^*}{dx}+\frac{d\pi}{dx}=sP_0 \tag{7-5}$$

$$\frac{dm_b}{dx}=\frac{-\dfrac{\partial \pi(m_b,\ x)}{\partial x}}{\dfrac{\partial \pi(m_b,\ x)}{\partial m_b}}=\frac{sP_0}{q'e^*}>0 \tag{7-6}$$

因此，无效指数的上界 m_b 是期望收益率 x 的增函数。证毕。

通过以上分析不难发现，为减少价格操纵现象的发生，监管当局可以通过降低期望收益率 x 的方式，使无效指数的上界 m_b 下降，从而减少操纵者散布虚假信息的概率。一种有效的方法为设置证券价格涨跌幅的上下界 k^u 和 k^d，这样当 $k^u<x^*$ 时，m_b 将会较无涨跌幅限制时有所下降，操纵者散布虚假信息的可能性便会随之降低。

上述模型的经济含义在于，当操纵者散布虚假信息的成本较低时（对于操纵者而言，m 较小且 m_b 较大），价格操纵的可能性就会增加。在这样的市场中，监管者可以通过设置证券价格涨跌幅的上下限来减少价格操纵案例的发生。如果价格操纵所带来的收益不足以弥补为之努力所付出的成本，操纵者则会放弃散布虚假信息的操纵行为。当然，也可以通过连续多日散布虚假信息以混淆视听，但是这样被监管当局发现并查处的可能性相应增大。然而必须指出，设置证券价格涨跌幅限制制度本身也有成本[①]，否则世界上所有的证券交易所就会毫无例外地执行这一规则了。如果基于公开信息的证券收益率 r 大于上涨上界 k^u，那么价格发现机制将有所降低，从而损害了市场的有效性。因此，证券交易所在制定交易规则时需要根据本国国情，在价格发现与减少操纵之间进行取舍，从而最大限度地保护投资者的合法权益。

---

① 虽然模型中并未将设定涨跌幅限制的成本包含其中，但如果此成本与操纵者努力的成本不相关，那么模型仍然有效。

第四节 实证检验

一、变量的选取

本章利用离散因变量模型，选取世界 49 个国家和地区的数据，检验证券交易所采用涨跌幅限制制度是否旨在防止市场操纵。由于已有文献大多认为涨跌幅限制制度主要意在减少证券市场的波动性（Kim and Rhee，1997；Kim，2001），因此本章也将度量证券市场波动性的指标考虑在内，以期回答二者对此制度存在与否的决定作用孰重孰轻。

如前文模型所示，知情交易者是否采取价格操纵策略主要取决于无效指数的上界 m_b，此变量受到一国政治金融环境的影响。因此选择监管当局的腐败程度和证券市场法律法规的执行力度两项指标来度量市场操纵可能性的大小。显而易见，如果一国的政治体制较为腐败，那么知情交易者通过贿赂相关人员发布虚假信息的难度或成本就有所下降，非知情交易者受到的保护也就相当有限；如果一国证券市场法律法规的执行力度较为薄弱，监管体制尚不完善，那么价格操纵行为被发现或惩罚的可能性将会降低，知情交易者操纵的动机显著提高。上述两种情况都会导致操纵者"肆无忌惮"，从而加大市场操纵发生的概率。

在证券市场波动性的度量方面，虽然收益率波动率、买卖价差、成交量等都是较为常见的指标，然而涨跌幅限制制度本身将会影响上述变量，从而导致内生性问题。因此借鉴 Kim 和 Park（2010）的做法，选择度量信息不对称和金融风险的指标来替代对市场波动性的考量。这是因为信息不对称程度高、金融风险大的市场其价格波动性通常较大，而信息披露程度和总体金融风险又远非涨跌幅限制制度所能决定。故而选取一国的会计披露要求和金融风险程度作为证券市场波动性的替代变量。

二、模型设定与数据来源

根据数据的可获得性，选取 49 个国家和地区的主要交易所作为研究样本。

其中涨跌幅限制制度的相关信息主要来自 Kim 和 Park（2010），但他们的研究仅包含 43 个国家，剩余 6 个国家的数据则出自各交易所官方网站。表 7-1 所示各国是否采用涨跌幅限制制度的基本情况，其中有 26 个国家设定了不同程度的涨跌幅限制，而剩余的 23 个则并未对此做出规定。因此将采用该制度国家的涨跌幅限制变量（price limit）设定为 1，其他国家设定为 0，从而建立二元离散因变量模型，即

$$\text{price limit} = f\binom{\text{corruption，public enforcement，}}{\text{disclosure requirement，financial risk}} \qquad (7-7)$$

其中，监管当局腐败程度变量 corruption 源自 La Porta 等（1998），他们将不同国家的腐败程度用 1~10 进行衡量，其中 1 为最腐败的国家，而 10 为最不腐败的国家。为方便后文经济含义的解释，本书将其报告的腐败指数进行了细微调整，即 corruption=11-La Porta 等（1998）中报告的腐败指数，因此 corruption 数值越大，该国的腐败程度就越严重。法律法规执行力度变量（public enforcement）和会计披露要求变量（disclosure requirement）均来自 La Porta 等（2006）。前者包含了一国监管当局自身特质、制定法律法规能力、监督执行情况、对违规者的惩罚力度以及证券交易参与者违规行为的严重程度，其数值在 0~100，数值越大表明法律法规的执行力度越强；后者则包含了会计准则、违约赔偿金、发行人股权结构、内部人所有权、日常业务外合同执行情况以及内部交易 6 个方面，其数值在 0~1，数值越大表明会计披露要求越高，信息不对称的程度越低。金融风险变量（financial risk）出自 International Country Risk Guide（ICRG）[①]，其数值在 0~100，数值越大表明该国面临的金融风险越高。表 7-2 列出了所有解释变量的统计描述，值得注意的是，虽然金融风险变量的取值在 0~100，但是样本国家的取值却在 30~46，可见所选的 49 个国家并未出现金融风险的极端值。

表 7-1　49 个国家和地区涨跌幅限制制度　　　　　单位:%

国家和地区	交易所	涨跌幅限制
阿根廷	布宜诺斯艾利斯证券交易所	10
澳大利亚	澳大利亚证券交易所	0

---

① International Country Risk Guide 的官方网站网址为 http：//www. prsgroup. com/icrg. aspx。

续表

国家和地区	交易所	涨跌幅限制
奥地利	维也纳证券交易所	5
比利时	布鲁塞尔证券交易所	5~10
巴西	圣保罗证券交易所	0
加拿大	多伦多证券交易所	0
智利	圣地亚哥证券交易所	0
哥伦比亚	哥伦比亚证券交易所	0
丹麦	哥本哈根证券交易所	0
厄瓜多尔	瓜亚基尔证券交易所	15
埃及	埃及证券交易所	5
芬兰	赫尔辛基交易所	15
法国	巴黎泛欧交易所	10~20
德国	法兰克福证券交易所等多个交易所	0
希腊	雅典证券交易所	0
中国香港	中国香港联合证券交易所	0
印度尼西亚	印度尼西亚证券交易所	0
印度	印度国家证券交易所等多个交易所	8
爱尔兰	爱尔兰证券交易所	0
以色列	特拉维夫证券交易所	0
意大利	意大利证券交易所	10~20
日本	东京证券交易所	10~60
约旦	安曼证券交易所	5
肯尼亚	内罗毕证券交易所	10
韩国	韩国证券交易所	15
马来西亚	吉隆坡证券交易所	30
墨西哥	墨西哥证券交易所	10
荷兰	阿姆斯特丹证券交易所	0
新西兰	新西兰证券交易所	0
尼日利亚	尼日利亚证券交易所	10
挪威	奥斯陆证券交易所	0
巴基斯坦	巴基斯坦证券交易所等多个交易所	7.5
秘鲁	利马证券交易所	15

续表

国家和地区	交易所	涨跌幅限制
菲律宾	菲律宾证券交易所	40~50
葡萄牙	里斯本和波尔图交易所	15
新加坡	新加坡证券交易所	0
南非	约翰内斯堡证券交易所	0
西班牙	马德里证券交易所等多个交易所	10
斯里兰卡	科伦坡证券交易所	10
瑞典	斯德哥尔摩证券交易所	0
瑞士	瑞士交易所	0
中国台湾	中国台湾证券交易所	7
泰国	泰国证券交易所	30
土耳其	伊斯坦布尔证券交易所	5
英国	伦敦证券交易所	0
美国	纽约证券交易所等多个交易所	0
乌拉圭	乌拉圭电子证券交易所	0
委内瑞拉	委内瑞拉证券交易所	20
津巴布韦	津巴布韦证券交易所	0

表 7-2 解释变量统计描述

变量	Corruption	Public Enforcement	Disclosure Requirement	Financial Risk
Mean	4.1033	51.9184	0.5973	38.4388
Media	3.7300	55.0000	0.5800	38.5000
Maximum	8.8500	90.0000	1.0000	46.0000
Minimum	1.0000	0.0000	0.0000	30.0000
Std. Dev.	2.2900	21.7254	0.2362	4.5088
Observations	49	49	49	49

三、基本回归结果

本章运用 Logit 模型和 Probit 模型对涨跌幅限制制度的决定因素进行了分析，表 7-3 给出了模型的估计结果，两种模型下回归系数和显著性水平都较为相似。其中监管当局腐败程度与涨跌幅限制制度呈正相关关系，且此关系在1%的水平显著，可见一国监管当局越腐败，越倾向于实施涨跌幅限制以减少价格操纵行为的发生；法律法规执行力度与涨跌幅限制制度呈负相关关系，且此关系在10%的水平显著，即一国法律法规执行力度越强，制定涨跌幅限制制度的概率就越小；会计披露要求和金融风险两个变量均未通过显著性检验，可见减少证券市场的波动性并非政策制定者采用涨跌幅限制制度的决定因素。

表7-3　离散因变量模型估计结果

变量	Logit Model	Probit Model
Constant	-2.4806 (-0.84)	-1.3958 (-0.80)
Corruption	0.5982*** (3.10)	0.3459*** (3.35)
Public Enforcement	-0.0311* (-1.67)	-0.0187* (-1.71)
Disclosure Requirements	1.4293 (0.91)	0.8573 (0.90)
Financial Risk	0.0256 (0.34)	0.0141 (0.31)
MaFadden R^2	0.21	0.21

注：＊＊＊、＊分别表示在1%、10%的水平显著。括号内为t统计量，下同。

四、稳健性检验

从世界各国主要证券交易所实施涨跌幅限制制度的情况来看，虽然有26个国家制定了该项制度，但是其涨跌幅的阈值却并不同，阈值高的国家对价格操纵的限制程度较低，而阈值低的国家对价格操纵的限制程度较高。基于此，将被解释变量进一步量化。注意到许多发展中国家都以10%作为涨跌幅阈值（我国上海、深圳证券交易所的主板市场也采用了10%的涨跌幅限制制度），因此将无涨跌幅限制制度的国家赋值为0，把阈值在10%以上的国家赋值为1，而把阈值在10%以下（含10%）的国家赋值为2，由此建立有序因变量模型对上述问题进行研究。此外，更为精确的方式还包括将被解释变量赋值为涨跌幅限制

阈值的倒数（无涨跌幅限制的国家仍然取值为0）。表7-4列出了将被解释变量
细化后的估计结果，从中可以看出，监管当局腐败程度和法律法规执行力度两
个变量的符号和显著性并没有发生变化，验证了价格操纵可能性越大，制定涨
跌幅限制制度的概率越高的假设。会计披露要求和金融风险两个变量在新的模
型中仍然不显著，因此控制证券市场价格的波动性并不是实施涨跌幅限制制度
的主要原因。

表7-4　稳健性检验估计结果

变量	Logistic Model	OLS Model
Constant		3.7743 (0.51)
Corruption	0.4997*** (3.31)	1.2761*** (3.25)
Public enforcement	−0.0276* (1.88)	−0.0751* (1.77)
Disclosure requirements	0.7283 (0.6)	0.9864 (0.25)
Financial risk	−0.0126 (0.19)	−0.0162 (0.88)
Pseudo R^2/R^2	0.14	0.23

注：Logistic 模型中报告的是 Pseudo R^2，而最小二乘模型中报告的是普通 R^2。

<h1 style="text-align:center">第五节　结论与评价</h1>

市场操纵是发达市场和新兴市场所面临的共同问题，制定合理的交易制度
来限制操纵行为对于提高市场的公平有效具有重要意义。本章着眼于反操纵的
视角，试图为证券价格涨跌幅限制制度的颁布实施寻找理论依据，并在此基础
上检验该制度与减少市场操纵和降低波动性之间的关系。

在理论分析方面，改进了 Kim 和 Park（2010）的三时期模型，通过引入操

纵者无效指数这一变量将证券价格涨跌幅限制制度的作用内生化，阐述了单日价格波动的上下界可以降低公众对个股期望收益率的预期，增加知情交易者实施价格操纵的成本，从而抑制市场操纵行为的机理。

在实证检验方面，基于世界 49 个国家和地区的数据，运用 Logit 模型、Probit 模型和 Logistic 模型等说明了监管当局腐败程度较高、证券市场法律法规执行力度薄弱的国家更倾向于选择涨跌停板制度，而信息不对称和金融风险等因素对该制度存在与否的影响并不显著。因此相对于降低证券价格的波动性而言，减少市场操纵才是实施此项制度的原因所在。

第八章　指数熔断机制与股票市场波动

第一节　研究背景

中国证券市场在 2015～2016 年经历了剧烈的异常波动，多个交易日出现千股跌停、千股停牌的异象。为防范系统性风险、维护市场稳定，中国证监会于 2016 年 1 月 1 日在 A 股市场上引入指数熔断机制，然而却在实行一周内两次触发 7% 的阈值并提前收市[①]，最终于 1 月 8 日宣告暂停。熔断机制是否为市场大跌的罪魁祸首，是否加剧了市场波动，是否存在"磁吸效应"（Magnet Effect）[②]？上述问题受到学者与政策制定者的高度关注。事实上，自 1987 年 10 月 19 日的"黑色星期一"后，学术界就开始了熔断机制方面的理论与实证研究，而 2010 年 5 月 6 日的"闪崩"事件更是引发了国内外学者对熔断机制利弊的热烈讨论。目前，世界范围内许多交易所都设定了指数或个股熔断机制[③]，然而学者们在熔断机制对市场质量产生的影响方面却始终各持己见。

---

① 指数熔断机制于 2016 年 1 月 4 日和 7 日两次被触发，分别导致 4.24 万亿元和 3.8 万亿元市值蒸发。

② 磁吸效应是指实行涨跌停或熔断等机制后，证券价格将要触发强制措施时，同方向的投资者害怕流动性丧失而抢先交易，反方向的投资者为等待更好的价格而延后交易，造成证券价格加速达到该价格水平的现象。

③ 指数熔断机制是指当某一特定指数的波动幅度触及证券交易所规定的阈值时，整个市场的所有股票均停止交易一段时间；个股熔断机制是指单只股票的价格波动幅度触及证券交易所规定的阈值时，该股票停止交易一段时间。

按照 Fama（1970）的有效市场假说，在半强势有效市场中资产价格可以反映所有公开信息，因此熔断机制会因人为干预市场价格调整使其偏离最优结果，故而会具有以下负面效应：①阻碍互惠交易（Grossman，1990）；②延缓价格发现（Fama，1989）；③产生磁吸效应（Subrahmanyam，1994）；④导致波动性溢出（Lehmann，1989）；⑤增加交易成本（Subrahmanyam，1997）。相关的实证研究也较为丰富，包括 Kuhn 等（1991）、Ferrris 等（1992）、Santoni 和 Liu（1993）、Lee 等（1994）、Ackert 等（2001，2005）、Goldstein 和 Kavajecz（2004）等。

然而当证券市场偏离完全信息和完全竞争市场时，熔断机制在理论上可以提高市场质量和投资者福利。其中较为成熟的观点包括：①减少信息不对称（Spiegel and Subrahmanyam，2000）；②降低交易风险（Greenwald and Stein，1991；Kodres and O'Brien，1994）；③在衍生品市场中降低杠杆投资者的交易对手风险（Brennan，1986；Chowdhry and Nanda，1998）；④通过减少噪声交易者的交易来降低证券价格偏离基本面价值的概率，从而平抑市场过度波动（Westerhoff，2003）。但是在实证研究中，支持上述理论的文献并不多见，唯有 Lauterbach 和 Ben-Zion（1993）、Bildik 和 Gülay（2006）的研究验证了当市场价格大幅偏离真实价值时，熔断机制会给予市场充分的冷却和反应时间，并化解因投资者撤离市场而导致的订单不平衡现象，从而降低波动率、提高流动性。

近年来，随着程序化交易和"乌龙指"（Fat Finger）现象的出现，对熔断机制的讨论亦呈雨后春笋之势，研究方法和角度也更为新颖。Gomber 等（2012）、Subrahmanyam（2013）、Nicholas（2014）、Bruger 和 Linton（2014）、Goldstein（2015）分别从单个市场和卫星市场、程序交易与联合熔断、原油期货市场、单只股票熔断、交易上下限与波动性传导机制等方面考察了熔断机制与市场质量的关系。其中 Bruger 和 Linton（2014）的研究发现，从个股层面来看，熔断机制在股票收益为负时对交易量、交易频数以及利润方差变化均产生了负面效应，但在收益为正时却无显著影响；从市场层面来看，当股市整体下跌时，熔断机制使得噪声交易减少、定价效率提高，因此有利于市场的稳定。

上述理论研究大多基于做市商制度，实证文献也主要关注发达市场，而我国属于新兴市场国家，具有散户交易者居多、羊群效应显著等特征，在股市下跌时容易引发"踩踏效应"，使熔断机制的实施效果有所不同。因此与已有文献相比，本章具有两个方面的边际贡献：其一，基于指数熔断机制出台与暂停的自然实验，使用倾向评分匹配法与双重差分法分析其对市场波动性的影响，说明该制度并非大盘下挫的主因，补充了市场异常波动期间熔断机制的效应研究；其二，深入探究订单驱动市场中指数熔断机制产生"磁吸效应"的原因及表现，证实该制度在已实施"涨跌停板"的新兴市场国家容易造成流动性恐慌，丰富了熔断机制领域的研究成果。

第二节　研究假设

指数熔断机制的设计初衷是为了在市场大幅波动时为投资者提供"冷静期"，减少恐慌性抛售。然而从制度推出后 A 股市场的表现来看，并未实现预期效果，反而出现大盘连续熔断、股价剧烈波动等异象。因此，本章首先要讨论在证券市场大幅下跌期间，熔断机制是否增加了市场波动性。事实上，诚如证监会新闻发言人邓舸所言①，指数熔断机制并不是股市暴跌的主因，也没有明显加剧市场波动。2016 年 1 月 4~7 日的市场表现，可以从行为金融学的视角予以解释。中国证券市场属于新兴市场，散户投资者数量较多，投机者比例远高于价值投资者。当股票价格持续下行时，非理性投资者容易受到自身情绪和心理偏差的影响（De et al.，1990），出现过度反应（朴树和俞乔，2006）和羊群行为（Banerjee，1992；Graham，1999；崔巍，2009），助推股市进一步下跌，从而使得恐慌情绪在市场中蔓延，投资者纷纷抛售股票，导致市场波动性加大。因此股市暴跌与波动率加大的成因可能源于投资者情绪，而非指数熔断机制。基于以上分析，提出假设如下：

H1：证券市场下跌期间指数熔断机制并未增加市场波动性。

不可否认的是，在指数熔断机制实施期间，沪深 300 指数下跌 5%～7%的时间明显缩短，其间的波动率显著增大，这很可能意味着指数熔断机制在我国

---

① 具体发言内容详见如下网站：http：//www.csrc.gov.cn/pub/newsite/zjhxwfb/xwdd/201601/t20160107_289611.html。

存在较强的磁吸效应①。根据 Subrahmanyam（1994）的研究，磁吸效应的作用机理为：当证券价格将要触发熔断机制时，无法保持耐心的投资者会因害怕流动性丧失而抢先交易，而潜在的对手方则倾向于等待更好的价格而延后交易。此外，指数越是接近熔断阈值，相反头寸持有者的心理压力就越大，从而迫使他们进行对冲，使得市场价格更加趋向熔断价格（Fama，1989）。基于以上分析，提出假设如下：

H2：指数熔断机制在我国存在明显的磁吸效应。

第三节　模型构建与数据说明

一、模型构建

鉴于影响市场波动性的因素包括股票价格、成交量、成交金额等诸多方面，简单比较指数熔断机制实施前后沪深 300 指数波动率的变化显然失之偏颇。此外，股指的上涨与下跌，投资者情绪的高涨与低迷，都会造成市场波动性随之改变。因此，为克服内生性问题，避免选择性偏差，本章采用研究"处理效应"的通常做法，通过构建倾向评分匹配模型和双重差分模型，来分析指数熔断机制的出台与暂停对市场波动性的影响。

（一）指数熔断机制与市场波动率的模型构建

预研究指数熔断机制与市场波动率之间的关系，需要构建度量市场波动率的指标。考虑到股票价格指数序列具有波动集群（Volatility Clustering）和尖峰厚尾（Leptokurtosis and Fat-tail）等特征，运用 AR（2）-GARCH（1，1）模型对沪深 300 指数的涨跌幅 Chg、对数成交量 Trv 和对数成交额 Amt 进行估计，计算出沪深 300 指数的价格波动率 Vol、成交量波动率 Vtrv 和成交额波动率

---

① 磁吸效应通常具有以下三个特点：一是在接近熔断阈值时，价格上涨或下跌的速度越来越快；二是熔断机制实施后指数触发熔断的概率明显高于其在熔断价格水平附近但不触发的概率；三是发生过程中往往伴随着价格的剧烈波动和成交量的显著变化。

Vamt，具体公式如下：

$$y_t = \beta_0 + \beta_1 y_{t-1} + \beta_2 y_{t-2} + u_t$$

$$u_t = \sqrt{h_t}\, v_t \qquad\qquad (8-1)$$

$$\sigma_t^2 = \alpha_0 + \alpha_1 \sigma_{t-1}^2 + \alpha_2 u_{t-1}^2$$

其中，y_t 代表 Chg_t、Trv_t 和 Amt_t，$v_t \sim IDD(0,\ 1)$，v_t 与 y_t，v_t 与 u_t 均相互独立，$E(h_t) = E(u_t^2) = \sigma_t^2$，而 σ_t^2 即为度量市场波动率的指标 Vol_t、$Vtrv_t$ 和 $Vamt_t$。

在此基础上，使用倾向评分匹配法来考察指数熔断机制是否增加了市场波动率。为阐述上述方法的基本原理，以沪深 300 指数的价格波动率 Vol 为例，对于稳健性检验中其他变量的估计可如法炮制，不再赘述。为此，引入一个二元虚拟变量 $Treat_i$。当数据来自处理组，即指数熔断机制被触发的交易日时，$Treat_i = 1$；当数据来自对照组，即指其他交易日时，$Treat_i = 0$。令 Vol_{it} 为第 i 个交易日时刻 t 的沪深 300 指数价格波动率，Vol_{it}^1 为处理组的 Vol_{it}，Vol_{it}^0 为对照组的 Vol_{it}。考虑该波动率在指数熔断机制实施期间的平均处理效果 ATT_1（Average Effect of Treatment on the Treated），建立如下公式：

$$ATT_1 = E(Vol_{it}^1 \mid Treat_i = 1) - E(Vol_{it}^0 \mid Treat_i = 1) \qquad (8-2)$$

估计式（8-2）的困难之处在于，$E(Vol_{it}^0 \mid Treat_i = 1)$ 事实上并不可测，而倾向评分匹配法有效地解决了这类"反事实"问题（Heckman et al., 1998）。具体而言，根据沪深 300 指数的涨跌幅 Chg、对数成交量 Trv、对数成交额 Amt 等控制变量，通过 Probit 模型计算出每一个观测值成为处理组的概率，作为倾向得分；然后依据倾向得分为每一个处理组样本寻找匹配样本；最后计算匹配后处理组与对照组的差距，从而模拟出"反事实"情形下的平均处理效果。

值得注意的是，倾向评分匹配法的有效性依赖于两个条件：一是条件独立假设（Conditional Independence Assumption），即经过倾向评分匹配后不可观测的因素不影响试验；二是共同支撑假设（Common Support Assumption），即处理组和对照组样本的倾向得分有足够多的重叠区域。前者保证了匹配过程不存在"选择性偏差"，而后者保证了处理组样本能够找到与其配对的对照组样本。满足上述两个条件的平均处理效果 ATT_1 的估计方程如下：

$$ATT_1 = \frac{1}{n^1} \sum_{i \in I^1 \cap S_P} \left[Vol_{it}^1 - \sum_{j \in I^0 \cap S_P} w(i,\ j) Vol_{jt}^0 \right] \qquad (8-3)$$

其中，I^1 与 I^0 分别为处理组与对照组集合；S 为共同支撑域，即在该集合内处理组样本的倾向得分不高于（低于）对照组样本的倾向得分的最大（小）值；n^1 为 $I^1 \cap S$ 中的样本个数；w(i, j) 为匹配后对照组样本的权重。

（二）指数熔断机制与磁吸效应的模型构建

在分析了指数熔断机制与市场波动率之间的关系后，需要研究指数熔断机制是否存在磁吸效应。有鉴于此，运用基于倾向评分匹配的双重差分法来考察沪深 300 指数在即将触发熔断阈值时是否出现了异常波动。为此需要在上文的基础上构造一个二元虚拟变量 $Time_t$。当沪深 300 指数的累计涨跌幅接近熔断阈值，即累计涨跌幅的绝对值达到 4% 及以上时，$Time_t = 1$；其他时间 $Time_t = 0$。根据前文所述的原理，采用最临近匹配法（Nearest Neighbor Matching）为处理组样本选择了匹配样本。匹配后沪深 300 指数价格波动率的变化量的平均处理效果为 ATT_2，建立如下公式：

$$ATT_2 = E(\Delta Vol_{it}^1 \mid Treat_i = 1) - E(\Delta Vol_{it}^0 \mid Treat_i = 0, \ i \in \{ I^0 \cap S_P \}) \qquad (8\text{-}4)$$

更进一步地，式（8-4）的一个等价性的可以用于实证检验的表述如下：[①]

$$Vol_{it} = \alpha_0 + \alpha_1 Treat_i + \alpha_2 Time_t + \beta Treat_i \times Time_t + \gamma X + \varepsilon_{it} \qquad (8\text{-}5)$$

其中，X 为控制变量集合，包括沪深 300 指数的涨跌幅 Chg、对数成交量 Trv 和对数成交额 Amt；ε_{it} 为随机误差项。交叉项 $Treat_i \times Time_t$ 的估计系数 $\hat{\beta}$ 刻画了沪深 300 指数在熔断阈值附近的价格波动率情况。若 $\hat{\beta}$ 显著大于 0，则意味着指数熔断机制确实存在磁吸效应；反之，则磁吸效应并不明显。

二、数据说明

本章的数据来源为 Wind 数据库中的 1 分钟序列。由于实行指数熔断机制的初衷为抑制 2015 年下半年开始的证券市场异常波动，且两档熔断阈值分别为 5% 和 7%，因此将时间跨度限制为 2015 年 6 月 1 日~2016 年 6 月 1 日，然后选取沪深 300 指数价格涨跌幅较大的 17 个交易日作为样本[②]。其中，处理组为 2016 年 1 月 4~7 日两个交易日的数据；而对照组为其他 15 个交易日的数据。

---

① 限于篇幅，没有给出相应的证明过程，感兴趣的读者可以向笔者索取。
② 样本交易日按沪深 300 指数跌幅由大到小排列分别是：2015-08-24、2015-07-27、2015-06-26、2016-01-07、2015-08-25、2016-01-04、2015-07-08、2015-08-18、2016-02-25、2016-01-26、2015-06-19、2015-07-03、2015-11-27、2016-01-11、2015-07-01、2015-08-21、2015-06-18。

此外，根据通常文献的做法，对主要变量的缺失值和异常值进行了处理与剔除。

第四节　实证结果分析

一、统计性描述

表8-1为除虚拟变量外其他变量的统计特征，在剔除了经 AR（2）- GARCH（1，1）模型处理的缺失值后，共得到3741个有效样本[①]。其中，沪深300指数1分钟涨跌幅 Chg 的均值为负，反映出样本交易日确实取自证券市场下跌期间；所有变量的最小值、最大值都相去甚远，除价格波动率 Vol 外，其他变量的标准差较大，可见沪深300指数大幅下挫期间的市场波动较为强烈。

表8-1　指数熔断机制模型变量统计特征

变量	均值	标准差	最小值	最大值	观测值
Chg	−0.0198	0.1589	−0.7960	1.0871	3741
Vol	0.0168	0.0344	$5.73×10^{-7}$	1.0101	3741
Trv	18.4299	0.6641	16.1222	20.6052	3741
Vtrv	0.0561	0.2492	0.0006	15.0438	3741
Amt	20.9395	0.7156	18.5874	22.9852	3741
Vamt	0.0496	0.1889	$3.71×10^{-6}$	9.8119	3741

二、指数熔断机制对市场波动率的影响

在运用倾向评分匹配法检验指数熔断机制实施期间市场波动率是否显著增大之前，对条件独立假设进行检验。进行此检验的方法较多，包括 DW 规范检验（DW Specification Test）、标准偏差检验（Standardised Differences Test）以及

---

① 所有变量的频率均为1分钟。

霍特林检验（Hotelling Test）等。但对于同一组数据使用不同检验方法，其结果可能大相径庭（Lee，2005）。本章采用使用较广的 Smith 和 Todd（2005）的标准偏差方法进行平衡性检验，计算出匹配后处理组与对照组基于控制变量 X_k[①] 的标准偏差 SDIFF(X_k)，其公式如下：

$$SDIFF(X_k) = 100 \frac{\frac{1}{n^1} \sum_{i \in I^1} \left[X_{ki} - \sum_{j \in I^0} w(i, j) X_{ki} \right]}{\sqrt{\frac{Var_{i \in I^1}(X_{ki}) - Var_{j \in I^0}(X_{kj})}{2}}} \qquad (8-6)$$

上述标准偏差越小，说明匹配效果越好。对于其判断标准，Rosenbaum 和 Rubin（1983）指出，当 $|SDIFF(X_k)| > 20$ 时可认为匹配效果不好。本章的检验结果通过了匹配平衡检验，说明处理组与对照组在匹配变量上不存在显著差异。

在此基础上，利用最临近匹配（Nearest Neighbor Matching）、半径匹配（Radius Matching）、核匹配（Kernel Matching）以及分层匹配（Stratification Matching）4 种方法检验与其他跌幅较大的交易日相比，指数熔断机制被触发的两个交易日沪深 300 指数的价格波动率是否显著增大。表 8-2 显示了匹配后的平均处理效果，在估计中设置了共同支撑假设，并通过自举法（Bootstrap）100 次获得回归系数的 t 值。

表 8-2　沪深 300 指数价格波动率的平均处理效果

匹配方法	ATT_Vol	t 值	处理组样本数	匹配组样本数	Bootstrap 次数
最临近匹配	0.006	1.010	154	147	100
半径匹配	0.004	0.375	154	3440	100
核匹配	0.005	0.558	154	3440	100
分层匹配	0.005	0.617	154	3440	100

由表 8-2 可知，4 种匹配方法下处理组的价格波动率比对照组约大 0.005，但上述估计结果均不显著。这说明无论是采用一对一的最临近匹配还是使用满足条件的所有对照组样本的半径匹配、核匹配和分层匹配，2016 年 1 月 4~7 日

① X_k 为沪深 300 指数的涨跌幅 Chg、对数成交量 Trv 及对数成交额 Amt。

沪深300指数的价格波动率较样本期间内其他具有较大跌幅的交易日并没有显著差别。故而指数熔断机制的实施并没有加大股市大幅下挫期间的市场波动率，假设1得以验证。

三、指数熔断机制的磁吸效应研究

指数熔断机制饱受诟病的负面作用就是磁吸效应，而5%与7%两档熔断阈值如此接近，更是容易引发同方向投资者因害怕流动性丧失而抢先交易，反方向投资者为等待更好价格而延后交易。表8-3展示了沪深300指数日跌幅超过5%的交易日在熔断阈值附近的下跌时间。从中可以看出，日跌幅超过5%的交易日共14个，指数由下跌4%~5%的平均时间为12分钟①；日跌幅超过7%的交易日有6个，指数由下跌5%~7%的平均时间为28分钟。关注2016年1月4~7日的相关数据，其中1月4日在5%熔断阈值附近的表现基本正常，但在触发第一档阈值后，仅过了9分钟便再次触发第二档阈值；而1月7日指数由下跌4%~5%仅用了2分钟，第一档阈值被触及后不到3分钟的时间就导致大盘收市。因此从数据直觉的意义上，指数熔断机制确实存在磁吸效应，且在第一档阈值被触发后变得更加明显。

表8-3　沪深300指数在熔断阈值附近的下跌时间

日期	涨跌幅	-4%~-5%	-5%~-7%	日期	涨跌幅	-4%~-5%
2015-08-24	-8.7477	2	15	2015-07-08	-6.7455	36
2015-07-27	-8.5614	14	16	2015-08-18	-6.1910	22
2015-06-26	-7.8683	9	71	2016-02-25	-6.1358	14
2016-01-07	-7.2061	2	3	2016-01-26	-6.0206	15
2015-08-25	-7.1014	12	55	2015-06-19	-5.9526	6
2016-01-04	-7.0206	13	9	2015-07-03	-5.4060	3
				2015-11-27	-5.3848	4
				2016-01-11	-5.0308	20

注：涨跌幅的单位为%；-4%~-5%以及-5%~-7%表示沪深300指数的涨跌幅为-4%~-5%的时间以及-5%~-7%的时间，单位为分钟。

---

① 12分钟的计算方法为所有14个交易日-4%~-5%这一列数的算术平均值；后文28分钟的计算方法与之类似。

为进一步检验指数熔断机制的磁吸效应，运用基于倾向评分匹配的双重差分法考察当沪深 300 指数的涨跌幅达到 4% 后，价格波动率是否出现异常①。表 8-4 展示了变量 Vol 平均处理效果的回归结果。其中回归式（1）为未添加任何控制变量的估计结果；回归式（2）和回归式（3）分别为添加控制变量后使用面板个体固定效应和时间固定效应的估计结果。

表 8-4　Vol 平均处理效果的回归结果

变量	（1）	（2）	（3）
Cons	0.0169*** （3.02）	-0.1929*** （-7.68）	-0.1947 （-3.67）
Cir	0.0439*** （2.62）	0.0418*** （2.50）	0.0449*** （2.59）
Thr	-0.0006 （-0.44）	-0.0021 （-1.62）	-0.0023 （-1.72）
Cir×Thr	0.0377*** （8.47）	0.0441*** （9.93）	0.0452*** （10.20）
Chg		0.0064*** （2.56）	0.0066*** （2.64）
Trv		0.0150*** （2.65）	0.1589*** （2.78）
Amt		0.0233*** （3.97）	0.0241*** （4.07）
R^2	0.2156	0.2489	0.2436
个体固定效应	No	Yes	No
时间固定效应	No	No	Yes

注：括号中为 t 值；*、**、***分别表示在 10%、5% 和 1% 的水平显著。下同。

由表 8-4 可知，3 个回归方程中的交叉项估计系数均为正，且具有 1% 的显著性水平。这说明指数熔断机制实施期间，沪深 300 指数的价格波动率在超过 4% 后确实出现异常，平均而言较未实行时高出约 0.04，体现出该制度推出后交

---

① 由于处理组样本个数有限（Treat=1 且 Time=1 的样本共 12 个），因此并未能验证-5%～-7% 这段时间 Vol 的异常表现。

易者因流动性恐慌而纷纷抛售手中股票，导致价格下跌速度加快，假设 2 得到验证。此外，控制变量的回归系数也符合预期，即涨跌幅、成交量与成交额均与价格波动率呈正相关关系，且上述结果在 1% 的水平显著。

第五节　稳健性检验

为验证上述结果的稳健性，将全样本进行了分段回归，其中子样本 1 为指数熔断机制推出前与两次触发熔断的交易日，子样本 2 为指数熔断机制暂停后与两次触发熔断的交易日。运用子样本的估计结果与前文结论一致，限于篇幅，未报告具体的实证结果。

此外，选取沪深 300 指数的成交量波动率和成交额波动率，运用相同的计量方法，检验了指数熔断机制是否增加了市场波动假设，回归结果如表 8-5 所示。从中可以看出，除最临近匹配法下的成交额波动率具有 10% 的显著性外，其他回归系数均不显著，证明总体而言指数熔断机制并未对市场波动性产生较大影响。

表 8-5　沪深 300 指数成交量和成交额波动率的平均处理效果

匹配方法	ATT_Vtrv	t 值	ATT_Amt	t 值
最临近匹配	0.131	1.686	0.133*	1.906
半径匹配	0.130	1.193	0.132	1.393
核匹配	0.130	1.479	0.133	1.083
分层匹配	0.130	1.510	0.133	1.737

鉴于磁吸效应的表现之一为成交量和成交额的剧烈变化，因此在稳健性检验中再次运用基于倾向评分匹配的双重差分法考察了沪深 300 指数成交量和成交额波动率在累计跌幅超过 4% 后的表现，回归结果如表 8-6 所示。其中回归式（4）~回归式（6）的因变量为 Vtrv；回归式（7）~回归式（9）的因变量为 Vamt。

表8-6 Vtrv 与 Vamt 平均处理效果的回归结果

变量	(4)	(5)	(6)	(7)	(8)	(9)
Cons	0.0452***	−0.5708***	−0.2609***	0.0386***	−0.1922**	−0.1812**
	(8.02)	(−2.35)	(−2.27)	(9.13)	(−2.11)	(−2.01)
Cir	0.0343	0.0028***	0.0195	−0.0088	−0.0034***	−0.0198
	(0.98)	(2.47)	(0.56)	(−0.33)	(−0.67)	(−0.75)
Thr	0.0123	−0.0067	−0.0048	0.0120*	−0.0026*	−0.0023
	(0.98)	(−0.51)	(−0.50)	(1.93)	(−2.01)	(−0.32)
Cir×Thr	0.1379***	0.3172***	0.2713***	0.2067***	0.3860***	0.2332***
	(8.02)	(7.27)	(3.93)	(6.37)	(12.46)	(7.12)
Chg		−0.5965***	0.0892***		−0.0297*	−0.0631***
		(−2.41)	(3.49)		(−1.69)	(−3.29)
Trv		−0.0681**	0.0905***		0.0337*	0.0791***
		(−1.89)	(2.80)		(1.92)	(3.26)
Amt		0.0896	−0.0648**		−0.0407*	−0.0588***
		(1.54)	(−2.21)		(−1.99)	(−2.67)
R^2	0.2814	0.4543	0.5130	0.1870	0.2306	0.3757
个体固定效应	No	Yes	No	No	Yes	No
时间固定效应	No	No	Yes	No	No	Yes

由表8-6可知，所有交叉项的估计系数均为正，且在1%的水平显著。可见在指数熔断机制实施期间，当沪深300指数的累计跌幅接近熔断阈值时，成交量波动率和成交额波动率均呈现明显上升态势，磁吸效应的存在性也就不言而喻了。

第六节　主要结论与政策建议

本章通过倾向评分匹配法与双重差分法，考察了证券市场暴跌情形下指数熔断机制的实施效果，结果发现：一是指数熔断机制实行期间沪深300指数的波动率没有显著增加，说明该制度并非市场波动加大的原因；二是当沪深300指数的累计跌幅接近熔断阈值时，指数下跌速度加快，价格、成交量和成交额的波动率都显著增加，证明磁吸效应确实存在。

针对上述发现，虽然指数熔断机制在纽约证券交易所、纳斯达克证券交易所、多伦多证券交易所、韩国证券交易所、印度国家证券交易所等诸多市场上得以应用（Brugler and Linton，2014），但中国股票市场的波动水平整体较高，非理性投资者所占比重较大，因此在熔断机制的设计上存在一些问题。首先，第一档熔断阈值较低，大大提高了触发指数熔断的可能性；其次，第二档熔断阈值也较低，使得触发全天交易暂停的概率增加；再次，第一、二档熔断阈值的间隔较小，导致磁吸效应在我国异常明显；最后，熔断时长占日交易总时间的比例较高，容易引发流动性短缺与恐慌性抛售。

指数熔断机制在我国仅实施 4 个交易日就告暂停，的确值得监管层深度反思。目前 A 股市场已存在涨跌停板制度，短时间内应不会重启指数熔断机制。今后证券监管部门在出台新的交易机制时，应结合我国资本市场的实际情况，进行充分的理论论证和深入的量化分析，避免高昂的制度试错成本，从而实现维护证券市场稳定和保护投资者权益的目的。

第九章　随机开盘与收盘制度的反操纵功能研究

第一节　研究背景

市场操纵扰乱股票市场交易秩序，损害投资者信心，不利于市场流动性，干扰上市公司正常发展，对股票市场危害巨大（Comerton-Forde and Putins，2013；Cumming et al.，2019）。Pirrong（1995）认为，市场操纵造成价格异常扭曲，使得市场效率降低，造成巨大的经济损失。事实上，IOSCO（2002）报告认为，世界各地的股票交易所和监管部门投入了大量的资源对市场操纵行为进行检测、调查和起诉。由于市场操纵的危害性，通过优化交易机制实现抑制市场操纵的目标是投资者、学术界和监管机构普遍关注的话题。其中，通过采用随机开盘与收盘制度实现抑制市场操纵的目标是交易所采用的方法之一，本章将系统讨论这一交易机制的反操纵功能，以期为进一步优化上海与深圳证券交易所的开盘和收盘制度提供借鉴。

公正和效率是证券市场监管机构的两个重要监管目标。Aitken 和 Harris（2011）建议，任何股票市场在设计交易规则时都应该改进这两个目标中的一个，同时不损害另一个。但更为理想的情况下应该同时优化这两个目标。根据经验，衡量对市场公平和效率影响的一种方法是计算价格的反转幅度。Aggarwal 和 Wu（2006）发现，股价在操纵期间上涨后，往往会在接下来的一段时间内大幅下跌。Comerton-Forde 和 Putnins（2011）认为，股价反转的原因在于，收盘前市场流动性的短期失衡在收盘至下一交易日开盘后得到缓解，从而使股价回归均衡水平。价格反转可以通过测量一天结束时的价格变化和下一个交易日的价格反转来完成或通过近似方法计算（Aitken et al.，2015a）。Cumming 等（2019）使用这样一种检测方法：如果收盘价格变化与过去 100 个交易日基准期内的平均价格变化相差 4 个标准差，并且次日开盘价格反转，则表明存在操纵行为。

　　本章借鉴了前文采用的市场操纵识别和监测方法，实证检验了随机开盘与收盘制度对新加坡交易所的影响。新加坡交易所自 2000 年 8 月 21 日起开始采用开盘和收盘集合竞价交易机制，并于 2011 年 9 月 26 日改为随机开盘与收盘的集合竞价制度。这一修改十分重要，因为如果结束时间是随机的，那么市场参与者就不能通过操纵最后一分钟订单来影响价格，因为他们无法确定交易结束时间。本章将这种随机结束机制的引入作为一个自然实验来研究订单提交行为，深入研究在交易日结束时订单结束时间对市场效率的影响，还采用了价格操纵识别模型来衡量开盘价格和收盘价格的市场操纵行为。此外，比较了波动率和波动比率来检验随机结束集合竞价对价格效率的影响。

　　学术界普遍支持"集合竞价可以减少价格波动"这一观点。例如，Schwartz（2000）认为，集合竞价通过在一个时间点上整合流动性，可以提高价格发现的准确性。这种改善是由于投资者能够在不执行的情况下输入、修改和删除订单。此外，Madhavan（1992）发现，通过向所有交易者提供相同的价格，呼叫拍卖有助于减少信息不对称问题。许多交易所推出了集合竞价，市场质量有所提高，这在巴黎证交所（Pagano and Schwartz，2003）、纳斯达克（Pagano et al.，2007；Smith，2006）和伦敦证交所（Chelley-Steeley，2008）都有所体现。Comerton-Forde 等（2007）证明价格发现有所改进，极端流动性冲击更容易被集合竞价所吸收（Barclay et al.，2008）。

　　随着集合竞价的引入，交易所经常修改或测试不同的交易规则，以进一步减少市场操纵，提高价格发现效率。集合竞价阶段透明度是改革的优先事项。许多研究人员认为，透明度的提高有利于价格发现。在集合竞价阶段报告指示性价格已成为竞价规则的一个标准化特点，并且已经得到国际范围内的广泛执行。现有文献认为，提高信息透明度将提高价格效率，因为透明度的提高将提高价格操纵成本，增加利用信息获取利润的难度。随着集合竞价交易前期的推进，指示性价格不断揭示出来，价格信息逐渐被包含在交易价格中，这使得该价格更有效率。具体来说，Vives（1995）的研究表明，在集合竞价中，披露指示性价格和订单信息可以有效地增加市场流动性和价格发现；Cao 等（2000）研究纳斯达克开盘前做市商行为，发现做市商的非约束性报价时开盘前价格的信号，有利于价格发现。

随机开盘与收盘制度是集合竞价最重要的交易设计之一，可以有效减少投机者参与的可能。这一交易机制已经被国际上许多发达交易所引入，如澳大利亚证券交易所（ASX）、伦敦证券交易所（LSE）、印度国家证券交易所（NSE）和中国香港证券交易所（HKeX）等。然而，与集合竞价价格透明度相比，其影响尚未得到实证检验。Malaga 等（2010）认为，随机结束时间增加了投资者执行风险，这些投资者试图在收盘前通过输入不具代表性的指令来扭曲收盘价。Hauser 等（2012）研究认为，在特拉维夫证券交易所，交易前阶段的随机结束改善了价格发现，减少了波动和价格扭曲。已有研究文献表明，随机开盘与收盘制度能够提升股票市场质量，因为交易可能是为了"展示自己手中的牌"，而不是试图进行他们的交易。

2011 年 9 月 26 日，新加坡证券交易所对开盘和收盘前阶段实施随机结束，以防止在开盘和收盘集合竞价中突然提交和撤回影响价格的大额订单。同时，在开盘和收盘程序中公布了指示性均衡价格。本章将主要国际市场的集合竞价机制与每家交易所的具体信息进行比较，结果显示，所有主要交易所都有 IEP，但并不是所有交易所都有随机结束拍卖。因此，研究目的是探讨是否有可能通过采用随机结束这一规则来改善集合竞价的效果。

本章的研究主要有三个方面的贡献：第一，对优化集合竞价进行了实证检验，弥补了相关研究的空白。关于集合竞价的影响已有一些学者进行了一系列研究，但对于如何通过研究集合竞价具体设计特征对价格效率和市场操纵的影响来优化集合竞价交易规则的研究相对较少。本章关注了集合竞价设计特征不同，对市场质量的影响，为其他交易所优化交易机制设计提供了实证结论的支持。第二，采用 SGX 全账簿数据，并在超高频交易环境中进行实证研究，这比其他研究文献采用的数据更加详细和细致。第三，同时关注了收盘阶段和开盘阶段的影响。对市场操纵的研究中多关注收盘价操纵问题研究，而对开盘价操纵研究相对较少，本章采用了基于高频交易数据的开盘价操纵识别的方法，提供了具有学术研究价值的实证检验结果。

第二节　交易规则的比较分析

在全球众多的证券交易所中，新加坡交易所采用了随机开盘与收盘制度。本节首先总结新加坡交易所自2000年以来交易机制不断演变的过程（见表9-1），然后将其与世界主要交易所的交易机制进行比较，为后文探讨随机开盘与收盘制度的反操纵功能打下基础。

表9-1　新加坡交易所交易规则变化

变化日期	交易时间	交易内容
1990年12月1日~2000年8月20日	9：00~12：30	连续交易阶段
	14：00~17：00	连续交易阶段
2000年8月21日~2011年8月1日 ●引入集合竞价 ●引入午休机制	8：30~8：59	开盘前订单输入阶段
	8：59~9：00	订单不可撤销阶段
	9：00~12：30	上午连续交易阶段
	12：30~13：59	午休
	13：59~14：00	订单不可撤销计算
	14：00~17：00	下午连续交易阶段
	17：00~17：05	收盘前订单输入阶段
	17：05~17：06	不可撤销阶段
2011年8月1日~9月25日 ●延长交易时间	8：30~8：59	开盘前订单输入阶段
	8：59~9：00	订单不可撤销阶段
	9：00~17：00	连续交易阶段
	17：00~17：05	收盘前订单输入阶段
	17：05~17：06	订单不可撤销阶段
2011年9月26日至今 ●引入随机收盘	8：30~8：58至59*	开盘前订单输入阶段
	8：58~59至9：00	不可撤销阶段
	9：00~17：00	连续交易阶段
	17：00~17：04至05**	收盘前订单输入阶段
	17：04~05至17：06	不可撤销阶段

续表

变化日期	交易时间	交易内容
2011 年 9 月 26 日后节假日交易规则 •圣诞节、新年和春节	8：30~8：58 至 59 *	开盘前订单输入阶段
	8：58~59 至 9：00	不可撤销阶段
	9：00~12：30	连续交易阶段
	12：30~12：34 至 35 **	收盘前订单输入阶段
	12：34 至 35~12：36	不可撤销阶段

注：＊为开盘前订单输入阶段在 8：58~8：59 随机结束，随后不可撤销阶段启动；＊＊为收盘前订单输入阶段在 17：04~17：05 阶段随机结束，随后不可撤销阶段启动。

表 9-1 是新加坡交易所自 2000 年以来交易规则的变化过程。从中可以看出，在引入随机开盘与收盘制度之前，新加坡交易所已经采取了集合竞价交易机制，其开盘集合竞价从 8：30 开始到 9：00 结束，收盘集合竞价从 17：00 开始至 17：06 结束。集合竞价包括盘前订单输入和不可撤销两个阶段。自 2011 年 9 月 26 日起，新加坡交易所采用了随机结束的集合竞价机制，盘前订单输入阶段从固定时间结束改为随机结束阶段，也就是开盘集合竞价订单输入会在 8：58~8：59 随机结束，收盘集合竞价输入阶段会在 17：04~17：05 随机结束。

为进一步探索随机开盘与收盘制度的反操纵功能，本书收集了世界主要证券交易所有关开盘与收盘交易机制的交易细则，并重点关注其中有关随机结束和指示性价格的相关规则（见表 9-2）。

表 9-2　集合竞价交易规则国际比较

交易所	时间		随机结束	指示性价格
开盘集合竞价				
澳大利亚证券交易所	7：00~10：00	开盘前订单输入阶段 随机开盘阶段	是	是
香港联合证券交易所	9：00~9：15 9：15~9：20 9：20~9：28 9：28~9：30	订单输入阶段 开盘前订单匹配阶段 订单匹配阶段 停盘阶段，没有订单执行和匹配	否	是
伦敦证券交易所	8：00~9：00 至 59	开盘集合竞价阶段	是	是

续表

交易所	时间		随机结束	指示性价格
开盘集合竞价				
纽约证券交易所	9：00~9：07 至 08 9：07 至 9：08 其后 4 分钟 其后 3 分钟	订单输入阶段 开盘随机结束阶段 订单匹配阶段 缓冲阶段	是	是
新加坡证券交易所	8：30~8：58 至 59 8：58 至 59~9：00	开盘前订单输入阶段 订单不可撤销阶段	是	是
上海证券交易所	9：15~9：20 9：20~9：25	开盘前订单输入阶段 订单不可撤销阶段	否	是
深圳证券交易所	9：15~9：20 9：20~9：25	开盘前订单输入阶段 订单不可撤销阶段	否	是
纳斯达克证券交易所	9：28~9：30 9：30	不平衡订单信息揭示 价格匹配	否	是
纽约证券交易所	8：30~9：35 9：30	不平衡订单信息揭示 价格匹配	否	是
多伦多证券交易所	7：00~9：30 9：30	开盘前订单输入阶段 价格匹配	否	是
收盘集合竞价				
澳大利亚证券交易所	16：00~16：10 16：10~16：12	收盘前订单输入阶段 集合竞价价格匹配阶段	是	是
香港联合证券交易所	16：00~16：01 16：01~16：06 16：06~16：08 16：08~16：10	价格信息固定阶段 收盘前订单提交阶段 订单不可撤销阶段 随机收盘阶段	是	是
伦敦证券交易所	17：30~17：35 至 59	随机结束收盘集合竞价	是	是
纽约证券交易所	15：40~16：00	收盘阶段	否	是
新加坡证券交易所	17：00~17：04 至 05 17：04 至 05~17：06	收盘前订单提交阶段，随机结束 订单不可撤销阶段	是	是
上海证券交易所	14：57~15：00	订单不可撤销阶段	否	是
深圳证券交易所	14：57~15：00	订单不可撤销阶段	否	是
纳斯达克证券交易所	15：55~16：00 16：00	订单信息开始揭示 收盘价格匹配形成	否	是
纽约证券交易所	15：45 15：45~15：59 15：58	MOC、LOC 和 CO 订单提交阶段 每 5 秒揭示订单价格信息 订单不可撤销阶段	否	是

交易所	时间		随机结束	指示性价格
多伦多证券交易所	15：40~16：00	集合竞价订单提交阶段	否	是
	16：10~16：15	交易后取消阶段		
	16：15~17：00	延伸交易阶段		

表 9-2 列示了包括新加坡交易所在内的十大国际股票市场开收盘集合竞价交易规则。总体来说，可以将集合竞价分为两类：一是不包含特定类型订单，以新加坡交易所（SGX）、澳大利亚证券交易所（ASX）、中国香港证券交易所（HKEX）、伦敦证券交易所（LSE）、印度国家证券交易所（NSE）、上海证券交易所（SSE）和深圳证券交易所（SZSE）为代表；二是有特殊订单类型的集合竞价，以纳斯达克交易所（Nasdaq）、纽约证券交易所（NYSE）和多伦多证券交易所（TSX）等北美证券交易所为代表。二是包含特定类型的订单，这些订单只能参与集合竞价交易。表 9-2 显示，全球 10 个主要市场中有 4 个已经实施了与新加坡交易所采用的交易规则类似的集合竞价。此外，所有被比较的市场都披露了指示性价格，目的是使信息更加透明。然而，对于集合竞价随机结束规则的实证影响鲜有实证证据。

从表 9-2 中可以看出，十大交易所有以下规则相似：第一，一半的市场具有随机结束机制。第二，所有交易所都是用集合竞价来确定开盘价和收盘价，但允许指令和信息存在一些差异。第三，所有的交易所规则都强调信息高度透明。在订单匹配最终确定之前，市场上会披露指示性价格，匹配数量和未匹配数量等信息。第四，每个交易所都会在确定价格前允许较长时间段的订单提交和吸收信息阶段。

第三节　数据说明

本章选择 2011 年 9 月 26 日新加坡交易所推出随机开盘与收盘制度前后的 250 个交易日作为研究区间。收集和处理了来自新加坡交易所的报价和交易全账簿数据，以及来自 Market Quality Dashboard（MQD）研究平台的市场质量指标数据。研究期限分为事件前后两个阶段，事件前是 2010 年 8 月 3 日~2011 年 7 月 29 日，事件后是 2011 年 9 月 26 日~2012 年 9 月 21 日。剔除 2011 年 8 月 1 日~9 月 25 日时间段内的研究样本，其间午休被取消，节前交易日缩短，但不认为这会在交易日开始或结束时产生任何影响。此外，在实施随机结束交易保障措施前约一个月，新加坡交易所推出了新的 Reach 交易引擎（Trading En-gine），并延长了连续交易时间，以吸引新投资者和提高流动性。Reach 交易引擎增加了交易流动性，但由于交易之前没有达到容量，因此，在本节研究期间预计不会对交易行为产生任何影响。

根据以下规则在完整的订单簿数据中选出 671 只股票：该股票每天至少交易一次，在整个样本期间内上市，并且在 2011 年 6 月 8~9 月 23 日 11：00~15：00 至少有一次交易。如果去掉最后一个要求，则增加 11 只股票，结果也是一致的。本节的全账簿数据通过 SMARTS 监控系统从 SGX（Ready Board）下载所得。由于对于流动性较好的股票，集合竞价产生的积极影响更大，因此为了探讨不同流动性水平股票不同影响，将样本根据交易量分为五分位数，其中从分为数 1~5 位是最活跃至最不活跃的股票。

第四节 实证结果分析

一、订单提交策略的变化

表 9-3 报告了随机结束集合竞价引入前后期间的交易统计数据，利用均值检验中的参数差检验交易频率、成交额和成交量的统计差异。总的来说，交易数量从事件前的 15.40 增加到事件后的 16.93。从全样本数据看，成交量保持稳定但成交额出现下降。成交额的减少主要是由于第 1、第 2 和第 4 组的股票出现了事件前后起的大幅的价格下降，反映出在事件研究前期国际市场的动荡。

表9-3 随机开盘与收盘制度模型变量的统计描述

变量		全样本	根据流动性分组样本				
			1—最活跃	2	3	4	5—最不活跃
交易数量	事件前	15.40	32.79	6.87	4.80	3.30	2.16
	事件后	16.93	30.60	5.74	7.52	3.52	2.50
	t-stat.	2.37***	−1.85*	−3.24**	1.63	1.39	0.59
成交额	事件前	319784	669893	179826	86114	54615	21679
	事件后	362212	620447	174559	199222	48952	53436
	t-stat.	0.25	−0.89	−0.82	1.62	−1.96**	0.42
成交量（SGD）	事件前	419307	1037636	62353	68274	32356	16183
	事件后	411686	832352	44423	107960	33163	49373
	t-stat.	−2.88***	−2.79***	−3.97**	1.47	3.10***	0.78

注：*、**、***分别表示在10%、5%和1%水平显著。下同。

检验开盘阶段全账簿订单的提交时间变化情况，表9-4 呈现了开盘和收盘集合竞价阶段三种订单：新增加的订单（Enter Order）、撤销的订单（Delete Order）和修改的订单（Amend Order）的提交时间变化。在引入随机开盘与收盘制度后，在开盘集合竞价阶段，从全样本数据看新增加的订单提交时间延迟22秒，从4组流动性较强的股票中也可以看到一致性的变化。删除的订单提交时间也有24秒的延迟，这主要是由于第2、第3和第4组的股票删除订单提交时间延迟了41秒到91秒。但是，从全样本数据看，修改的订单提交时间却提前了21秒，且从分组检验结果看，是最活跃的第1组股票提前了70秒所导致的。表9-4 也呈现了收盘集合竞价阶段的订单提交时间的变化。在表中可以看到，从平均提交时间看，与开盘前阶段相比，收盘前提交订单时间发生了明显的变化，全样本的订单提前了7秒提交，删除的订单提前了16秒删除，修改类型的订单提前了半分钟提交。从这三种订单类型看，其提交时间均向前提前了一个5分钟时间段。

表9-4　开盘收盘阶段订单提交时间变化

开盘集合竞价订单提交时间变化						
		全样本	根据流动性分组样本（1＝流动性最强）（秒）				
			1—最活跃	2	3	4	5—最不活跃
新提交订单（Enter）	事件前期	216	219	182	212	220	249
	事件后期	238	239	212	238	248	253
	Difference	22	20	30	25	29	3
	t-stat.	7.01***	3.69***	5.44***	3.45***	4.22***	0.26
删除订单（Delete）	事件前期	680	697	615	685	733	780
	事件后期	704	668	656	776	815	798
	Difference	24	−28	41	91	82	18
	t-stat.	4.87***	−0.83	3.17***	3.74***	2.22**	1.95*
修改订单（Amend）	事件前期	1015	1073	942	953	1019	1018
	事件后期	994	1003	956	1014	1007	972
	Difference	−21	−70	15	62	−12	−46
	t-stat.	−2.66***	−4.26***	0.03	0.63	−1.3	−1.72*
收盘集合竞价订单提交事件变化						
		全样本	根据流动性分组样本（1＝流动性最强）（秒）				
			1—最活跃	2	3	4	5—最不活跃
新提交订单（Enter）	事件前期	120	111	120	125	126	137
	事件后期	112	106	117	118	117	116
	Difference	−7	−5	−2	−7	−9	−21
	t-stat.	−9.02***	−3.07***	−2.09**	−4.12***	−5.10***	−5.23***
删除订单（Delete）	事件前期	119	115	126	122	117	113
	事件后期	103	103	106	102	102	100
	Difference	−16	−11	−20	−19	−15	−13
	t-stat.	−13.42***	−8.96***	−8.65***	−7.26***	−4.47***	−3.56***
修改订单（Amend）	事件前期	162	160	167	165	162	161
	事件后期	123	122	126	123	123	124
	Difference	−39	−38	−41	−41	−39	−38
	t-stat.	−12.44***	−10.24***	−8.63***	−5.04***	−4.13***	−2.62***

图9-1展示了不同类型订单提交时间在事件发生前后的变化，以及全样本

和样本中流动性最强的第 1 组的平均时间变化情况。从中可以看出，新增加的订单平均在第 1 个 5 分钟期间提交，删除的订单发生在第 3 个 5 分钟间隔期间，修改的订单出现较晚，平均出现在第 4 个 5 分钟期间。这一现象在全样本和流动性最强的股票样本组中都有出现。另外，平均的订单提交时间在 8：48 前，约在开盘集合竞价随机结束前 10 分钟。

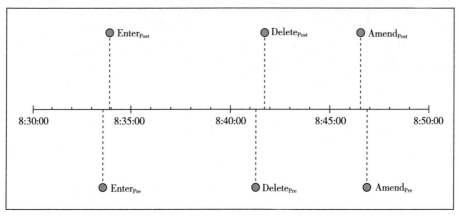

（a）全样本变化

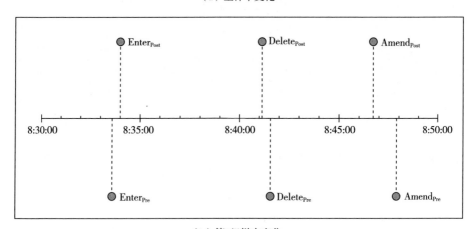

（b）第 1 组样本变化

图 9-1 全样本和第 1 组样本开盘集合竞价阶段订单提交时间变化

图 9-2 显示了全样本和流动性最强第 1 组样本的平均订单提交时间。两组的增加订单和删除订单平均时间向前移动了 40 秒，事件发生后，所有订单都发

生在 17：02：10 前。Hauser 等（2012）通过检验订单提交的时间探究集合竞价引入后对市场操纵行为影响，结果显示，引入集合竞价后交易者提交订单的时间提前了。这说明操纵订单的可能性减少了。引入随机结束机制的目标之一就是为了进一步减少操纵者在集合竞价结束最后时间段内通过采用大额订单操纵价格的风险。从全账簿数据看，订单提交时间普遍提前了，这说明采用最后时段提交的订单减少了，也可以间接说明操纵发生的可能性减少了，这反映了随机结束机制有了实质性效果，改变了投资者提交订单的策略。

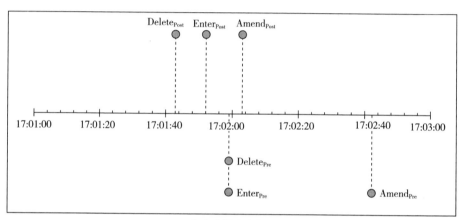

（a）全样本变化

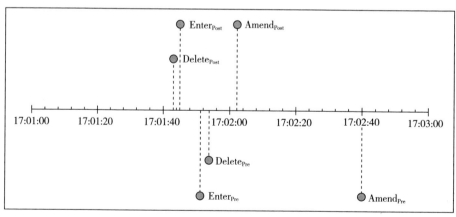

（b）流动性最强样本组变化

图9-2　全样本和第1组样本收盘集合竞价阶段订单提交时间变化

二、收盘价格波动的减少

本部分将收盘价格波动作为衡量市场操纵的标准之一。收盘价格波动是指连续交易期间最后一笔交易的成交价与收盘价的变化幅度。最后一笔交易发生后，截止到收盘前并没有出现新的影响交易的信息，在有效市场环境下，收盘价应当与最后一笔价格相同。新加坡交易所要求有重大事项公告需停牌，因此在收盘前不可能有任何消息进入市场。公告发布人必须在重大公告发布后，交易恢复前，留出至少 30 分钟的公告时间，停牌时间最长可延长至 3 个交易日。在停盘期间，所有已有的指令依然有效，新的指令仍然可以输入、修改或删除，但不进行最终的匹配。如果在一个交易日结束前没有解除停牌，那么订单就无法匹配形成。

表 9-5 报告了收盘价格波动的幅度，以及对应的股票数量和占比。在事件发生后，最后一笔交易价格（Last Traded Price，LTP）下降了 0.74%，平均收盘价格（Closing Price，CP）下降了 0.73%。LTP 与 CP 的价格差（Price Difference，PD）从 20 个百分点下降至 8 个点，仔细分析可以看出，这个结果主要是由于流动性最强的第 1 组和第 2 组样本导致的，这两组样本收盘价格波动分别下降了 87%（第 1 组）和 60%（第 2 组）。在事件发生后，出现了这一价格差异的股票显著下降了 10%，从 490 只股票下降到 439 只股票。这种价格波动的减少也说明了市场效率和市场公正水平的提高。

表 9-5　收盘价格与连续交易最后一笔交易价格波动变化实证检验

		全样本	根据流动性分组样本				
			1—最活跃	2	3	4	5—最不活跃
连续竞价最后一笔交易价格（LTP）	事件前	1.2321	1.6648	0.4681	1.3517	0.9048	1.9451
	事件后	1.2229	1.3426	0.3971	1.6266	1.0702	2.0991
	变化率（%）	−0.74	−19.35	−15.16	20.33	18.29	7.91
	t-stat.	−2.42***	−5.20***	−4.61***	0.24	0.10	0.80
收盘价（CP）	事件前	1.2319	1.6646	0.4682	1.3513	0.9047	1.9454
	事件后	1.2230	1.3425	0.3973	1.6263	1.0703	2.0995
	变化率（%）	−0.73	−19.35	−15.14	20.35	18.30	7.92
	t-stat.	−2.41***	−5.20***	−4.61***	0.24	0.10	0.80

续表

		全样本	根据流动性分组样本				
			1—最活跃	2	3	4	5—最不活跃
LTP 与 CP 价格差异（PD）	事件前	0.20%	0.35%	0.27%	0.08%	0.11%	0.12%
	事件后	0.08%	0.04%	0.11%	0.08%	0.08%	0.14%
	变化率（%）	−58	−87	−60	−1	−30	16
	t−stat.	−3.18***	−2.26***	−1.99**	−0.38	−1.74	0.50
有 PD 的股票数量	事件前	490（73%）	117（17%）	110（16%）	104（15%）	89（13%）	70（10%）
	事件后	439（65%）	124（19%）	103（15%）	85（13%）	73（11%）	54（8%）
	变化率（%）	−10.34	6.43	−6.06	−18.18	−18.31	−23.28

三、市场操纵的减少

本部分采用了开盘价格和收盘价格操纵识别模型对新加坡股票市场在样本期间发生的疑似开盘价格和收盘价格操纵情况进行了测算。从前文可知，集合竞价对流动性较强的股票影响较大，因此，一方面，由于数据可得性（本部分收盘价格操纵部分数据来源为 Thomson Reuters Tick History）无法获得全部 671只股票高频交易数据；另一方面，考虑关注流动性更强股票作为本部分的研究样本，因此构建另一个子样本来研究随机结束集合竞价对市场操纵的影响。子样本的选择规则如下，选择样本期间至少每个月的开盘和收盘集合竞价成交量都不为零的股票，而且在样本期间一直正常上市；剔除了每天交易笔数不足 10笔的观察值以及首次公开发行的股票，最终样本股票为 415 只。

由于本章内容以新加坡股票市场为研究对象，因此基于中国股票市场的实践构建的收盘价操纵识别方法并不能在此进行应用。借鉴已有研究 Aitken（2015a）、Cumming（2019）以及《中国股票市场质量研究报告（2018）》等文献中采取的"两次价格逆转"判定市场操纵的方法，采用捕捉价格异常变动的方法来识别疑似市场操纵情况。本部分的市场操纵识别方法增加一条更加严格的规则来提高识别方法的准确度，即检测连续交易阶段的最后一笔交易价格是否超出在连续交易阶段的价差。具体识别方法如表 9-6 所示。

表9-6　新加坡股票市场可疑收盘价操纵和开盘价操纵识别方法

开盘价操纵	规则一	$\Delta PC_{it} > \overline{\Delta PC_i} + 4\sigma_i$ or $\Delta PC_{it} < \overline{\Delta PC_i} - 4\sigma_i$ 其中，$\Delta PC_{it} = (\text{Open Price}_{it} - \text{Close Price}_{it-1}) / \text{Close Price}_{it-1}$
	规则二	$(\text{Open Price}_{it} - \text{Price}_{i,\,open+15mins}) / (\text{Open Price}_t - \text{Close Price}_{t-1}) \times 100\% \geqslant 50\%$
收盘价操纵	规则一	$\Delta PC_{it} > \overline{\Delta PC_i} + 4\sigma_i$ or $\Delta PC_{it} < \overline{\Delta PC_i} - 4\sigma_i$ 其中，$\Delta PC_{it} = (\text{Close Price}_{it} - \text{Price}_{i,\,close-15min}) / \text{Price}_{i,\,close-15min}$
	规则二	$(\text{Close Price}_{it} - \text{Open Price}_{it+1}) / (\text{Close Price}_{it} - \text{Price}_{i,\,close-15min}) \times 100\% \geqslant 50\%$
	规则三	连续交易阶段最后一笔交易价格超出价差

具体而言，可疑开盘价操纵识别方法以开盘价是否产生了异常波动为衡量标准。规则一是衡量当日开盘价与前一日收盘价格相比，是否发生了显著异常。股票 i 在交易日 t 的开盘价相对于前一日收盘价格的波动率用 ΔPC_{it}（$\Delta Price\ Change_{it}$）来衡量。$\overline{\Delta PC_i}$ 是 ΔPC_{it} 前 30 个交易日窗口期的平均值。若波动率超过前 30 个交易日波动率平均值的上下 4 个标准差的范围，则判定满足标准一。而若当日的开盘价格在开盘后 15 分钟发生了快速的回转，并且回转幅度相对于开盘价格相对于前一日收盘价格的波动幅度高出 50% 以上，则满足标准二。若同时满足标准一和标准二，则判定发生了开盘价格异常波动，即怀疑存在可疑的开盘价格操纵情况。

本部分采用的可疑收盘价格操纵识别方法与可以开盘价操纵识别方法基本原理一致。具体地，首先以股票 i 在第 t 个交易日收盘价格与收盘前 15 分钟最后一笔成交价格相比较，计算其价格波动率 ΔPC_{it}（$\Delta Price\ Change_{it}$）。然后，与其前 30 个交易日的平均波动率进行比较，若超出其前后 4 个标准差范围，则判定满足标准一。标准二是以第二日开盘价格的变化率高于收盘价相对于收盘前 15 分钟的价格变化率的 50% 为标准予以衡量。标准三是指连续交易阶段最后一笔交易的成交价格超出买卖价差。若同时满足标准一、标准二和标准三，则判定当日收盘价格发生了异常波动，存在可疑的操纵价格行为。

本部分采用 Logit 模型检测了引入随机收盘集合竞价后股票市场操纵发生风险的变化，具体计算模型如下：

$$\text{Prob}\ (\text{Manip}_{it,\,open\ or\ close}) = \beta_0 + \beta_1 D_{it} + \beta_2 \text{Volume}_{it} + \beta_3 \text{Volatility}_{it} + \beta_4 \text{Return}_{it} + \varepsilon_{it}$$

$$(9-1)$$

被解释变量 $Manip_{it,open\ or\ close}$ 是一个虚拟变量，如果这只股票 i 被认为在交易日 t 发生了疑似开盘价格或者收盘价操纵情况，则为 1，否则为 0。D_{it} 是另一个虚拟变量，用来标记是否是事件发生后，是为 1，否为 0。市场操纵的波动往往伴随着成交量、波动率和收益率的异常变化，因此我们选择控制这三个变量。

　　表 9-7 给出 Logit 模型的回归结果。表明市场操纵风险在引入收盘集合竞价后减少了。虚拟变量 D_{it} 的回归系数在开盘和收盘阶段回归结果均为负数。开盘价操纵模型的回归系数为 -0.539，收盘价模型的回归系数为 -0.647。这说明收盘价操纵风险和开盘价操纵风险都有显著下降，但开盘价操纵下降程度显著性不如收盘价高。这可能是由于新加坡市场开盘阶段流动性不强。开盘阶段成交量只占日成交量的不足 2%，而收盘阶段成交量占比 8% 左右。另外，样本期间还有两个事件发生，分别是价格变动单位的变化（Tick Size Change）和 Reach 交易引擎的引入（Reach Trading Engine）。考虑到两个事件都会影响股票市场流动性，增加了价差作为控制变量。表 9-7 中第（2）列汇报了加入价差后的实证结果，可以发现开盘价操纵与收盘价操纵仍然呈现了显著减少，实证结果具有稳健性。

表 9-7　Logit 回归模型结果

变量	（1）		（2）	
	$Manip_{it,open}$	$Manip_{it,close}$	$Manip_{it,open}$	$Manip_{it,close}$
D_{it}	-0.539 * (0.071)	-0.647 *** (0.003)	-0.524 * (0.080)	-0.661 *** (0.002)
$Volume_{it}$	0.095 (0.314)	-0.385 *** (0.000)	0.083 (0.371)	-0.382 *** (0.000)
$Volatility_{it}$	-16.580 (0.672)	29.630 *** (0.007)	28.523 (0.379)	-1.148 (0.963)
$Return_{it}$	-0.021 (0.809)	-0.210 *** (0.001)	-0.027 (0.755)	-0.211 *** (0.001)
$Spread_{it}$			-0.003 * (0.071)	0.001 * (0.067)
$Constant_{it}$	-8.536 *** (0.000)	-1.401 (0.114)	-8.171 *** (0.000)	-1.415 (0.113)
Pseudo R^2	0.01	0.04	0.01	0.04
观察值	86868	86868	86868	86868

四、集合竞价成交量的变化

开盘和收盘阶段的相对成交量统计数据呈现在表9-8中。相对成交量呈现一个显著的下降趋势,投资者情绪可以通过相对成交量来反映。相对成交量是指集合竞价成交量占日总成交量比率。随机结束交易规则的引入提高市场操纵成本,操纵者会更加谨慎地参与市场交易,因此其参与交易的可能性减少。基于上文所述的原因,相对成交量会下降。表9-8中呈现了收盘成交量有显著的增加,同时,开盘成交量保持相对平稳。但是,相对成交量在开盘阶段呈现显著的下降,从1.84%下降到1.67%。另外,在收盘阶段,相对成交量从7.79%下降到7.45%,这也说明操纵的可能性有所下降。

表9-8 集合竞价成交量的变化

	开盘集合竞价		收盘集合竞价	
	成交量（股）	相对成交量（%）	成交量（股）	相对成交量（%）
事件前	160376	1.84%	199587	7.79%
事件后	161737	1.67%	234497	7.45%
差异	1361	−0.17%	34910	−0.34%
t−stat.	0.19	−5.73***	7.19***	−4.33***

五、市场效率的提高

日内方差比（Variance Ratio）是市场微观结构相关研究中较为常见的指标。Lo和MacKinlay（1988）认为如果股票价格是独立的,那么不同时间序列之间的股票价格应该呈现一种线性相关关系。例如,一只股票5天内的股票价格波动应当等于5倍的1天内的价格波动。本部分采用日内方差比是采用高频交易数据计算的1秒钟比10秒钟以及1分钟比5分钟的方差比率,越接近于0说明市场的有效性越高。

另外,借鉴Amihud和Mendelson（1991）的做法,采用市场调整收益波动率（Market−Adjusted Return Volatility）来测算市场效率的变化。具体来说,每只股票i在交易日t的两种收益率的计算公式如下:

Open-to-Open Returns：$R_{open,it} = \log\left(\dfrac{P_{open,t}}{P_{open,t-1}}\right)$　　　　　　(9-2)

Close-to-Close Returns：$R_{close,it} = \log\left(\dfrac{P_{close,t}}{P_{close,t-1}}\right)$　　　　(9-3)

根据市场模型计算每只股票在事件发生前后阶段的残差：

$$R_{it} = \alpha_{it} + \beta_{it} R_{market,t} + \varepsilon_{it} \qquad (9-4)$$

其中，R_{market} 是新加坡海峡时报指数（Straits Times Index，STI）的日收益率。将这种残差波动率（乘以 1000）来衡量市场价格效率呈现在表 9-9 中。

从表 9-9 的结果可以看出，引入随机结束交易规则后，新加坡股票市场价格效率显著提高了。日内方差比显著减少了，10 秒钟和 5 分钟的方差比分别从 0.09 和 0.19 下降到 0.06 和 0.18，说明引入随机开盘与收盘制度后股票市场有效性提高了。另外，从收益波动率情况来看，开盘价收益波动率从 3.85 下降到 1.87，收盘价收益波动率从 4.68 显著下降到 2.03，说明随机结束机制减少了波动率，有效提高了新加坡股票市场效率。

表 9-9　市场效率变化

	日内方差比		收益波动率	
	1sec vs 10sec	1min vs 5min	Open-to-Open	Close-to-Close
事件前	0.09	0.19	3.85	4.68
事件后	0.06	0.18	1.87	2.03
差异	-0.03	-0.01	-1.98	-2.66
t-stat.	-44.76***	-4.40***	-2.66***	-2.62***

第五节　稳健性检验

为了进一步检验实证结果的稳健性，减少其他事件干扰，本部分进行了一系列的稳健性检验。首先，如前文所述，样本期间新加坡股票市场对最小成交单位进行了修改,这一修改将会影响股票市场的流动性,因此,为剔除最小成交单位变化对实证结果的影响,构建了一个子样本,这一子样本的价格为 2.00 ~ 9.00元,因为这一价格区间的股票最小成交价单位并没有发生变化。剔除异常值以后,最终获得了 55 只股票进行稳健性检验。表 9-10 反映了这一稳健性结果,开盘价和收盘价的疑似操纵风险仍然显著减少了。

其次,在样本期间新加坡交易所引入了新的交易引擎(Reach)以增加股票市场流动性,为了剔除这一事件的影响,构建一个子样本,将样本期间选择在 2011 年 8 月 15 日 ~ 9 月 23 日,事件发生前后各 29 天。这一研究期间均发生在引入新的交易引擎之后,剔除交易引擎对实证结果的影响。从表 9-10 的实证结果来看,实证结果依然具有显著稳健性。

最后,考虑到衍生品市场可能对股票市场的影响作用,因此对期货期权到期日进行了控制。在实证模型中加入了虚拟变量 $D_{future,it}$ 来标记是否为期权期货到期日,如果是为 1,否则为 0。表 9-10 展示了实证结果,市场操纵仍然显著减弱,实证结果具有稳健性。

表 9-10 随机开盘与长盘制度模型稳健性检验

变量	最小价格变动单位影响		Reach 交易引擎影响		衍生品到期日影响	
	$Manip_{it,open}$	$Manip_{it,close}$	$Manip_{it,open}$	$Manip_{it,close}$	$Manip_{it,open}$	$Manip_{it,close}$
D_{it}	-1.944**	-0.842*	-0.557	-0.860**	-0.539*	-0.647***
	(0.015)	(0.086)	(0.651)	(0.017)	(0.071)	(0.003)
$Volume_{it}$	0.160	-0.280***	-0.393	-0.302***	0.095	-0.385***
	(0.343)	(0.007)	(0.272)	(0.004)	(0.316)	(0.000)
$Volatility_{it}$	-732.800*	37.920	53.240	44.970***	-16.900	29.460***
	(0.065)	(0.443)	(0.265)	(0.005)	(0.667)	(0.007)
$Return_{it}$	-0.169	-0.202***	0.010	-0.055*	-0.019	-0.208***
	(0.297)	(0.003)	(0.631)	(0.052)	(0.823)	(0.002)
$D_{future,it}$					-0.916	-0.873
					(0.365)	(0.222)
Constant	-7.841***	-2.878**	-2.880	-2.315*	-8.500***	-1.363
	(0.000)	(0.029)	(0.537)	(0.098)	(0.000)	(0.125)
Pseudo R^2	0.06	0.05	0.04	0.05	0.01	0.04
观察值	18187	18187	11084	11084	86868	86868

此外，为了进一步检验实证结果稳健性问题，选择了海峡时报指数构成股份作为子样本进行实证检验，海峡时报指数成分股共有 30 只，是新加坡股票市场上市值规模最大的一组股票。由于其中有 GLP 和 SMRT 2 只股票在样本期间被替换出了 STI 成分股，因此被剔出样本。对 STI 构成股在事件发生前后订单提交时间的变化进行了分析，绘制了图 9-3 进行说明。

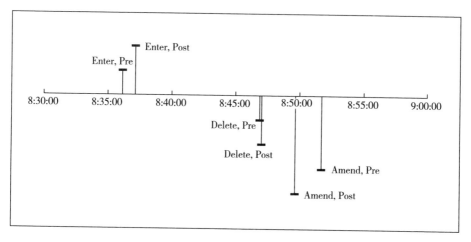

（a）事件发生前的订单提交情况

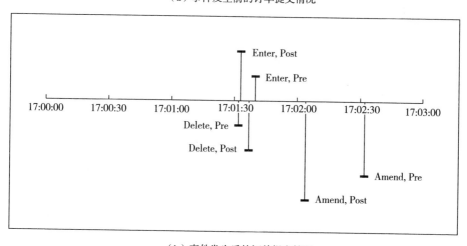

（b）事件发生后的订单提交情况

图 9-3 STI 构成股开盘和收盘阶段订单提交时间变化

在开盘阶段，新增加订单出现在第二个 5 分钟时段，删除的订单出现在第四个 5 分钟阶段，而修改的订单平均出现在第四到第五个事件间隔之间。事件发生后，STI 股票的修改类型订单发生了 123 秒的提前。而收盘阶段，在事件发生后所有两种订单类型提交时间发生了显著的时间提前。新提交的订单发生了 7 秒提前，修改的订单发生了 28 秒提前。并且修改类型的订单与全样本一样，也都平均发生在前两分钟内。STI 成分股与全样本股票订单提交策略发生变化基本一致，说明了实证结果的稳健性。

除以上检验外，还修改了样本的选择规则，剔除了 2001 年 6 月 8 日~2011 年 9 月 23 日，在 11：00~15：00 至少有一笔交易这一规则，获得了 682 只样本股票，然后将事件发生前的时间段修改为 2010 年 9 月 28 日~2011 年 9 月 25 日，实证结果依然稳健。

第六节　结论和启示

本章检验了随机开盘与收盘制度是否可以减少新加坡交易所的股票市场操纵，同时不损失股票市场效率。首先，从不同角度检验了引入随机开盘与收盘制度对市场操纵的影响，包括订单提交时间、集合竞价相对成交量、开盘与收盘价格异动等。其次，进一步检测了日内价格方差比和收益波动率的变化，以衡量随机开盘与收盘制度对市场有效性的影响。本章的实证结果认为随机结束的引入显著减少了市场操纵的风险，有利于市场效率的提高。

研究发现，投资者往往在开盘阶段采取一种有章可循的策略进行订单提交时间的选择，而这种策略是与集合竞价时间长短关联的。最终的订单聚集和随后的逆转表明，潜在的市场操纵仍然可能在开盘阶段出现。交易所或许可以通过考虑减少开盘集合竞价时间的长度来减少投机者操纵开盘价格的风险。本章的实证结论支持引入随机开盘与收盘制度，新加坡的这一经验是有效果的，值得其他国家的交易所借鉴。

中国在上海与深圳证券交易所都实施集合竞价制度以确定开盘和收盘价格，但并未引入随机开盘与收盘制度。事实上，从证监会查处的市场操纵案例可以看出，利用开盘集合竞价阶段虚假申报和撤销订单的方法，以及收盘价操纵方法操纵股票价格的案件屡见不鲜，它们是我国市场操纵的主要类型。因此，中国证监会可以着手研究在开盘与收盘阶段引入随机结束的交易机制，从而在不降低市场效率的前提下提升市场公正。

第十章　主要结论与政策建议

第一节　主要结论

本书研究股票市场的反操纵交易机制，因循发现问题、分析问题、解决问题的思路，首先分析了市场操纵的影响因素，然后考察了市场操纵对系统性风险、收益率偏离、流动性和市场效率的影响，在此基础上设计了市场操纵的预警机制，最后重点讨论了收盘集合竞价制度、涨跌停板制度、指数熔断机制以及随机开盘与收盘制度的反操纵功能。本书的主要结论如下：

一、市值规模较小、经营绩效较差、前期被操纵过的上市公司，更容易成为市场操纵的标的股票

本书以 2004~2016 年中国 A 股市场为研究样本，通过分析证监会查处的市场操纵案例，结合连续交易操纵和尾盘价格操纵的识别模型，发现市值规模低、盈利水平差、发展能力弱、财务风险高、前期出现过疑似操纵的股票，更容易成为操纵对象。这说明市场操纵的影响因素既囊括公司财务指标和公司治理水平，又包含历史原因、交易机制、投资者情绪等因素。因此，抑制市场操纵需从提升上市公司质量、进行投资者教育、优化识别预警机制、完善交易制度和法律环境等层面多管齐下。

二、市场操纵会借由投资者情绪渠道影响股市系统性风险

本书以 2012~2017 年中国 A 股市场上市公司为研究样本，基于异常交易行为构建市场操纵识别模型，实证检验市场操纵与股价崩盘风险的关系。发现市场操纵是股价崩盘风险的重要原因，市场操纵次数越多的股票，未来股价崩盘风险越大。并且市场操纵通过影响投资者情绪，导致股价崩盘风险。操纵期间股票换手率上升，被分析师和研报所关注的程度也随之增加，从而形成股价泡沫；操纵之后换手率回落，被分析师和研报所关注的程度也逐渐降低，最终诱发股价崩盘风险。此外，中小板和创业板市场的操纵行为对股价崩盘风险的影响更加明显。

三、市场操纵导致被操纵股票收益率发生偏离

本书选取 2014~2021 年证监会公开做出处罚的市场操纵案例作为样本，以超额收益率作为基础度量指标，利用事件研究法，研究市场操纵对股票收益率偏离的影响。实证结果表明，市场操纵对上市公司股票的累计平均超额收益率有显著影响，但这种影响持续时间较为短暂，说明我国投资者跟风投资行为在降低，市场有效性在提升。进一步通过异质性分析发现，在操纵时长不同、股权性质不同、板块不同的情况下，市场操纵对股票收益率偏离的影响程度存在显著性差异。操纵时间越长的股票收益率偏离程度越大；非国有企业股票收益率偏离程度比国有企业大；创业板市场股票收益率偏离程度最大，原中小板次之，主板市场波动最小。

四、市场操纵会导致股票交易成本上升、流动性下降

本书采用面板数据回归实证分析了收盘价操纵影响市场流动性的传导机制。研究表明收盘价操纵会导致股票交易成本上升和流动性下降，这种影响往往在股票市场处于震荡和下跌阶段时更为显著。同时，投资者报价策略趋于保守化是收盘价操纵对市场流动性产生影响的关键因素，而引发投资者调整报价策略的原因可能是股价波动加剧后订单非执行风险的降低。

五、建立了收盘价格操纵、连续交易操纵和开盘价格操纵的预警机制

在收盘价格操纵方面，本书设计了包含收益率指标、波动率指标、成交量指标和日振幅指标的收盘价操纵预警指标体系，并基于证监会查处的市场操纵案例设定了预警流程和预警阈值。在连续交易操纵方面，基于双重差分的思想，设计了包含成交量、成交额、收益率、相对报价价差及相对有效价差为监测变量的预警指标体系，并分析了被连续交易操纵股票的市场表现。在开盘价格操纵方面，借鉴既有文献对于异常收益率和价格回转的识别流程，设计了基于开盘价格偏离模型的预警指标，并剔除了信息对股价的影响，在此基础上分析了我国开盘集合竞价虚假申报与撤单的操纵特征。

六、收盘集合竞价制度能够抑制市场操纵

本书利用 2018 年 8 月 20 日上海证券交易所实行收盘集合竞价制度的自然实验，基于 PSM+DID 模型研究收盘集合竞价制度的反操纵功能。研究发现，上海证券交易所实行收盘集合竞价制度能够降低股市尾盘异常波动，减少收盘价格操纵，提升价格发现功能，提高市场资源配置效率。上述结论在更换被解释变量、改变数据频率之后依然稳健。未来可进一步实施随机收盘制度、指使性价格制度等，以抑制市场操纵行为。

七、涨跌停板制度具有反操纵功能

本书着眼于反操纵视角，试图为证券价格涨跌幅限制制度的颁布实施寻找理论依据，并在此基础上检验该制度与减少市场操纵和降低波动性之间的关系。在理论分析方面，改进了 Kim 和 Park（2010）的三时期模型，通过引入操纵者无效指数这一变量将证券价格涨跌幅限制制度的作用内生化，阐述了单日价格波动的上下界可以降低公众对个股期望收益率的预期，增加知情交易者实施价格操纵的成本，从而抑制市场操纵行为的机理。在实证检验方面，基于世界 49 个国家和地区的数据，运用 Logit 模型、Probit 模型和 Logistic 模型等说明了监管当局腐败程度较高、证券市场法律法规执行力度薄弱的国家更倾向于选择涨跌停板制度，而信息不对称和金融风险等因素对该制度存在与否的影响并不显著。因此相对于降低证券价格的波动性而言，减少市场操纵才是实施此项制度的原

因所在。

八、指数熔断机制不仅未能起到反操纵的作用，而且出现了"磁吸效应"

本书基于中国 A 股市场的指数熔断机制，探讨了该制度对抑制市场波动、防范系统性风险的作用机制，发现 2016 年 1 月 4~7 日沪深 300 指数的价格、成交量和成交额波动率较样本期间内其他具有较大跌幅的交易日没有显著差别。然而指数熔断机制确实具有强烈的"磁吸效应"，当沪深 300 指数的累计跌幅接近熔断阈值时，指数下跌速度加快，价格、成交量和成交额的波动率明显增加。

九、随机开盘与收盘制度能够在不损失市场效率的前提下减少市场操纵的发生

本书在总结全球 10 个主要证券交易所开盘与收盘集合竞价交易细则的基础上，以新加坡交易所引入随机开盘与收盘制度为契机，探讨了该制度对投资者订单提交策略、收盘价格波动、市场操纵行为、集合竞价成交量和市场效率等方面的影响。研究发现，投资者在集合竞价阶段存在一种与集合竞价时间及其确定性相关的订单提交策略，订单的聚集和随后的逆转表明，潜在的操纵者在非随机开盘与收盘机制下，操纵股票价格的可能性更大。随机结束的集合竞价制度降低了市场波动，促进了价格发现，提升了市场效率，有效抑制了开盘和收盘期间的市场操纵行为，保证了市场公正。上述结论对于在我国证券交易所中引入随机开盘与收盘制度具有重要的借鉴意义。

第二节 政策建议

中国股票市场操纵行为严重，并存在诱发系统性风险的隐患。因此，本应从监管部门、上市公司、投资者等多个主体，通过完善法律法规、优化交易机制、提高监测能力、提升公司质量、加强投资者教育等方式，规范证券市场，打击市场操纵，守住不发生系统性金融风险的底线。

一、就监管部门而言

一是重视股票市场的法制化建设，完善股票市场的法律法规体系，加强稽查力度和执法能力，及时查处市场操纵行为，并通过加大处罚力度以形成法律威慑力，实现对市场操纵的零容忍。二是研发合理有效的市场操纵监测方法和预警机制，伴随着我国股票市场规模的日益扩大，涉及金融衍生产品操纵、跨市场操纵、ETF操纵等新型违法行为层出不穷，市场操纵的隐蔽性与复杂化加大了其监测和预警难度，监管部门应在以往案件查办经验的基础上，基于大数据、云计算技术，利用全账簿数据或分时高频报价与交易数据，优化现行的识别方法和预警体系，从而提高市场操纵的监测效率。三是加强基础性制度建设，包括发行制度、退市制度、交易制度、信息披露制度、市场基础设施制度等，其中完善交易制度尤为重要。众所周知，市场操纵屡禁不止的原因之一在于违规成本与所得收益严重不匹配。因此通过优化交易机制以提高操纵成本，是减少市场操纵的有效途径。本书的研究表明，上海证券交易所在施行收盘集合竞价后，尾盘价格异常波动明显降低，未来我国A股市场可以借鉴澳大利亚、新加坡等随机开盘与收盘集合竞价制度，通过增加开盘和收盘时间的不确定性，来减少操纵者开盘时虚假申报与撤单以及收盘时大量买入或卖出等行为。

二、就上市公司而言

一方面，应提高上市公司的经营管理能力、公司治理水平和财务稳定性，减少其成为市场操纵对象的可能性。鉴于现阶段我国退市制度并不完善，部分业绩较差或被特殊处理的上市公司，通过虚假包装、借壳上市、财务造假等方式，依然活跃在A股市场上，造成上市公司质量良莠不齐，操纵者的操纵行为有的放矢。另一方面，上市公司可通过完善信息披露、增加企业社会责任等方式，吸引高质量的机构投资者，提高操纵者"兴风作浪"的成本。既有研究表明，信息披露完善、企业社会责任强的公司，股票价格波动率更小，市场操纵的比例也更低。因此提升上市公司自身质量是减少市场操纵的又一有效途径。

三、就投资者而言

培养价值投资理念、培育机构投资者、引入高质量境外投资者是抑制市场操纵的有效手段。一方面，操纵者之所以能获得操纵利润，是因为其散布虚假消息、连续交易或洗售对倒等行为能够诱使其他非知情交易者跟风操作，而这部分交易者往往不关注公司基本面，遵循短期投资和投机的思想买卖股票，最终成为市场操纵的受害者。倘若通过投资者教育，大多数投资者都树立了长期投资和价值投资的理念，市场操纵的盈利能力会严重减弱，操纵行为的发生频率也自然会降低。另一方面，机构投资者，尤其是境外机构投资者由于专业能力更强、投资风格更稳健，市场操纵行为明显较少，而且机构投资者持股往往是正面信号，既能够为上市公司带来更多的资源，还可以提升上市公司质量，从而降低被操纵的可能。

总而言之，完善市场操纵的识别方法和预警机制是"亡羊补牢"，加强投资者教育和优化交易机制是"防患于未然"。减少市场操纵行为、防范系统性金融风险、促进资本市场高质量发展，需要监管部门、上市公司和投资者的共同努力。

参考文献

[1] Ackert, L. F., Church, B. K. Jayaraman, N. An Experimental Study of Circuit Breakers: The Effects of Mandated Market Closures and Temporary Halts on Market Behavior [J]. Journal of Financial Markets, 2001, 4 (2): 185-208.

[2] Ackert, L. F., Church, B. K. Jayaraman, N. Circuit Breakers with Uncertainty about the Presence of Informed Agents: I Know What You Know···I Think [J]. Financial Markets, Institutions and Instruments, 2005, 14 (3): 135-168.

[3] Aggarwal, R. K., Wu, G. Stock Market Manipulations [J]. The Journal of Business, 2006, 79 (4): 1915-1953.

[4] Aitken, M. J., Harris, F. H. B., Ji, S. A Worldwide Examination of Exchange Market Quality: Greater Integrity Increases Market Efficiency [J]. Journal of Business Ethics, 2015a, 132 (1): 147-170.

[5] Aitken, M. J., Harris, F. H. D. Evidence-Based Policy Making for Financial Markets: A Fairness and Efficiency Framework for Assessing Market Quality [J]. Journal of Trading, 2011, 6 (3): 22-31.

[6] Aitken, M J., Ji, S. Trade-Based Manipulation and Market Effciency: A Cross-Market Comparison [R]. SSNR Working Paper, 2009.

[7] Aitken, M. J. Exchange Trading Rules, Surveillance and Suspected Insider Trading [J]. Journal of Corporate Finance, 2015b, 34 (10): 311-330.

[8] Allen, F., Gale, D. Stock-Price Manipulation [J]. Review of Financial Studies, 1992, 5 (3): 503-529.

[9] Amihud, Y., Mendelson, H. Liquidity and Asset Prices: Financial Man-

agement Implications ［J］. Financial Management, 1988, 17 (1): 5-15.

［10］Amihud, Y., Mendelson, H. Volatility, Efficiency, and Trading: Evidence form the Japanese Stock Market ［J］. The Journal of Finance, 1991, 46 (5): 1765-1789.

［11］An, H., Zhang, T. Stock Price Synchronicity, Crash Risk, and Institutional Investors ［J］. Journal of Corporate Finance, 2013, 21 (1): 1-15.

［12］Atanasov, V., Davies, R. J., Jr, J. J. M. Financial Intermediaries in the Midst of Market Manipulation: Did They Protect the Fool or Help the Knave? ［J］. Journal of Corporate Finance, 2015, 34 (1): 210-234.

［13］Azad, A. S. M. S. Unchecked Manipulations, Price-Volume Relationship and Market Efficiency: Evidence from Emerging Markets ［J］. Research in International Business and Finance, 2014, 30 (1): 51-71.

［14］Bagnoli, M., Lipman, B. L. Stock Price Manipulation through Takeover Bids ［J］. Rand Journal of Economics, 1996, 27 (1): 124-147.

［15］Banerjee, A. V. A. Simple Model of Herd Behavior ［J］. The Quarterly Journal of Economics, 1992, 107 (3): 797-817.

［16］Benabou, R., Laroque, G. Using Privileged Information to Manipulate Markets: Insiders, Gurus, and Credibility ［J］. Papers, 1992, 107 (3): 921-958.

［17］Barclay, M. J., Hendershott, T., Jones, C. M. Order Consolidation, Price Efficiency, and Extreme Liquidity Shocks ［J］. Journal of Financial and Quantitative Analysis, 2008, 43 (1): 93-121.

［18］Ben-David, I., Franzoni, F., Landier, A., et al. Do Hedge Funds Manipulate Stock Prices? ［J］. Journal of Finance, 2013, 68 (6): 2383-2434.

［19］Bildik, R., Gülay, G. Are Price Limits Effective? Evidence from the Istanbul Stock Exchange ［J］. Journal of Financial Research, 2006, 29 (3): 383-403.

［20］Bommel, J. V. Rumors ［J］. Journal of Finance, 2003, 58 (4): 1499-1519.

［21］Brennan, M. J. A Theory of Price Limits in Futures Markets ［J］. Journal of Financial Economics, 1986, 16 (1): 213-233.

[22] Brugler, J. , Linton, O. B. Single Stock Circuit Breakers on the London Stock Exchange: Do They Improve Subsequent Market Quality? [R] . SSRN Working Paper, 2014.

[23] Cao, C. , Ghysels, E. , Hatheway, F. Price Discovery without Trading:Evidence from the Nasdaq Preopening [J] . The Journal of Finance, 2000, 55 (3): 1339-1365.

[24] Cao, Y. , Li, Y. , Coleman, S. A. , et al. Adaptive Hidden Markov Model with Anomaly States for Price Manipulation Detection [J] . IEEE Transactions on Neural Networks and Learning Systems, 2015, 26 (2): 318-330.

[25] Carhart, M. M. , Kaniel, R. , Musto, D. K. , et al. Leaning for The Tape: Evidence of Gaming Behavior in Equity Mutual Funds [J] . The Journal of Finance, 2002, 57 (2): 661-693.

[26] Chamberlain, T. W. , Kwan, C. C. Y. Expiration – Day Effects of Index Futures and Options: Some Canadian Evidence [J] . Financial Analysts Journal, 1989, 45 (5): 67-71.

[27] Chakraborty, A. , Yilmaz, B. Manipulation in Market Order Models [J] . Journal of Financial Markets, 2004, 7 (2): 187-206.

[28] Chan, S. H. , Kim, K. A. , S. Rhee, G. Price Limit Performance: Evidence from Transactions Data and the Limit Order Book [J] . Journal of Empirical Finance, 2005, 12 (1): 269-290.

[29] Chelley-Steeley, P. L. Market Quality Changes in the London Stock Market [J] . Journal of Banking and Finance, 2008, 32 (10): 2248-2253.

[30] Cherian, J. A. , Jarrow, R. A. Market Manipulation [J] . Handbooks in Operations Research and Management Science, 1995 (9): 611-630.

[31] Chowdhry, B. , Nanda, V. Leverage and Market Stability: The Role of Margin Rules and Price Limits [J] . The Journal of Business, 1998, 71 (2): 179-210.

[32] Comerton – Forde, C. , Lau, S. T. , McInish, T. Opening and Closing Behavior following the Introduction of Call Auctions in Singapore [J] . Pacific-Basin

Finance Journal, 2007, 15 (1): 18-35.

[33] Comerton-Forde, C. , Putniñs, T. J. Measuring Closing Price Manipulation [J]. Journal of Financial Intermediation, 2011, 20 (2): 135-158.

[34] Comerton-Forde, C. , Rydge, J. Market Integrity and Surveillance Effort [J]. Journal of Financial Services Research, 2006 (29): 149-172.

[35] Cumming, D. , Johan, S. Global Market Surveillance [J]. American Law and Economics Review, 2008, 10 (2): 454-506.

[36] Cumming, D. , Ji, S. , Johan, S. , et al. End-of-Day Price Manipulation and M & A [J]. British Journal Management, 2019, 22 (4): 74-92.

[37] Cumming, D. , Ji, S. , Peter, R. , et al. Market Manipulation and Innovation [J]. Journal of Banking and Finance, 2020, 120 (1): 1-17.

[38] Cumming, D. , Johan, S. , Li, D. Exchange Trading Rules and Stock Market Liquidity [J]. Social Science Electronic Publishing, 2011, 99 (3): 651-671.

[39] De, L. , Shleifer, B. , Summers, L. , et al. Positive Feedback Investment Strategies and Destabilizing Rational Speculation [J]. The Journal of Finance, 1990, 45 (2): 379-395.

[40] Delort, J. Y. , Arunasalam, B. , Milosavljevic, M. , et al. The Impact of Manipulation in Internet Stock Message Boards [J]. International Journal of Banking Accounting and Finance, 2011, 8 (4): 1-18.

[41] Diaz, D. , Theodoulidis, B. , Sampaio, P. Analysis of Stock Market Manipulations Using Knowledge Discovery Techniques Applied to Intraday Trade Prices [J]. Expert Systems with Applications, 2011, 38 (10): 12757-12771.

[42] Donoho, D. , Jin, J. Higher Criticism for Detecting Sparse Heterogeneous Mixtures [J]. The Annals of Statistics, 2004, 32 (3): 962-994.

[43] Eren, N. , Ozsoylev, H. N. Hype and Dump Manipulation [R]. AFA New Orleans Meetings, 2008.

[44] Fama, E. F. Efficient Capital Markets: A Review of Theory and Empirical Work [J]. The Journal of Finance, 1970, 25 (2): 383-417.

[45] Fama, E. F. Perspective on October 1987, or What Did We Learn form

the Crash？ ［J］. Black Monday and the Future of the Financial Markets, Irwin, Homewood, III, 1989.

［46］ Farag, H. Price Limit Bands, Asymmetric Volatility and Stock Market Anomalies: Evidence from Emerging Markets ［J］. Global Finance Journal, 2013, 24 (1): 85-97.

［47］ Felixson, K. , Pelli, A. Day End Returns - Stock Price Manipulation ［J］. Journal of Multinational Financial Management, 1999, 9 (2): 95-127.

［48］ Ferris, S. P. , Kumar, R. , Wolfe, G. A. The Effect of SEC - Ordered Suspensions on Returns, Volatility, and Trading Volume ［J］. Financial Review, 1992, 27 (1): 1-34.

［49］ Fischel, D. R. , Ross, D. J. Should the Law Prohibit Manipulation in Financial Markets? ［J］. Harvard Law Review, 1991, 105 (2): 503-553.

［50］ Foucault, T. Order Flow Composition and Trading Costs in Rules and Stock Market Liquidity ［J］. Journal of Financial Economics, 1998, 99 (3): 651-671.

［51］ Fruth, A. Optimal Trade Execution and Price Manipulation in Order Books with Timing - Varying Liquidity ［J］. Mathematical Finance, 2014, 24 (4): 503-553.

［52］ Galbraith, J. K. The Great Crash 1929 ［M］. Houghton Mifflin Co. Boston, 1988.

［53］ Glen, J. D. An Introduction to the Microstructure of Emerging Markets ［J］. Social Science Electronic Publishing, 1994, 53 (1): 394-403.

［54］ Goldberg, H. , Kirkland, J. D. , Lee, D. , et al. The NASD Securities Observation, New Analysis and Regulation System (SONAR) ［R］. The Fifteenth Conference on Innovative Applications of Artificial Intelligence, 2003.

［55］ Goldstein, M. A. , Kavajecz, K. A. Trading Strategies during Circuit Breakers and Extreme Market Movements ［J］. Journal of Financial Markets, 2004, 7 (3): 301-333.

［56］ Goldstein, M. A. Circuit Breakers, Trading Collars, and Volatility Transmission Across Markets: Evidence from NYSE Rule 80A ［R］. SSRN Working Paper, 2015.

[57] Gomber, P. , Haferkorn, M. , Lutat, M. , Zimmermann, K. The Effect of Single-Stock Circuit Breakers on the Quality of Fragmented Markets [A] // Enterprise Applications and Services in the Finance Industry. Springer Berlin Heidelberg, 2012: 71-87.

[58] Graham, J. R. Herding among Investment Newsletters: Theory and Evidence [J] . The Journal of Finance, 1999, 54 (1): 237-268.

[59] Greenwald, B. C. , Stein, J. C. Transactional Risk, Market Crashes, and the Role of Circuit Breakers [J] . Journal of Business, 1991, 2 (1): 443-462.

[60] Grossman, S. J. Introduction to NBER Symposium on the October 1987 crash [J] . Review of Financial Studies, 1990, 3 (1): 1-3.

[61] Hanson, R. , Oprea, R. Manipulators Increase Information Market Accuracy [A] . George Mason University, 2004.

[62] Hart, O. On the Profitability of Speculation [J] . Quarterly Journal of Economics, 1997, 90 (1): 579-596.

[63] Hauser, S. , Kamara, A. , Shurki, I. The Effects of Randomizing the Opening Time on the Performance of a Stock Market under Stress [J] . Journal of Financial Markets, 2012, 15 (4): 392-415.

[64] Heckman, J. J. , Ichimura, H. , Todd, P. Matching As an Econometric Evaluation Estimator [J] . The Review of Economic Studies, 1998, 65 (2): 261-294.

[65] Hillion, P. , Suominen, M. The Manipulation of Closing Prices [J] . Journal of Financial Markets, 2004, 7 (4): 351-375.

[66] Huang, Y. C. , Chen, R. C. Y. , Cheng, Y. J. Stock Manipulation and Its Impact on Market Quality [J] . 2006 (1): 1-24.

[67] Huang, Y. C. , Cheng, Y. J. Stock Manipulation and Its Effects: Pump and Dump Versus Stabilization [J] . Review of Quantitative Finance and Accounting, 2015, 44 (4): 791-815.

[68] Huang, Y. S. , Fu, T. W. , Ke, M. C. Daily Price Limits and Stock Price Behavior: Evidence from the Taiwan Stock Exchange [J] . International Re-

view of Economics and Finance, 2001 (10): 263-288.

[69] Hutton, A. P., Marcus, A. J., Tehranian, H. Opaque Financial Report, R2, and Crash Risk [J]. Journal of Financial Economics, 2009, 94 (1): 67-86.

[70] Imisiker, S., Tas, B. K. O. Which Firms are More Prone to Stock Market Manipulation? [J]. Emerging Markets Review, 2013 (16): 119-130.

[71] Jarrow, R. A. Market Manipulation, Bubbles, Corners, and Short Squeezes [J]. Journal of Financial & Quantitative Analysis, 1992, 27 (3): 311-336.

[72] Jegadeesh, N., Sheridan, T. Returns to Buying Winners and Selling Losers: Implications for Stock Market Efficiency [J]. The Journal of Finance, 1993 (48): 65-91.

[73] Khanna, N., Sonti, R. Value Creating Stock Manipulation: Feedback Effect of Stock Prices on Firm Value [J]. Journal of Financial Markets, 2004, 7 (3): 237-270.

[74] Khwaja, A., Mian, A. Do Lenders Favor Politically Connected Firms? Rent Provision in an Emerging Financial Market [J]. Quarterly Journal of Economics, 2005 (120): 401-411.

[75] Kim, J. B., Li, Y., Zhang, L. CFOs versus CEOs: Equity Incentives and Crashes [J]. Journal of Financial Economics, 2011a, 101 (3): 713-730.

[76] Kim, J. B., Li, Y., Zhang, L. Corporate Tax Avoidance and Stock Price Crash Risk: Firm - Level Analysis [J]. Journal of Financial Economics, 2011b, 100 (3): 639-662.

[77] Kim, J. B., Zhang, L. Accounting Conservatism and Stock Price Crash Risk: Firm-Level Evidence [J]. Contemporary Accounting Research, 2016, 33 (1): 412-441.

[78] Kim, K. A., Park, J. Why Do Price Limits Exist in Stock Markets? A Manipulation - Based Explanation [J]. European Financial Management, 2010 (16): 296-318.

[79] Kim, K. A., Rhee, S. G. Price Limit Performance: Evidence from the Tokyo Stock Exchange [J]. The Journal of Finance, 1997 (52): 885-901.

［80］ Kim, K. A. , Liu, H. , Yang, J. J. Reconsidering Price Limit Effectiveness ［J］. The Journal of Financial Research, 2013 (36): 493-518.

［81］ Kim, K. A. Price Limits and Stock Market Volatility ［J］. Economics Letters, 2001 (71): 131-136.

［82］ Kim, Y. , Sohn, S. Y. Stock Fraud Detection Using Peer Group Analysis ［J］. Expert Systems with Applications, 2012, 39 (10): 8986-8992.

［83］ Kirkland, J. D. , Senator, T. E. , Hayden, J. J. , et al. The NASD Regulation Advanced - Detection System (ADS): Special Articles on Innovative Applications ［J］. AI Magazine, 1999 (20): 55-67.

［84］ Kodres, L. E. , O' Brien, D. P. The Existence of Pareto-Superior Price Limits ［J］. The American Economic Review, 1994 (2): 919-932.

［85］ Kuhn, B. A. , Kurserk, G. J. , Locke, P. Do Circuit Breakers Moderate Volatility? Evidence from October 1989 ［J］. Review of Futures Markets, 1991, 10 (1): 426-434.

［86］ Kyle, A. S. Continuous Auctions and Insider Trading ［J］. Econometrica, 1985, 53 (6): 1315-1335.

［87］ Kyle, A. S. Trading Halts and Price Limits ［J］. Review of Futures Markets, 1988, 7 (3): 426-434.

［88］ Kyle, A. S. , Viswanathan, S. How to Define Illegal Price Manipulation ［J］. American Economic Review, 2008, 98 (2): 274-279.

［89］ La Porta, R. , Lopez-De-Silanes, F. Shleifer, A. Law and Finance ［J］. Journal of Political Economy, 1998 (106): 1113-1155.

［90］ La Porta, R. , Lopez-De-Silanes, F. Shleifer, A. What Works in Securities Laws? ［J］. Journal of Finance, 2006 (61): 1-32.

［91］ Lauterbach, B. , Ben-Zion, U. R. I. Stock Market Crashes and the Performance of Circuit Breakers: Empirical evidence ［J］. The Journal of Finance, 1993, 48 (5): 1909-1925.

［92］ Lee, C. , Ready, M. J. , Seguin, P. J. Volume, Volatility, and New York Stock Exchange Trading Halts ［J］. The Journal of Finance, 1994, 49 (1): 183-214.

［93］Lee, E. J. , Eom, K. S. , Park, K. S. , et al. Microstructure - based Manipulation：Strategic Behavior and Performance of Spoofing Traders ［J］. Journal of Financial Markets, 2013, 16（2）：227-252.

［94］Lee, E. J. Microstructure - Based Manipulation：Strategic Behavior and Performance of Spoofing Trades ［J］. Journal of Financial Market, 2013, 16（2）：22-252.

［95］Lee, G. PSM and Public Employees' Work Performance ［J］. Korean Society and Public Administration, 2005, 16（1）：81-104.

［96］Leangarun, T. , Tangamchit, P. , Thajchayapong, S. Stock Price Manipulation Detection Using a Computational Neural Network Model ［R］. Eighth International Conference on Advanced Computational Intelligence（ICACI）, 2016：337-341.

［97］Lehmann, B. N. Commentary：Volatility, Price Resolution, and the Effectiveness of Price Limits ［M］. Regulatory Reform of Stock and Futures Markets. Springer Netherlands, 1989：107-111.

［98］Levine, R. , Lin, C. , Wei L. Insider Trading and Innovation ［J］. Journal of Law and Economics, 2017, 60（4）：749-800.

［99］Li, A. , Wu, J. , Liu, Z. Market Manipulation Detection Based on Classification Methods ［J］. Procedia Computer Science, 2017（122）：788-795.

［100］Li, H. , Zhang, D. , Chen, J. Effectiveness, Cause and Impact of Price Limit：Evidence from China's Cross-listed Stocks ［J］. Journal of International Financial Markets, Institutions, and Money, 2014（29）：217-241.

［101］Lin, T. C. W. The New Market Manipulation ［J］. Emory Law Journal, 2017, 66（6）：1253.

［102］Lo, A. W. , MacKinlay, A. C. Stock Market Prices Do Not Follow Random Walks：Evidence from a Simple Specification Test ［J］. The Review of Financial Studies, 1988（1）：41-66.

［103］Ma, C. K. , Rao, R. P. , Sears, R. S. Volatility, Price Resolution, and the Effectiveness of Price Limits ［C］. Regulatory Reform of Stock and Futures Markets. Springer Netherlands, 1989：67-101.

[104] Madhavan, A. Trading Mechanism in Securities Market [J]. Journal of Finance, 1992, 47 (2): 607-641.

[105] Malaga, R., Porter, D., Ord, K., et al. A New End-of-auction Model for Curbing Sniping [J]. The Journal of the Operational Research Society, 2010, 61 (8): 1265-1272.

[106] Manalis, G., Kavussanos, M. G., Phylaktis, K. Price Limits and Stock Market Volatility in the Athens Stock Exchange [J]. European Financial Management, 1999, 5 (1): 69-84.

[107] Mongkolnavin, J., Tirapat, S. Marking the Close Analysis in Thai Bond Market Surveillance Using Association Rules [J]. Expert Systems with Applications, 2009 (36): 8523-8527.

[108] McDonald, C. G., Michayluk, D. Suspicious Trading Halts [J]. Journal of Multinational Financial Management, 2003, 13 (3): 251-263.

[109] Manalis, G., Kavussanos, M. G., Phylaktis, K. Price Limits and Stock Market Volatility in the Athens Stock Exchange [J]. European Financial Management, 1999 (5): 69-84.

[110] Massimb, M. N., Phelps, B. D. Electronic Trading, Market Structure and Liquidity [J]. Financial Analysts Journal, 1994, 50 (1): 39-50.

[111] Maxim, M. R., Ashif, A. S. M. A New Method of Measuring Stock Market Manipulation through SEM [J]. Journal of Mpra Paper, 2017, 17 (3): 321-383.

[112] Mei, J., Wu, G., Zhou, C. Behavior Based Manipulation: Theory and Prosecution Evidence [J]. SSRN Electronic Journal, 2003 (1).

[113] Mongkolnavin, J., Tirapat, S. Marking the Close Analysis in the Thai Bond Market Survaillance Using Association Rules [J]. Expert Systems with Applications, 2009 (36): 8523-8527.

[114] Nelemans, M. Redefining Trade-Based Market Manipulation [J]. Valparaiso University Law Review, 2008 (4).

[115] Neupane, S., Rhee, S. G., Vithanage, K. Trade Based Manipulation: Beyond the Prosecuted Cases [J]. Journal of Corporate Finance, 2017, 42 (2):

115-130.

[116] Nicholas, A. The Role of Circuit Breakers in the Oil Futures Market [J] . Journal of Economics and Finance, 2014 (2): 1-16.

[117] Ogut, H. , Mete Doganay, M. , Aktas, R. Detecting Stock-Price Manipulation in an Emerging Market: The Case of Turkey [J] . Expert Systems with Applications, 2009, 36 (9): 11944-11949.

[118] Pagano, M. S. , Schwartz, R. A. A Closing Call's Impact on Market Quality at Euronext Paris [J] . Journal of Financial Economics, 2003, 68 (3): 439-484.

[119] Pagano, M. S. , Schwartz, R. A. , Speiser, M. M. Nasdaq's Closing Cross: Has Its New Call Auction Given Nasdaq Better Closing Prices? Early Findings [M] //The New Nasdaq Marketplace, Zicklin School of Business Financial Markets Series. Springer, New York, 2007.

[120] Peng, L. , Roell, A. Managerial Incentives and Stock Price Manipulation [J] . Journal of Finance, 2014 (69) .

[121] Pettway, R. H. , Kaneko, T. The Effects of Removing Price Limits and Introducing Auctions upon Short-term IPO Returns: The Case of Japanese IPOs [J] . Pacific-basin Finance Journal, 1996 (4): 241-258.

[122] Pirrong, S. C. The Self-Regulation of Commodity Exchanges: The Case of Market Manipulation [J] . Journal of Law and Economics, 1995, 38 (4): 141-206.

[123] Pritchard, A. C. Self-Regulation and Securities Markets [M] . Social Science Electronic Publishing, 2003.

[124] Putnins, T. J. Market Manipulations: A Survey [J] . Journal of Economic Survey, 2012, 26 (5): 952-967.

[125] Roodposhti, F. R. , Shams, M. F. , Kordlouie, H. Forecasting Stock Price Manipulation in Capital Market [J] . International Journal of Economics and Management Engineering, 2011, 5 (8): 957-967.

[126] Rosenbaum, P. R. , Rubin, D. B. The Central Role of the Propensity Score in Observational Studies for Causal Effects [J] . Biometrika, 1983, 70 (1): 41-55.

［127］ Santoni, G. J. Liu, T. Circuit Breakers and Stock Market Volatility ［J］. Journal of Futures Markets, 1993, 13 (3): 261-277.

［128］ Schwartz, R. A. Building a Better Stock Market: New Solutions to Old Problem ［J］. SSRN Electronic Journal, 2000 (1).

［129］ Smith, J. W. Nasdaq's Electronic Closing Cross: An Empirical Analysis ［J］. Journal of Trading, 2006, 1 (3): 47-64.

［130］ Smith, J. A. , Todd, P. E. Does Matching Overcome LaLonde's Critique of Nonexperimental Estimators? ［J］. Journal of Econometrics, 2005, 125 (1): 305-353.

［131］ Siddiqi, H. Stock Price Manipulation: The Role of Intermediaries ［J］. International Journal of Financial Studies, 2017, 5 (4): 1-12.

［132］ Siow, A. S. , Aitken M. J. Ranking World Equity Markets on the Basis of Market Efficiency and Integrity ［M］. Social Science Electronic Publishing, 2004.

［133］ Spiegel, M. , Subrahmanyam, A. Asymmetric Information and News Disclosure Rules ［J］. Journal of Financial Intermediation, 2000, 9 (4): 363-403.

［134］ Stoll, H. R. "Friction" ［J］. The Journal of Finance, 2000, 55 (4): 1479-1514.

［135］ Stoll, H. R. , Whaley, R. E. Program Trading and Expiration - Day Effects ［J］. Financial Analysts Journal, 1987, 43 (2): 16-28.

［136］ Subrahmanyam, A. Algorithmic Trading, the Flash Crash, and Coordinated Circuit Breakers ［J］. Borsa Istanbul Review, 2013, 13 (3): 4-9.

［137］ Subrahmanyam, A. Circuit Breakers and Market Volatility: A Theoretical Perspective ［J］. The Journal of Finance, 1994, 3 (1): 237-254.

［138］ Subrahmanyam, A. The Ex Ante Effects of Trade Halting Rules on Informed Trading Strategies and Market Liquidity ［J］. Review of Financial Economics, 1997, 6 (1): 1-14.

［139］ Thel, S. MYM850000 in Six Minutes: The Mechanics of Securities Manipulation ［J］. Cornell Law Review, 1994, 79 (2): 219-298.

［140］ Thoppan, J. J. , Punniyamoorthy, M. Market Manipulation and Surveillance-A Survey of Literature and Some Practical Implications ［J］. International Journal of Value Chain Management，2013（7）：55.

［141］ Vanden，J. M. Digital Contracts and Price Manipulation ［J］. The Journal of Business，2005，78（5）：1891-1916.

［142］ Venkataraman，K. Automated Versus Floor Trading：An Analysis of Execution Costs on the Paris and New York Exchanges ［J］. The Journal of Finance，2001，56（4）：1445-1485.

［143］ Vives，X. The Speed of Information Revelation in a Financial Market Mechanism ［J］. Economics，1995（10）：112-128.

［144］ Westphal，C.，Blaxton，T. Data Mining Solutions：Methods and Tools for Solving Real-world Problems ［M］. John Wiley and Sons，Inc. 1998.

［145］ Westerhoff，F. Speculative Markets and the Effectiveness of Price Limits ［J］. Journal of Economic Dynamics and Control，2003，28（3）：493-508.

［146］ Xu，N.，Li，X.，Yuan，Q. Excess Perks and Stock Price Crash Risk：Evidence from China ［J］. Journal of Corporate Finance，2014，25（2）：419-434.

［147］ Zdorovtsov，V. M.，Tang，X.，Onayev，Z. M. Predatory Trading Around Russell Reconstitution ［M］. Social Science Electronic Publishing，2008.

［148］ 班耀波，齐春宇. 机构投资者：稳定市场还是加剧波动 ［J］. 经济评论，2003（6）：94-98.

［149］ 蔡向辉. 股指期货到期日效应研究综述 ［J］. 金融发展研究，2010，340（4）：69-74.

［150］ 曹丰，鲁冰，李争光，徐凯. 机构投资者降低了股价崩盘风险吗？［J］. 会计研究，2015（11）：55-61.

［151］ 陈平，龙华. 中国股市涨跌停绩效的经验分析及政策建议 ［J］. 世界经济，2003（2）：56-65.

［152］ 陈筱彦，魏巍，许勤. 收盘价被操纵了吗？——来自沪市高频数据的证据 ［J］. 南方金融，2010（5）：52-54.

［153］ 陈煜. 证券期货市场交易型操纵行为主观认定问题探讨——以非市场化交易手段为视角 ［J］. 证券市场导报，2017，301（8）：72-78.

［154］褚剑，方军雄．中国式融资融券制度安排与股价崩盘风险的恶化［J］．经济研究，2016，51（5）：143-158.

［155］崔巍．金融市场中羊群行为的模拟研究及启示［J］．北京大学学报（哲学社会科学版），2009（6）：68-74.

［156］丁志国，苏治，赵晶．资产系统性风险跨期时变的内生性：由理论证明到实证检验［J］．中国社会科学，2012，196（4）：83-102.

［157］杜阳．融券交易对交易型市场操纵的影响［J］．投资研究，2020，39（10）：20-31.

［158］杜阳，郝碧榕．公募基金持股对交易型市场操纵行为的影响研究［J］．上海金融，2022，507（10）：41-49.

［159］杜阳，刘子川．一般法人持股对交易型市场操纵行为的影响［J］．投资研究，2022，41（7）：149-160.

［160］杜阳，孙广宇．股指期货交易对股票市场操纵行为的影响［J］．中央财经大学学报，2021，406（6）：39-49.

［161］段江娇，刘红忠，曾剑平．中国股票网络论坛的信息含量分析［J］．金融研究，2017（10）：178-192.

［162］冯芸，施杰，董珊珊．操纵性投机行为对金融市场质量的影响：基于计算机仿真平台的研究［J］．系统管理学报，2016，25（3）：422-430.

［163］宫玉松．机构投资者的行为失范：表现、成因与矫正［J］．东岳论丛，2010，31（6）：118-121.

［164］胡金霞，胡代平．我国股票市场价格操纵交易特征实证研究［J］．科学技术与工程，2009，9（18）：5624-5626.

［165］胡汝银．中国证券市场发展：对关键问题的审视［J］．中国金融，2004（8）：50-52.

［166］扈文秀，刘小龙．操纵者与内幕交易者合谋条件下有打压过程的市场操纵行为研究［J］．系统管理学报，2013，22（2）：232-238.

［167］华鸣，孙谦．外国投资者降低了新兴市场股价崩盘风险吗——来自"沪港通"的经验证据［J］．当代财经，2018（1）：57-67

［168］黄长青，陈伟忠，杜少剑．我国证券市场股价操纵的实证研究［J］．同济大学学报（自然科学版），2004（9）：1234-1238.

［169］江轩宇，许年行．企业过度投资与股价崩盘风险［J］．金融研究，2015（8）：141-158.

［170］姜安．我国创业板涨跌幅限制对市场波动性的影响研究［D］．贵州财经学院，2011.

［171］孔东民，王茂斌，赵婧．订单型操纵的新发展及监管［J］．证券市场导报，2011（1）：16-23.

［172］雷倩华，柳建华，龚武明．机构投资者持股与流动性成本——来自中国上市公司的经验证据［J］，金融研究，2012（7）：182-195.

［173］李梦雨．证券价格涨跌幅限制制度的存在原因——基于反市场操纵的视角［J］．西安交通大学学报（社会科学版），2015a，35（1）：34-39.

［174］李梦雨．中国股票市场操纵行为及预警机制研究［J］．中央财经大学学报，2015b（10）：32-42.

［175］李梦雨，李志辉．市场操纵与股价崩盘风险——基于投资者情绪的路径分析［J］．国际金融研究，2019（4）：87-96.

［176］李梦雨，魏熙晔．中国基金公司季未操纵股票价格吗？——基于倾向评分匹配倍差法的发现［J］．上海经济研究，2014（3）：99-106.

［177］李梦雨，魏熙晔．指数熔断机制加剧了市场波动吗？——基于中国A股市场的自然实验［J］．中央财经大学学报，2017（4）：30-37.

［178］李梦雨，叶梦妃．市场操纵对股票收益率偏离的影响研究——基于事件研究法视角［J］．金融理论与实践，2022（10）：81-91.

［179］李平，曾勇．封闭式与开放式集合竞价机制下的价格分析与发现［J］．系统工程理论与实践，2006（2）：10-18.

［180］李婷，张涤新，王嘉承．股票价格涨跌幅限制对市场流动性的影响分析［J］．统计与决策，2010（2）：134-137.

［181］李心丹，俞红海，陆蓉，徐龙炳．中国股票市场"高送转"现象研究［J］．管理世界，2014（11）：133-145.

［182］李志辉，陈海龙．QFII持股能抑制股票市场操纵吗？——基于尾市价格偏离模型的检验［J］．中央财经大学学报，2022，420（8）：43-56.

［183］李志辉，杜阳，胡心怡．机构投资者对市场操纵行为是否起到抑制作用［J］．国际金融研究，2021，411（7）：66-75.

［184］李志辉，王博，金波．机构投资者的调研活动能否抑制市场操纵行为［J］．金融理论与实践，2022，520（11）：1-13.

［185］李志辉，王博，孙沁茹．融资融券与市场操纵：加剧还是抑制［J］．财经科学，2021，399（6）：1-11.

［186］李志辉，王近．中国股票市场操纵对市场效率的影响研究［J］．南开经济研究，2018（2）：56-71.

［187］李志辉，王近，李梦雨．中国股票市场操纵对市场流动性的影响研究——基于收盘价操纵行为的识别与监测［J］．金融研究，2018（2）：39-41.

［188］李志辉，邹谧．中国股票市场操纵行为测度与影响因素研究——基于上市公司特征角度［J］．中央财经大学学报，2018（12）：25-36.

［189］梁权熙，曾海舰．独立董事制度改革、独立董事的独立性与股价崩盘风险［J］．管理世界，2016（3）：144-159.

［190］林国春．股票市场中机构投资者与个人投资者的投机博弈［J］．经济科学，1997（3）：44-48.

［191］林嘉永．证券市场价格涨跌幅限制制度的实验研究［J］．征信，2017，35（7）：87-92.

［192］林乐，郑登津．退市监管与股价崩盘风险［J］．中国工业经济，2016（12）：58-74.

［193］刘宝华，罗宏，周微，杨行．社会信任与股价崩盘风险［J］．财贸经济，2016（9）：53-66.

［194］刘凤元，孙培源，陈启欢．上海市场股票收盘价格的窗饰效应研究［J］．证券市场导报，2003（10）：65-69.

［195］刘海龙，吴文锋，吴冲锋．涨跌幅限制对股票市场波动性的影响［J］．上海交通大学学报，2005（10）：1569-1573.

［196］刘圣尧，李怡宗，杨云红．中国股市的崩盘系统性风险与投资者行为偏好［J］．金融研究，2016（2）：55-70.

［197］刘溪，刘善存，曾庆铎等．认知偏差下的市场操纵和股价波动分析［J］．数学的实践与认识，2019，49（11）：13-20.

［198］刘玉敏，任广乾．股权分置改革的效率及其影响因素［J］．中国工业经济，2007（7）：103-110.

[199] 刘元海，陈伟忠．市场操纵过程的实证分析 [J]．经济科学，2003 (5)：90-97.

　　[200] 陆蓉，陈小琳．股票操纵行为市场表现及其判别研究 [J]．证券市场导报，2009 (4)：65-72.

　　[201] 孟庆斌，杨俊华，鲁冰．管理层讨论与分析披露的信息含量与股价崩盘风险——基于文本向量化方法的研究 [J]．中国工业经济，2017 (12)：132-150.

　　[202] 孟卫东，江成山．我国股市涨跌幅限制日内效应的实证研究 [J]．技术经济，2008 (7)：99-103.

　　[203] 南开大学中国市场质量研究中心．中国股票市场质量研究报告 [M]．北京：中国金融出版社，2018.

　　[204] 攀登，邹炎．内幕交易与市场操纵的事件研究 [J]．当代经济管理，2005 (5)：131-138.

　　[205] 庞耿业．我国开放式基金"窗饰效应"研究综述 [J]．中国证券期货，2011 (10)：49-50.

　　[206] 朴树，俞乔．有限理性、动物精神及市场崩溃：过度自信、有限参与和资产价格泡沫 [J]．经济研究，2006 (4)：115-127.

　　[207] 清华大学国家金融研究院课题组，吴晓灵，李剑阁，王忠民等．完善制度设计提升市场信心建设长期健康稳定发展的资本市场 [J]．清华金融评论，2015 (1).

　　[208] 屈文洲，吴世农．中国股票市场微观结构的特征分析——买卖报价价差模式及影响因素的实证研究 [J]．经济研究，2002 (1)：56-63.

　　[209] 权小锋，吴世农，尹洪英．企业社会责任与股价崩盘风险："价值利器"或"自利工具"？[J]．经济研究，2015，50 (11)：49-64.

　　[210] 阮永平，廖建斌．涨跌幅限制效应与知情投资者行为——中国股票市场的实证研究 [J]．暨南学报，2005 (6)：7-12.

　　[211] 宋逢明，田萌．中国股票市场的操纵与监管：模拟分析 [J]．财经理论与实践，2004 (4)：61-65.

　　[212] 宋献中，胡珺，李四海．社会责任信息披露与股价崩盘风险——基于信息效应与声誉保险效应的路径分析 [J]．金融研究，2017 (4)：161-175.

［213］孙广宇，李志辉，杜阳，王近．市场操纵降低了中国股票市场的信息效率吗——来自沪市 A 股高频交易数据的经验证据［J］．金融研究，2021，495（9）：151-169.

［214］孙培源，施东晖．微观结构、流动性与买卖价差：一个基于上海股市的经验研究［J］．世界经济，2002（4）：69-72.

［215］孙淑伟，梁上坤，阮刚铭，付宇翔．高管减持、信息压制与股价崩盘风险［J］．金融研究，2017（11）：175-190.

［216］唐齐鸣，张云．基于公司治理视角的中国股票市场非法内幕交易研究［J］．金融研究，2009（6）：144-160.

［217］王春．算法黑箱：网络传播误导性旧信息操纵市场的研究［J］．财贸经济，2021，42（11）：85-100.

［218］王波．市场微观结构视角下中国 A 股市场涨跌停板信号传递效应的实证研究［D］．西南财经大学，2013.

［219］王化成，曹丰，高升好，李争光．投资者保护与股价崩盘风险［J］．财贸经济，2014（10）：73-82.

［220］王化成，曹丰，叶康涛．监督还是掏空：大股东持股比例与股价崩盘风险［J］．管理世界，2015（2）：45-57.

［221］汪建坤．中国股市的博弈分析［J］．财贸经济，2000（2）：54-57.

［222］吴崇林，林芳宇，刘杰．分析师关注能够抑制市场操纵吗？——基于高频数据的收盘价操纵识别模型［J］．南方金融，2022，549（5）：47-58.

［223］吴崇林，刘杰，黄鑫铭．市场操纵与企业创新——基于高频数据的收盘价操纵识别模型［J］．投资研究，2021，40（9）：46-66.

［224］吴崇林，刘杰，李志冰．市场操纵、投资者情绪与股价崩盘风险——来自中国股票市场的实证证据分析［J］．投资研究，2021，40（5）：99-123.

［225］吴林秀．我国深证综指前收盘价与开盘价的关系研究——基于脉冲响应和方差分解的实证研究［J］．经济视角，2016，256（1）：78-84.

［226］夏昕阳，杨之曙．市场操纵：最新研究进展［J］．证券市场导报，2004（11）：50-56.

［227］向中兴．关于股价操纵的股本规模实证研究［J］．西南农业大学学

报（社会科学版），2006，4（3）：15-19.

[228] 向中兴. 中国股价操纵的理论模型［J］. 财经科学，2006（11）：31-38.

[229] 谢德仁，郑登津，崔宸瑜. 控股股东股权质押是潜在的"地雷"吗？——基于股价崩盘风险视角的研究［J］. 管理世界，2016（5）：128-140.

[230] 徐爱农. 股票市场操纵行为的模型分析［J］. 同济大学学报（自然科学版），2007（7）：998-1002.

[231] 徐龙炳，颜海明，张肖飞. 信息性市场操纵型行为研究进展［J］. 经济学动态，2018（7）：130-140.

[232] 徐龙炳. 中国股市机构投资者多账户交易行为研究［J］. 经济研究，2005（2）：72-80.

[233] 许年行，江轩宇，伊志宏，徐信忠. 分析师利益冲突、乐观偏差与股价崩盘风险［J］. 经济研究，2012，47（7）：127-140.

[234] 许年行，于上尧，伊志宏. 机构投资者羊群行为与股价崩盘风险［J］. 管理世界，2013（7）：31-43.

[235] 许香存，李平，曾勇. 集合竞价透明度的提高对市场流动性的影响［J］. 管理学报，2010（1）：123-130.

[236] 许香存，李平，曾勇. 收盘集合竞价透明度增加的效应分析——基于深圳中小企业板的实证研究［J］. 经济与金融，2012（6）：34-41.

[237] 许香存，李平，曾勇. 中国股票市场开放式集合竞价对波动性影响的实证研究［J］. 金融研究，2007（7）：151-164.

[238] 杨磊. 我国股市中市场操纵的判别特征及其反操纵对策建议［D］. 西南财经大学，2012.

[239] 杨棉之，刘洋. 盈余质量、外部监督与股价崩盘风险——来自中国上市公司的经验证据［J］. 财贸研究，2016，27（5）：147-156.

[240] 姚晓光，刘精山，杜阳. 经济政策不确定性对中国股票市场操纵的影响［J］. 财经理论与实践，2021，42（5）：57-65.

[241] 尹筑嘉，黄建欢. 内部公司治理与股价操纵的关系——基于中国上市公司的实证研究［J］. 经济经纬，2008（2）：105-108.

[242] 曾长虹. 涨跌幅限制对流动性和波动性影响的因子分析［J］. 金融

研究，2004（4）：37-44.

[243] 张济建，苗晴．中国上市公司市值管理研究 [J]．会计研究，2010，270（4）：82-88.

[244] 张胜，陈金贤．深圳股票市场"庄股市场"特征的实证分析 [J]．经济科学，2001（3）：62-69.

[245] 张诗玥，冯体一，纪嘉凤．信息型市场操纵、投资者保护与股价崩盘风险 [J]．南方金融，2021，542（10）：49-62.

[246] 张维，韦立坚，熊熊等．从波动性和流动性判别股指期货跨市场价格操纵行为 [J]．管理评论，2011，23（7）：163-170.

[247] 张肖飞．股票市场收盘集合竞价对市场有效性的影响——来自深圳证券交易所的证据 [J]．经济经纬，2012（5）：152-156.

[248] 张肖飞．开盘集合竞价透明度与价格发现效率 [J]．上海经济研究，2012（11）：45-54.

[249] 张新．并购重组是否创造价值？——中国证券市场的理论与实证研究 [J]．经济研究，2003（6）：20-29.

[250] 张谊浩，李元，苏中锋，张泽林．网络搜索能预测股票市场吗？[J]．金融研究，2014（2）：193-206.

[251] 张永鹏，邱沛光．市场操纵过程的进化博弈分析 [J]．系统工程理论方法应用，2005（3）：214-216.

[252] 张玉智．市场操纵的心理学解读 [J]．工业技术经济，2003（6）：114-115.

[253] 张峥，李怡宗，张玉龙等．中国股市流动性间接指标的检验——基于买卖价差的实证分析 [J]．经济学（季刊），2013（4）：233-262.

[254] 张宗新，潘志坚，季雷．内幕信息操纵的股价冲击效应：理论与中国股市证据 [J]．金融研究，2005（4）：144-154.

[255] 张宗新，沈正阳．内幕操纵、市场反应与行为识别 [J]．金融研究，2007（6）：120-135.

[256] 张宗新，王海亮．投资者情绪、主观信念调整与市场波动 [J]．金融研究，2013（4）：142-155.

[257] 折巧梅．基于 Agent 的涨跌幅限制模拟研究 [D]．中南大

学，2012.

[258] 中国社会科学院金融研究所课题组，王国刚，董裕平. 完善中国金融市场体系的改革方案研究 [J]. 金融评论，2015 (3)：1-16.

[259] 钟覃琳，陆正飞. 资本市场开放能提高股价信息含量吗？——基于"沪港通"效应的实证检验 [J]，管理世界 (月刊)，2018 (1)：169-179.

[260] 钟廷勇，李江娜，郭志刚. 股价波动、市场操纵与证券市场监管 [J]. 管理世界，2017 (7)：172-173.

[261] 周春生，杨云红，王亚平. 中国股票市场交易型的价格操纵研究 [J]. 经济研究，2005 (10)：70-78.

[262] 周嘉南，贾巧玉. 我国会计准则与国际财务报告准则之比较研究——基于利润表差异的实证检验 [J]. 管理评论，2018，30 (2)：200-211.

[263] 周奇，尤左伟，刘善存等. 异质信念下内幕交易者市场操纵行为研究 [J]. 中国管理科学，2020，28 (10)：77-87.

[264] 周伍阳. 中国证券市场结构与股指期货操纵路径识别研究 [J]. 征信，2014，32 (4)：80-83.

[265] 朱艳苹，郭薇. 上市公司定向增发的公告效应及影响——基于事件研究法的验证 [J]. 中国注册会计师，2020 (6)：50-57.